Thorsten Bohl · Diemut Kucharz
Offener Unterricht heute

»Studientexte für das Lehramt«
wird herausgegeben von Eiko Jürgens

Band 22

Thorsten Bohl · Diemut Kucharz

Offener Unterricht heute

Konzeptionelle und didaktische Weiterentwicklung

Beltz Verlag · Weinheim und Basel

Über die Autor/innen des Bandes:
Dr. Thorsten Bohl ist Professur für Schulpädagogik an der Eberhard Karls-Universität Tübingen und stellvertretender Direktor des dortigen Instituts für Erziehungswissenschaft (IfE).

Dr. Diemut Kucharz ist Professorin für Erziehungswissenschaft an der Pädagogischen Hochschule in Weingarten, Direktorin des Zentrums für Elementar- und Primarbildung (ZEP) und Leiterin des Montessori-Studiums der PH Weingarten.

Über den Herausgeber »Studientexte für das Lehramt«:
Prof. Dr. Eiko Jürgens lehrt an der Fakultät der Universität Bielefeld (AG 5: Schule und Unterricht).

Das Werk und seine Teile sind urheberrechtlich geschützt.
Jede Nutzung in anderen als den gesetzlich zugelassenen Fällen
bedarf der vorherigen schriftlichen Einwilligung des Verlages.
Hinweis zu § 52a UrhG: Weder das Werk noch seine Teile dürfen
ohne eine solche Einwilligung eingescannt und in ein Netzwerk
eingestellt werden. Dies gilt auch für Intranets von Schulen
und sonstigen Bildungseinrichtungen.

Lektorat: Cornelia Matz

© 2010 Beltz Verlag · Weinheim und Basel
www.beltz.de
Herstellung: Uta Euler
Satz: Druckhaus »Thomas Müntzer«, Bad Langensalza
Druck: Beltz Druckpartner, Hemsbach
Umschlaggestaltung: glas ag, Seeheim-Jugenheim
Umschlagabbildung: Wilbert van Woensel (www.humantouchphoto.de)
Printed in Germany

ISBN 978-3-407-25490-0

Inhaltsverzeichnis

Vorwort des Herausgebers 7

1. Einleitung 9

2. Offener Unterricht:
   Begriff, Definitionen und Merkmale 11

Vorklärungen 11
Vorliegende Definitionen und Merkmale 12
Zusammenführende Diskussion 18
Zusammenfassung 27

3. Theoretischer Hintergrund 28

Vorklärungen 28
Unterrichtsebene 29
Schulebene 46
Zusammenfassung 48

4. Forschungsergebnisse zum offenen Unterricht 50

Vorklärungen 50
Forschungsmethodische Vorklärungen 50
Grundlegende Erkenntnisse zu Schule und Unterricht 56
Untersuchungen zur Unterrichtsqualität 62
Verbreitung von offenem Unterricht 66
Merkmale und Wirksamkeit von offenem Unterricht 68
Zusammenfassung 82

5. Konsequenzen 1: Gesamtkonzeption 84

Vorklärungen 84
Kumulativer Aufbau: von Selbstorganisation bis Selbstbestimmung 84
Planung von offenem Unterricht 88
Zusammenfassung 98

6. Konsequenzen 2: Didaktische Implikationen und Mikroprozesse des Unterrichts 99

Vorklärungen 99
Lernvoraussetzungen und Vorwissen 99
Klassenführung 109
Lernumgebung und Lernmaterialien 116
Aufgabenkultur 119
Lernberatung 122
Schüler helfen Schülern 126
Lernhilfen 131
Leistungsbewertung 133
Zusammenfassung 139

7. Zusammenfassung und Perspektiven 141

Zusammenfassung 141
Entwicklungsperspektiven 143
Forschungsperspektiven 145
Literaturverzeichnis 146

Vorwort des Herausgebers

Der offene Unterricht ist in die Jahre gekommen. Das ist gut so. Es signalisiert nämlich eine doppelte Erkenntnis, und zwar sowohl für die Gegenwart als auch die Zukunft. Zum einen ist der offene Unterricht nicht mehr aus der schulpädagogischen Diskussion um »guten« Unterricht wegzudenken. Er hat in den letzten 20 Jahren eine überaus positive Entwicklung in Theorie und Praxis genommen. Aus dieser Perspektive betrachtet, hat sich das Modell »offener« Unterricht etabliert. Ihm verdanken wir zahlreiche Impulse, um überkommene Unterrichtsstrukturen kreativ zu überwinden.

Aber ebenso wie bei jedem anderen großen Reformkonzept ist eine Sache nicht damit erledigt, dass sie sich durchsetzen und Anerkennung gewinnen konnte. Und das ist die andere Seite der Erkenntnis. Der offene Unterricht hat inzwischen seine eigene Lerngeschichte. Er hat sich im Laufe der Zeit verändert und neue Fragen aufgeworfen. Auch haben sich Anforderungen an die Schule verändert und die Forschungen der Wissenschaften haben zu neuen Erkenntnissen geführt. Kurzum: Das Projekt des offenen Unterrichts bedarf der Weiterentwicklung.

Thorsten Bohl und Diemut Kucharz stellen sich dieser Aufgabe mit großer Sachkenntnis und persönlicher Überzeugung. Es gelingt ihnen, am Großen und Kleinen zu arbeiten – an der Grundkonzeption und den vielen praktischen Fragen zur Gestaltung und zum Gelingen offener Lernsituationen im Unterricht. Diese »Mikroprozesse« liegen ihnen beiden besonders am Herzen. Sind diese doch von zentraler Bedeutung für den Erfolg täglichen Unterrichtsgeschehens, ohne den es nicht zu den positiven Einstellungsänderungen sowohl auf Lehrer- als auch Schülerseite kommen kann und auf den deshalb jeder Wandel der Unterrichtskultur dringend angewiesen ist.

Es geht in diesem Buch darum, auf verlässlichen wissenschaftlichen Fundamenten pädagogische Möglichkeiten auszuloten, zu erörtern und zu begründen, um ein innovatives Modell zukunftsfähig zu machen und weiterhin zu halten. Das ist sprachlich und inhaltlich in ausgezeichneter Weise gelungen.

Bielefeld   Eiko Jürgens

1. Einleitung

Stagnation oder Weiterentwicklung? Der offene Unterricht ist im deutschsprachigen Raum seit Jahrzehnten bekannt, gleichzeitig ist die Verbreitung begrenzt. Infolge zahlreicher Studien der empirischen Bildungsforschung, die in den vergangenen Jahren immer wieder Befunde zu Schülerleistungen veröffentlichten, ist der offene Unterricht eher in den Hintergrund geraten.

Lehrkräfte stehen täglich vor der immensen Herausforderung, mit der Heterogenität in ihren Klassen umzugehen, zu differenzieren, Schülerinnen und Schüler zu motivieren, sie zu beteiligen und sie in ihren jeweiligen Voraussetzungen anzunehmen und möglichst optimal zu fördern. Ohne Öffnung von Unterricht, ohne Differenzierung und Förderung der Selbstständigkeit ist der Umgang mit Heterogenität nicht denkbar. Offener Unterricht zielt jedoch darüber hinaus und beansprucht ein ordentliches Maß pädagogischer Utopie – erst über die Vision einer konsequenten Schülerselbst- und Mitbestimmung legitimiert sich offener Unterricht gegenüber verwandten Konzepten.

Offener Unterricht ist mehr als Differenzierung und Förderung der Selbstständigkeit

Wir unterstellen damit, die Potenziale des offenen Unterrichts seien – trotz und aufgrund seiner begrenzten Verbreitung – noch nicht ausgeschöpft und der offene Unterricht biete einen wichtigen Beitrag für einen zeitgemäßen und anspruchsvollen Unterricht.

Der Band thematisiert gezielt Weiterentwicklungsmöglichkeiten des offenen Unterrichts. Wir gehen nicht ausführlich auf Grundlagen ein, dazu liegt bereits vielfach Literatur vor. Notwendige begriffliche Klärungen werden kompakt zusammengefasst (Kap. 2) und anhand mehrerer Unterrichtsszenarien diskutiert. Auf diese Weise wird deutlich, ob und in welcher Hinsicht Unterricht als offen oder als geöffnet bezeichnet werden kann.

Die Weiterentwicklungsmöglichkeiten basieren auf zwei Säulen. Im Bereich der Theorie sind einige neuere Ansätze erkennbar, etwa der Konstruktivismus oder Erkenntnisse aus der Hirnforschung. Diese Ansätze werden dargestellt und auf ihre Relevanz für offenen Unterricht hin analysiert (Kap. 3). Die zweite Säule stellt Erkenntnisse der empirischen Unterrichts- und Schulforschung dar. Untersuchungen zur Qualität von Unterricht generell und zum offenen Unterricht bieten mittlerweile hinreichend Hinweise auf Stärken oder auch auf blinde Flecken in bisherigen Konzeptionen (Kap. 4).

Basis: neuere Theorieansätze und Forschungsbefunde

Sowohl über theoretische Bezüge als auch über Befunde der empirischen Forschung wird Folgendes deutlich: Offenheit kann theoretisch

Schwerpunkt: Optimierung der Mikroprozesse

weiterhin begründet werden – nach wie vor vorrangig aus bildungstheoretischer Perspektive. Die Qualität von offenem Unterricht entscheidet sich jedoch im Einzelfall und nicht über das Ausmaß an Offenheit. Die Qualität entscheidet sich zudem vorrangig auf der didaktischen Ebene und in den Mikroprozessen des Unterrichts. Der Schwerpunkt der Weiterentwicklung liegt daher in der Optimierung der Mikroprozesse des offenen Unterrichts (Kap. 6). Diese können jedoch nur dann eine zielgerichtete Wirkung entfalten, wenn sie in eine begründete, kumulativ aufgebaute und systematisch an der Schule erarbeitete Gesamtkonzeption eingebunden sind (Kap. 5). Somit ergibt sich folgende Abfolge der einzelnen Kapitel (vgl. Abb. 1).

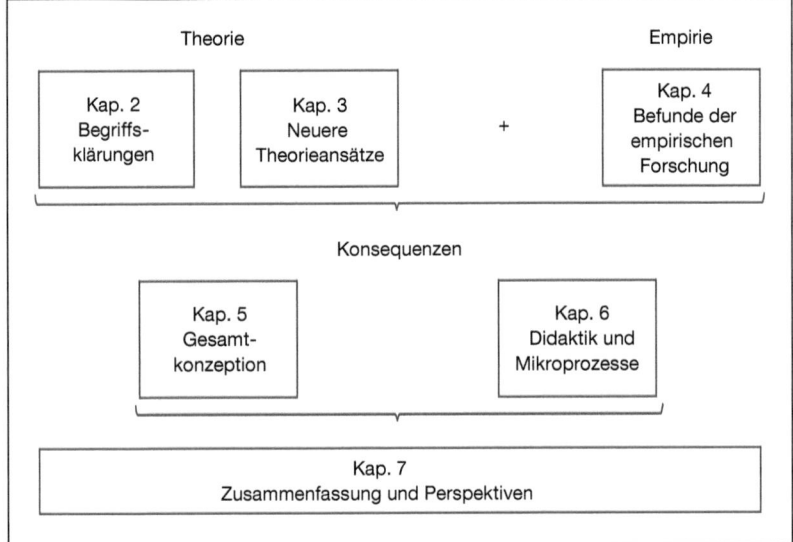

Abb. 1: Aufbau des Buches

Unser Anliegen ist es, mithilfe dieses Bandes die Diskussion über offenen oder geöffneten Unterricht an Primar- und Sekundarschulen voranzubringen und »Grabenkämpfe« zu überwinden, indem sowohl theoretische als auch empirische Ansätze zusammengeführt und daraufhin abgeklopft werden, inwieweit sie als Begründungen für offenen Unterricht anschlussfähig sind.

Wir möchten aber auch Anregungen und Unterstützungen für die Umsetzung offenen Unterrichts geben: Was und wie lernen Kinder und Jugendliche möglichst optimal, sodass sie in der Gesellschaft ihren Platz als mündige Bürgerinnen und Bürger finden.

Tübingen und Weingarten, im Januar 2010
Thorsten Bohl und Diemut Kucharz

2. Offener Unterricht: Begriff, Definitionen und Merkmale

Vorklärungen

Verbietet der Begriff der »Offenheit« eine, wie auch immer formulierte einengende Definition? Oder gerinnt offener Unterricht ohne Definition zu einem beliebigen Arrangement und Konzept? Zwischen diesen Polen bewegen sich Argumentationslinien. Eine Definition (lat.: de ~ ab, weg finis ~ Grenze; definitio ~ Abgrenzung) stellt den Kern einer Begriffsklärung dar und enthält die unabdingbaren Bestandteile eines Begriffs. Damit ist eine Abgrenzung zu anderen Begriffen möglich. Berücksichtigt man die vorliegenden Definitionsvorschläge, dann weisen sie nur selten ansatzweise Übereinstimmung auf. Es ist bisher nicht gelungen, in Veröffentlichungen von einem einigermaßen einheitlichen Begriffsverständnis auszugehen.

Definition: Einengung oder Beliebigkeit?

Die meisten Autorinnen und Autoren stellen im Rahmen von Monografien oder Herausgeberbänden einen Definitionsvorschlag vor und bemühen sich, ihr Verständnis des offenen Unterrichts angemessen darzustellen, z. B.: »Nach einer klaren Zielbestimmung müssen die Begriffe definiert werden und ihrer willkürlichen Interpretation muss ein Riegel vorgeschoben werden« (Peschel 2005b, S. 75). Einige dieser Vorschläge werden in diesem Kapitel vorgestellt.

Andere halten dieses Unterfangen für fragwürdig: »Offenen Unterricht definieren zu wollen ist ein Widerspruch in sich« (Kasper 1990, S. 5); bisweilen klingt diese Ablehnung noch schärfer: »Ich werde mich an der Diskussion, was denn rechte Freiarbeit sei, nicht beteiligen. Und welche Art Wochenplanarbeit wem warum genehm ist, halte ich für ganz und gar uninteressant. (…) Man kann nicht sagen: Kinder sind unterschiedlich, und gleichzeitig so tun, als seien Lehrer(innen) alle gleich« (Sennlaub 1990, S. 11). Sennlaub bewegt sich exakt auf der oben genannten Argumentionslinie und versteht Definitionsversuche als einengend und vereinheitlichend.

Die ungeklärte Frage der Definition zeitigt weitere Folgen:

- Beschreibung und Analyse unterrichtlicher Arrangements werden erschwert (»Ist das noch offener Unterricht?«) und damit die Gesprächsgrundlage unter Interessierten, Expert/innen oder Praktiker/innen über offenen Unterricht.

- Der Beitrag von offenem Unterricht zu Evaluation und Qualitätssicherung im Bildungswesen ist unklar und kann kaum offensiv vorangebracht werden, wenn nicht versucht wird, Klarheit über Begriff, Konzeption und Merkmale offenen Unterrichts anzustreben.
- Wissenschaftliche Untersuchungen und hierfür notwendige Operationalisierungen sowie die Vergleichbarkeit von Studien werden erschwert. Allgemeiner gesprochen wird der geschmeidige innere Zusammenhang von Theorie und Empirie erschwert.

Trotz aller Schwierigkeiten und Unterschiede ist es hilfreich, das Begriffsverständnis offenen Unterrichts zu klären. Jeder andere Weg bestärkt Unsicherheiten und Missverständnisse. »Offener Unterricht chaotisiert in seiner eigenen Maßlosigkeit, wenn er versäumt, präzise anzugeben, wann und wo er sich gegenüber welchen Gegebenheiten bzw. Möglichkeiten öffnet und schließt« (Winkel 1993, S. 12 f.). Helmut Heid verfasste 1996 einen kritischen Beitrag zur Beliebigkeit offenen Unterrichts. Er kritisiert die unklare und gleichzeitig permanent positiv konnotierte »Offenheit«: »Wo nicht offen oder unklar bleibt, was, von wem, in welcher Hinsicht, wie lange, aus welchen Gründen, zu welchem Zweck bzw. wofür unterrichtlich offen zu halten sei, dort werden sehr unterschiedliche Auffassungen darüber vertreten, was mit ›offenem Unterricht‹ gemeint oder gefordert wird« (Heid 1996, S. 159). Diese berechtigte Kritik ist leicht formuliert, jedoch kaum aufzulösen. Eine derart differenzierte Klärung wird im Alltag nicht permanent möglich sein, die Beschreibung eines Grundverständnisses jedoch schon.

Wir stellen im Folgenden verschiedene Definitionen und Merkmale offenen Unterrichts vor und versuchen daraufhin eine zusammenführende Diskussion.

Vorliegende Definitionen und Merkmale

Der Begriff des offenen Unterrichts wird auf unterschiedlichen Ebenen verwendet, z. B.

- als »grundlegende Erziehungsphilosophie« (z. B. Peschel 2005b und c).
- als »pädagogisches Verständnis und pädagogische Haltung« und als »Sammelbegriff unterschiedlicher Reformansätze« (Wallrabenstein 1991, S. 53).
- als »Bewegung« (Jürgens 1995).
- als »Unterrichtsstil« (Haarmann 1988).
- für Wochenplanarbeit: »sachliche wie zeitliche Organisation von Arbeitsaufträgen« (Vaupel 1996, S. 22).

- für Freiarbeit: »schülerorientierte Organisationsform von Unterricht« (Krieger 1994, S. 1).

Der Begriff des offenen Unterrichts – dies wird bereits bei Betrachtung einiger weniger Veröffentlichungen deutlich – ist bereits im ersten Zugriff unterschiedlich akzentuiert. Unterrichtskonzepte wie *Freiarbeit* oder *Wochenplanarbeit*, für die offener Unterricht als Oberbegriff firmiert, bewegen sich beispielsweise auf einer organisatorischen bzw. methodisch-didaktischen Ebene. Erschwerend kommen unterschiedliche Bezeichnungen und Vorgehensweisen hinzu. Während manche Autorinnen oder Autoren explizit eine Definition formulieren, wählen andere alternativ oder zusätzlich den Weg einer Auflistung von Merkmalen, Prinzipien, Thesen oder Dimensionen. Die im Folgenden dargestellten Definitionen stellen lediglich eine Auswahl dar und dienen der Vorbereitung einer zusammenführenden Betrachtung.

Der Begriff »Offener Unterricht« wird unterschiedlich definiert.

Eines der bekanntesten Bücher zum offenen Unterricht stammt von Wulf Wallrabenstein (1991): systematisch angelegt, gleichwohl mit stark normativem, ermutigendem, facettenreichem Duktus – dies auch nicht verhehlend: »… in diesem Buch werden viele Geschichten aus und über Offenen Unterricht erzählt« (Wallrabenstein 1991, S. 17). In einem eigenständigen Kapitel widmet sich der Autor der Frage »Was ist offener Unterricht?«. Offener Unterricht wird als pädagogisches Verständnis und pädagogische Haltung gegenüber Kindern und Jugendlichen bezeichnet und definiert als

Wallrabenstein: »Sammelbegriff«

> »… Sammelbegriff für unterschiedliche Reformansätze in vielfältigen Formen inhaltlicher, methodischer und organisatorischer Öffnung mit dem Ziel eines veränderten Umgangs mit dem Kind auf der Grundlage eines veränderten Lernbegriffs« (Wallrabenstein 1991, S. 54).

Wallrabenstein erläutert kurz diese Definition und präzisiert sie durch vier Thesen (Kinder erleben, Unterricht öffnen, Lernen lernen, Traditionen verändern) sowie sechs charakteristische Merkmale (Lernumwelt, Lernorganisation, Lernmethoden, Lernatmosphäre, Lerntätigkeiten, Lernergebnisse). Des Weiteren werden sieben Bestandteile (Stuhlkreis, Freie Arbeit, Wochenplan, Projekte, Klassenraum, Arbeitsmittel, Schulleben) sowie zehn Qualitätskriterien (Methodenvielfalt, Freiräume, Umgangsformen, Selbstständigkeit und Inhalte, Lernberatung, Öffnung zur Umwelt, Sprachkultur, Lehrerrolle, Akzeptanz des Unterrichts, Lernumgebung) offenen Unterrichts beschrieben. Als theoretische Grundlagen werden – wenn sie auch nur kurz beschrieben sind – insbesondere veränderte Sozialisationsbedingungen und lerntheoretische Begründungen angeführt.

Eiko Jürgens hat sich in mehreren Monografien und Sammelbänden mit offenem Unterricht befasst. Er versteht offenen Unterricht als »Bewegung« (Jürgens 1995, S. 24) und geht von einer hohen Deckung von schülerzentriertem Unterricht und offenem Unterricht aus (Jürgens 1994; Jürgens 1995). Anstelle einer Definition entwickelt er auf der Basis einer Metaanalyse zahlreicher Definitionen eine Auflistung »übereinstimmend verwendeter Kennzeichen« offenen Unterrichts (vgl. Abb. 2):

Jürgens: »Rahmenkonzeption«

1. Schülerverhalten
- eigene Entscheidungen über Arbeitsformen und -möglichkeiten, soziale Beziehungen, Kooperationsformen
- Selbst- bzw. Mitbestimmung bei der Auswahl von Unterrichtsinhalten, der Unterrichtsdurchführung und des Unterrichtsverlaufs
- Selbstständigkeit bei der Planung, Auswahl und Durchführung von Aktivitäten

2. Lehrerverhalten
- Zulassung von Handlungsspielräumen und Förderung von (spontanen) Schüleraktivitäten
- Preisgabe bzw. Relativierung des Planungsmonopols
- Orientierung an den Interessen, Ansprüchen, Wünschen und Fähigkeiten der Schüler

3. Methodisches Grundprinzip
- entdeckendes, problemlösendes und handlungsorientiertes sowie selbstverantwortliches Lernen

4. Lern-/Unterrichtsformen
- Freie Arbeit
- Arbeit nach dem Wochenplan
- Projektunterricht

Abb. 2: Rahmenkonzeption offenen Unterrichts (Jürgens 1994, S. 26)

Diese Liste, als »Rahmenkonzeption« bezeichnet, sei bewusst offen zu halten und durch weitere Elemente zu ergänzen, so der Autor, damit werde das »Lebendige« des Ansatzes deutlich. Der Vorschlag von Jürgens bildet damit den Begriff der Offenheit ab. Im Kern versteht Jürgens offenen Unterricht als schülerzentrierten Unterricht, flankiert vom Spannungsfeld verschiedener Pole, z. B. zwischen Lehrerzentrierung und Schülerzentrierung, Aktivität und Rezeption, Individualisierung und Standardisierung. Als wesentlich sieht Jürgens (1995) eine veränderte Beziehungsstruktur zwischen Lehrenden und Lernenden, einen erweiterten Lernbegriff und eine veränderte Lernorganisation an. In reflektierten und aktualisierten Bezügen zur Reformpädagogik sieht er ein wichtiges Motiv. Begründet wird offener Unterricht mit Kritik am lehrerzentrierten Unterricht, mit veränderten gesellschaftlichen Rahmenbedingungen, familialer Lebenswirklichkeit, elterlichem Erziehungsverhalten, Umgang mit Medien, Spiel- und Freizeitverhalten sowie kultureller Vielfalt.

Falko Peschel stellt unter anderem in zwei Bänden sein als Lehrer selbst realisiertes offenes Unterrichtskonzept in Theorie und Praxis vor. Sein Ansatz kann als radikaler bezeichnet werden als derjenige nahezu aller anderen Autorinnen und Autoren: »Zurzeit wird die praktische Umsetzung des offenen Unterrichts in der Schule viel zu stark von der vorher beschriebenen hehren Theorie getrennt, wenn in Büchern zunächst Ziele wie Selbstständigkeit und Emanzipation als Begründung für den neuen Unterricht herhalten müssen, auf der nächsten Seite dann aber Stöpselkarten und Kopiervorlage die gerade geäußerte Theorie völlig ›in die Knie zwingen‹« (Peschel 2005b, S. 76). Er kritisiert die häufige Fixierung offenen Unterrichts auf Freie Arbeit, Wochenplanarbeit und Projektunterricht und sieht in diesen Konzepten eher Sackgassen als sinnvolle Stufen auf dem Weg zum offenen Unterricht. Seiner Definition gehen grundlegende Dimensionen voraus (vgl. Abb. 3; Peschel 1995b, S. 77; ähnlich bei Brügelmann 1996; Ramseger 1985).

Peschel: »Dimensionen der Öffnung«

organisatorische Öffnung	Bestimmung der Rahmenbedingungen
methodische Öffnung	Bestimmung des Lernstoffes aufseiten des Schülers
inhaltliche Offenheit	Bestimmung des Lernstoffes innerhalb der offenen Lehrplanvorgaben
soziale Offenheit	Bestimmung von Entscheidungen bezüglich der Klassenführung bzw. des gesamten Unterrichts, der (langfristigen) Unterrichtsplanung, des konkreten Unterrichtsablaufes, gemeinsamer Vorgaben usw.
	Bestimmung des sozialen Miteinanders bezüglich der Rahmenbedingungen, dem Erstellen von Regeln und Regelstrukturen usw.
persönliche Offenheit	Beziehung zwischen Lehrer/Kindern und Kinder/Kindern

Abb. 3: Dimensionen offenen Unterrichts (Peschel 2005b, S. 77)

Peschel sieht den Vorteil dieser Dimensionen in der Überschaubarkeit und Operationalisierbarkeit. Auf der Grundlage dieser Dimensionen kommt er zu folgender Definition (1995b, S. 78):

> »Offener Unterricht gestattet es dem Schüler, sich unter Freigabe von Raum, Zeit und Sozialform Wissen und Können innerhalb eines ›offenen Lehrplanes‹ an selbst gewählten Inhalten auf methodisch individuellem Weg anzueignen. Offener Unterricht zielt im sozialen Bereich auf eine möglichst hohe Mitbestimmung bzw. Mitverantwortung des Schülers bezüglich der Infrastruktur der Klasse, der Regelfindung innerhalb der Klassengemeinschaft sowie der gemeinsamen Gestaltung der Schulzeit ab.«

In dieser Definition, zumindest im ersten Teil, wird ein hoher Anspruch formuliert: »unter Freigabe« bedeutet: uneingeschränkt (sonst hätte Peschel wohl – wie im nächsten Teil – »unter möglichst hoher« Freigabe formuliert), »selbst gewählte Inhalte« verweist auf vollständige Entscheidung der Schülerinnen und Schüler. Eingeschränkt wird lediglich durch den »offenen Lehrplan«. Sofern diese Definition analytisch verwendet wird, müssen viele Varianten offenen Unterrichts ausgeschlossen werden, die diesem Anspruch nicht Standhalten können. Etwas eingeschränkter ist der zweite Teil: Im sozialen Bereich wird eine »möglichst hohe« Mitbestimmung gefordert. Zusammenfassend ist Unterricht nach Peschel dann offen, wenn Entscheidungen im methodisch-organisatorischen Bereich uneingeschränkt, im inhaltlichen Bereich lediglich begrenzt durch einen offenen Rahmenplan und im sozialen Bereich eingeschränkt freigegeben werden.

Das besondere Verdienst Peschels – und damit geht er über die bisherige Verwendung dieser Dimensionen hinaus – liegt darin, konsequent über Stufungen und Qualitäten offenen Unterrichts nachgedacht und dafür hilfreiche Instrumente und Entwürfe entwickelt zu haben, etwa das Raster zur Unterscheidung von Lehrer-, Material- und Schülerorientierung (Peschel 1995b), sowie insbesondere die Stufungen zur organisatorischen, methodischen, inhaltlichen, sozialen und persönlichen Öffnung (Peschel 1995b). Damit kann offener Unterricht differenzierter analysiert werden und eine forschungsmethodische Aufbereitung ist eher möglich. Diese Stufungen werden unten aufgegriffen und diskutiert (vgl. Kap. 5).

Peschel: »Stufen der Öffnung«

Petra Hanke entwickelt im Rahmen einer Untersuchung zu Lehr-Lernkulturen und orthografischen Lernprozessen in der Grundschule eine »schülerorientierte pädagogisch-didaktische Rahmenkonzeption« (2005, S. 40). Sie versteht Öffnung des Unterrichts als eine Lernkultur mit besonderem Anspruch und sieht – im Rahmen einer klaren strukturellen Rahmung (z. B. Schulpflicht; zeitliche, örtliche, curriculare Vorgaben) – folgende Merkmale der Öffnung (Hanke 2005, S. 41 ff.):

- Offenheit für die Vielfalt und Verschiedenheit der individuellen Lernbedürfnisse und Lernmöglichkeiten der Schülerinnen und Schüler als pädagogischer Leitgedanke

- Offenheit für ein »neues« – ein gemäßigt konstruktivistisches – Verständnis von Lernen
- Offenheit hinsichtlich der Entfaltung einer Beziehungskultur
- dialektisches Verständnis von Offenheit in der Lernorganisation

Mit letzterem Merkmal – dem dialektischen Verständnis von Offenheit in der Lernorganisation – nimmt Hanke Bezug auf die Studie von Hallitzky (2002), eine der wenigen theoretisch-systematischen Arbeiten zum offenen Unterricht, und präzisiert dieses dialektische Verständnis (vgl. Abb. 4):

lineare Strukturen	vernetzte (offene) Strukturen
Mindeststandards als Entwicklungsdimension	flexible Lernziele und -inhalte
Konstruktionen im Kontext angeleiteter Instruktion	selbstgesteuerte Konstruktion
vorstrukturierte, anspruchsvolle (niveaudifferenzierte) Aufgabenformate	offene, anspruchsvolle Aufgabenformate
in der Aufgabe vorstrukturierte Sozialform	flexible Sozialform
vorstrukturierte Zeitplanung	flexible Zeitplanung

Abb. 4: Dialektik linearer und offener Strukturen im offenen Unterricht (Hanke 2005, S. 42)

Hanke stellt den dynamischen Aspekt der Offenheit in den Vordergrund – als permanent zu klärendes und konstruktiv aufzulösendes Merkmal offenen Unterrichts. Geeignete Möglichkeiten sieht sie in den Formen »geöffneten Unterrichts« (Hanke 2005, S. 42): Tages- und Wochenplanarbeit, Freiarbeit, Werkstattunterricht, Stationsarbeit und Projektunterricht. Während Peschel die besondere Gewichtung dieser Unterrichtsformen kritisiert, sieht Hanke in ihnen eine besondere Chance zur Realisierung von offenem Unterricht.

Zusammenfassend lässt sich festhalten: Verschiedene Autoren generieren unterschiedliche Definitionen oder Merkmalslisten, die jedoch durchaus Überlappungen aufweisen. So ist die Definition von Peschel deutlich anspruchsvoller (im Sinne von: in der Schulpraxis insbesondere an Sekundarschulen kaum erfüllbar) als etwa die Rahmenkonzeption von Jürgens, die sich flexibel und offen gestalten und verändern lässt. Hanke begegnet dem Problem der Konkretisierung mit einer offensiven

Hanke: »Dialektik der Offenheit«

Setzung des dynamischen Offenheitspostulats. Im Laufe der Jahr(zehnt)e hat sich die Definitionslage kaum weiter geklärt oder vereinheitlicht, vergleicht man etwa Ramsegers frühe Begriffsannäherung mittels der drei Dimensionen »inhaltliche Offenheit«, »methodische Offenheit« und »institutionelle Offenheit« (Ramseger 1985) mit der Beschreibung Peschels (1995b). Als gemeinsames Merkmal zahlreicher Definitionen kann der Grad der Selbst- und Mitbestimmung von Schülerinnen und Schülern angesehen werden (vgl. auch Neuhaus-Siemon 1996).

gemeinsames Merkmal: Grad der Selbst- und Mitbestimmung

Zusammenführende Diskussion

Aufgrund der kaum noch überschaubaren Definitionsbemühungen zum offenen Unterricht sei in gebotener Kürze über Entstehung und Wesen einer Definition nachgedacht.

Wie entsteht eine Definition?

Ebenso uneinheitlich wie die Definitionen selbst ist deren Entstehung oder Begründung. Eine Definition lässt sich auf der Grundlage von Beobachtungen formulieren (So ist offener Unterricht!) oder mit Blick auf wünschenswerte theoretische Vorklärungen (So soll offener Unterricht sein!) oder als Zusammenführung (Metaanalyse) bereits vorliegender Definitionen (Dies sind gemeinsame Kennzeichen verschiedener Definitionen!) oder als Ergebnis empirisch ermittelter Merkmale (Diese Merkmale haben sich als wichtig/wirksam erwiesen!). Eine deskriptive Vorgehensweise orientiert sich eher an realen Gegebenheiten, während die präskriptive Vorgehensweise sich eher an normativen Vorstellungen, an theoretisch entwickelten Zielen oder an bestimmten, empirisch ermittelten Forschungsbefunden orientiert. Im Kontext offenen Unterrichts ist auffällig, dass insbesondere die Passung bzw. Realisierbarkeit einer Definition in der unterrichtlichen Praxis ein wichtiges Entscheidungskriterium für oder gegen eine Definition darstellt. So wendet sich Silke Traub bei der Diskussion zahlreicher Freiarbeitsdefinitionen von unrealistischen Definitionen ab: »Deshalb widme ich mich nun Freiarbeitsdefinitionen, die am ehesten auch in der Realschule realistische Chancen haben, umgesetzt zu werden und die zudem recht verständlich und einleuchtend beschrieben sind« (Traub 1997, S. 25). Auch Peschel fordert bei Definitionsbemühungen die »Notwendigkeit konkreter unterrichtspraktischer Hilfen für den ›Durchschnittslehrer‹« (Peschel 2005b, S. 76 f.), kommt dabei jedoch zu einem völlig anderen Ergebnis als Traub. Selbst der Hinweis auf die praktische Realisierbarkeit führt demnach zu unterschiedlichen Definitionen und Konzepten.

Wir wollen und können die Definitionsprobleme nicht auflösen, sehen allerdings eine mögliche und notwendige Klärung im Umgang mit dem Begriff der Offenheit. Angesichts der reformpädagogischen Tradition und der bildungstheoretischen Ansprüche an offenen Unterricht erscheint uns die Unterscheidung von Öffnung und offenem Unterricht in folgender Weise sinnvoll und angesichts zahlreicher ähnlicher Konzepte dringend notwendig:

- Der Begriff »offener Unterricht« sollte denjenigen Konzepten vorbehalten bleiben, die eine Mitbestimmung der Schülerinnen und Schüler in inhaltlicher und/oder politisch-partizipativer Hinsicht ermöglichen. Dieses Verständnis korrespondiert mit dem Begriff »Selbstbestimmung« (vgl. dazu: Häcker 2007, S. 11–81; Bohl 2010; Bannach 2002).
- Eine Beteiligung in organisatorischer und methodischer Hinsicht stellt eine Öffnung, jedoch keinen offenen Unterricht dar. Dieses Verständnis korrespondiert mit Begriffen wie Selbstorganisation oder Selbstregulierung.

Offener Unterricht: Inhaltliche und/oder politisch-partizipative Mitbestimmung

In Weiterentwicklung der Dimensionen von Ramseger, Brügelmann und Peschel kann folgende Unterscheidung getroffen werden (vgl. Abb. 5).

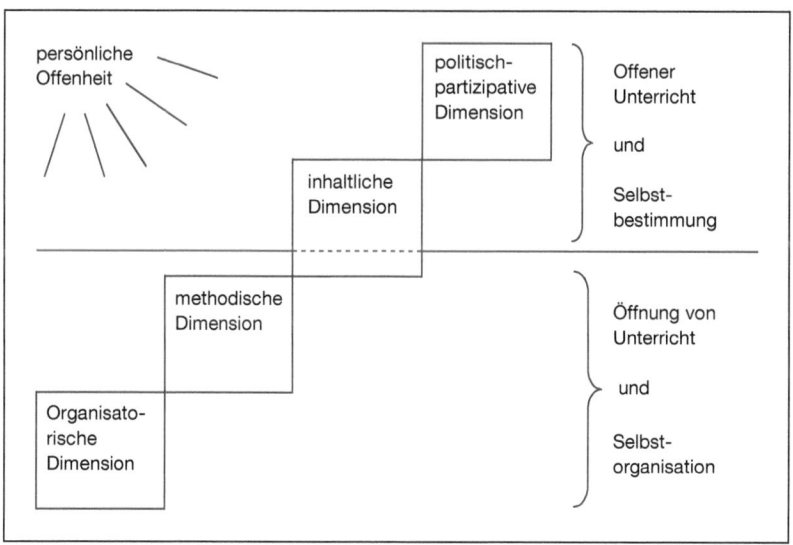

Abb. 5: Dimensionen der Öffnung des Unterrichts

Die häufig genannte persönliche Offenheit im Sinne einer gelungenen und respektvollen Beziehung zwischen allen Beteiligten erachten wir als grundlegend für jeglichen Unterricht, unabhängig von der Unterrichtskonzeption.

Der »Quantensprung« von der Öffnung zur Offenheit könnte in der inhaltlichen Dimension enthalten sein, in der Frage also, welche inhaltliche Beteiligung möglich ist. Hier sind unterschiedliche Variationen möglich (vgl. dazu auch Peschel 2005b, S. 80 und 85, sowie Kap. 4):

0. Der Lehrer gibt genau vor, welcher Schüler welches Thema/welche Aufgabe bearbeitet.
1. Die Schülerinnen und Schüler wählen ein Thema/eine Aufgabe aus mehreren und anspruchsvollen Angeboten aus.
2. Die Schülerinnen und Schüler bestimmen selbst ein (Teil-)Thema aus einem vorgegebenen Rahmenthema.
3. Die Schülerinnen und Schüler entscheiden frei, welches Thema sie bearbeiten.

Quantensprung: Inhaltliche Öffnung

Der Quantensprung könnte innerhalb der Stufe 1 liegen, wenn das Angebot umfangreich und anspruchsvoll ist. Daher zieht sich die gestrichelte Linie in Abb. 5 durch die inhaltliche Dimension.

Der Vorteil dieser Unterscheidung zwischen Öffnung und offenem Unterricht liegt darin, dass der offene Unterricht als Begriff »geschützt« bleibt und nicht für sehr begrenzte Freiheitsgrade verwendet wird. Gleichzeitig erachten wir es als legitim und sinnvoll, begrenzte Freiheitsgrade als Öffnung zu verstehen. Ein weiterer Vorteil liegt im analytischen Potenzial dieser Unterscheidung. Dies sei an verschiedenen Beispielen erläutert.

Öffnung ist kein Qualitätskriterium

Vorab jedoch folgende wichtige Vorklärung: Die Begriffe »offener Unterricht« oder »Öffnung von Unterricht« sind kein Qualitätskriterium im Sinne eines guten oder eines wirksamen Unterrichts. Die folgenden Beispiele dienen also explizit nicht der qualitativen Bewertung eines Unterrichts, sondern der Veranschaulichung der genannten begrifflichen Klärung (vgl. Abb. 5). Die Qualität müsste jeweils im Einzelfall und anhand anderer Kriterien (z. B. Lernerfolg, Zufriedenheit, aktive Lernzeit, Strukturiertheit) erfolgen. Alle sieben Unterrichtsszenarien stammen aus beobachtetem Unterricht oder sind aus der Literatur entnommene Darstellungen.

Unterrichtsszenario 1

> Mittwochvormittag, 9 Uhr: In der jahrgangsgemischten Regenbogenklasse herrscht geschäftiges Treiben. Die sechs-, sieben- und achtjährigen Kinder sind mit verschiedenen Arbeitsaufgaben beschäftigt. An der Tafel steht ein Tagesplan mit Pflicht- und Wahlaufgaben zu den Lernbereichen *Lesen*, *Schreiben* und *Rechnen*. Auf den ersten Blick ist nur schwer zu erkennen, welche Kinder im regulären Jahrgangsunterricht der ersten oder aber der zweiten Klasse zugeordnet würden. (…) Alle Kinder arbeiten an unterschiedlichen Aufgaben und jedes weiß, was zu tun ist. Die Lehrerin sitzt etwas

abseits mit einem kleinen Notizblock auf den Knien, schaut den Kindern zu und schreibt von Zeit zu Zeit etwas auf. Auf Nachfrage erklärt sie, dass sie die Übungsphasen nutze, um einzelne Kinder zu beobachten. Sie berichtet weiter, dass die individuellen Lernpläne für die einzelnen Kinder ein Produkt ihrer Beobachtungen und Gespräche mit den verschiedenen Schülerinnen und Schülern der Klasse seien. Gerade der Blick auf das einzelne Kind, auf seinen individuellen Arbeitsprozess und sein Arbeits- und Sozialverhalten, gebe ihr wichtige Hinweise für die Auswahl neuer Aufgaben und Materialien (nach de Boer 2007).

Unterrichtsszenario 1: Wochenplanarbeit

Bei diesem Unterrichtsszenario 1 dürfte es sich um eine relativ häufige Variante der Wochenplanarbeit in der Grundschule handeln. Hier ist eine Öffnung in organisatorischer und methodischer Hinsicht erkennbar. Unklar bleibt, welche inhaltliche oder politisch-partizipative Öffnung vorhanden ist. Über Wahlaufgaben im Rahmen von Wochenplänen können sowohl freie Themen aufgenommen werden als auch weitere Schulbuchaufgaben. In diesem Beispiel wird deutlich, dass es sich um ein hohes Maß an Individualisierung (individuelle Lernpläne) handelt, das jedoch nicht mit Offenheit identisch ist. Ein hohes Maß an Individualisierung kann hocheffizient und gleichzeitig fremdbestimmt sein – dann nämlich, wenn die zu bearbeitenden passenden Aufgaben vorgeschrieben werden. Die Auswahlmöglichkeiten sind dann begrenzt oder nicht vorhanden, gleichzeitig kann das Arrangement sehr wirksam, motivierend und wertschätzend sein.

Unterrichtsszenario 2

Der Lehrer Peters betritt das Klassenzimmer. Die Klasse der Bonhoeffer-Realschule ignoriert ihren Mathematiklehrer zunächst, weiterhin laufen private Gespräche, es ist unruhig. Herr Peters geht an seinen Schreibtisch und klärt Fragen einiger Schülerinnen und Schüler, die nach vorne kommen. Anschließend geht er an die Tafel und zeichnet ein Achsenkreuz und einen Graphen (vgl. nebenstehende Abb.; y-Achse: Höhe des Badewannenwassers; x-Achse: Zeit). Alle Schülerinnen und Schüler sitzen nun und beobachten aufmerksam. Dann schreibt er folgende Aufgabe auf den rechten Tafelflügel:

»1. Schreibt eine passende Geschichte zu dieser Grafik (15 min. Einzelarbeit).

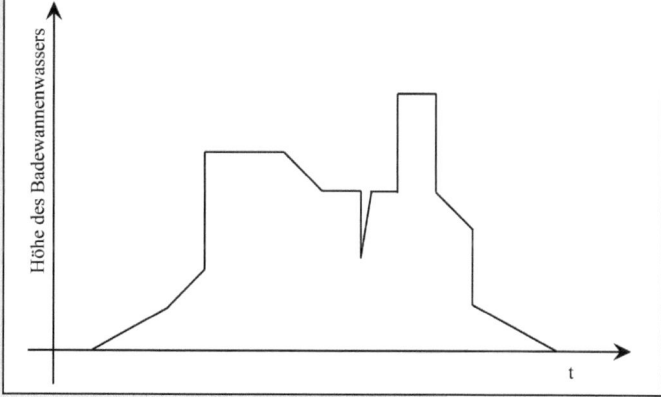

> 2. Lest euch eure Geschichten gegenseitig vor und diskutiert Unterschiede und Unklarheiten (15 min., Partnerarbeit).«
>
> Dann schreibt er drei Namen an die Tafel, diese Schüler nehmen ihre Stühle und setzen sich neben das Pult. Der Lehrer bespricht mit ihnen die Aufgabe ...

Unterrichtsszenario 2: kein offener Unterricht – aber offene Aufgabe

Dieses Unterrichtsszenario stellt keinen offenen Unterricht dar. Interessant an diesem Beispiel ist jedoch die Differenzierung auf einer organisatorischen Ebene (Partnerarbeit, Förderung in Kleingruppen) und auf einer inhaltlichen Ebene (offene Aufgabe mit unterschiedlichen Einstiegs- und Lösungswegen). Die Aufgabe stellt eine offene Mathematikaufgabe dar. Damit enthält dieser Unterricht eine Öffnung im inhaltlichen Bereich, allerdings nicht auf konzeptioneller Ebene sondern im inhaltlichen Mikrobereich. Damit zeigt sich hier genau ein gegenteiliges Szenario wie häufig bei der Wochenplanarbeit oder bei der materialgeleiteten Freiarbeit, in denen eine Öffnung in methodischer und organisatorischer Hinsicht stattfindet, die dabei angebotenen Aufgaben und Materialien dann aber sehr eng sind (z. B. »Lük-Kästen«, Stöpselkarteien, Karteikarten mit Selbstkontrollmöglichkeiten, Schulbuchaufgaben mit beigefügten Lösungen). Damit zeigt Unterrichtsszenario 2, wie im Mikrobereich eine inhaltliche Öffnung möglich ist.

Unterrichtsszenario 3

> In diesem Szenario werden in Stamm- und Expertengruppen zentrale Aspekte des Themas »Französische Revolution« vorbereitet. Zunächst werden fünf Gruppen gebildet, die sich arbeitsteilig mit einem der fünf Teilthemen befassen, die der Lehrer vorbereitet hat. Die verfügbare Zeit ist deutlich durchstrukturiert. Jede Gruppe erhält einen einschlägigen Text. Anschließend werden Expertengruppen gebildet, d. h. aus jeder Stammgruppe geht ein Schüler in eine Expertengruppe. Alle Themen sind dann hier vertreten. Diese Experten stellen sich gegenseitig ihre Themen vor. Die Mitglieder der Expertengruppen bereiten dann einen Vortrag zu allen Teilthemen vor. Zwei Gruppen (Losverfahren) stellen den Vortrag vor (Beispiel entnommen aus Klippert 2001, S. 108f.).

Unterrichtsszenario 3: Gruppenpuzzle

Hier handelt es sich um das bekannte Verfahren des »Gruppenpuzzles«, das bei entsprechender Vorbereitung und Erfahrung sehr effektiv sein kann und gleichzeitig selbstständiges Lernen schult. Die Lernenden werden hier mit Methoden ausgestattet, die für selbstständiges Lernen unabdingbar sind (z. B. Texte lesen, Texte zusammenfassen, Gruppen leiten, Präsentieren) und gerade für die Eröffnung weiterer Freiheitsgrade unabdingbar sind (z. B. Durchführung anspruchsvoller Projekte). Analysiert man das Szenario, dann wird deutlich, dass nur wenig Offenheit erkennbar ist. Um nicht missverstanden zu werden: Aktivierung, Anspruch und Selbsttätigkeit können hoch sein, Beteiligungsmöglichkeiten sind jedoch kaum gegeben, allenfalls kann im Mikrobereich entschieden werden, in welcher Weise ein Text gelesen oder zusammengefasst wird. Die Freiheitsgrade sind damit gering, eine Öffnung in organisatorischer, methodischer, inhaltlicher oder politisch-partizipativer Hinsicht ist nicht gegeben.

Unterrichtsszenario 4

> Realschule, Klasse 8, zwei Wochen Projektarbeit zum Thema »Amerika«, beteiligt sind die Fächer Geschichte, Gemeinschaftskunde und Englisch. Die Schülerinnen und Schüler machen Themenvorschläge im Rahmen der Vorgabe »Amerika« (z. B. New York, Nationalparks, Washington D.C., die Präsidenten, Basketball und NBA). Sie finden sich nach thematischem Interesse (und wohl auch nach Freundschaften) selbst in Gruppen zusammen. Die Lehrerin vermittelt, bis die Gruppengrößen vergleichbar sind. An der Wand hängt ein Plakat mit Phasen des Projektunterrichts (Materialbeschaffung, Materialauswertung, Erarbeitung des Themas, Erstellung der Dokumentation, Vorbereitung der Präsentation, Präsentation, Rückblick). Für jede Phase sind in Stichworten einige Tipps formuliert. Offensichtlich ist der Klasse das Vorgehen vertraut. Die Schülerinnen und Schüler agieren nun weitgehend alleine, sie verlassen nach Belieben den Raum und gehen beispielsweise in die Bibliothek oder sitzen in Gruppentischen im Gang. Die Lehrerin hält sich zurück, beobachtet und interveniert nur bei Bedarf.

In diesem Beispiel ist eine methodische und organisatorische Öffnung gegeben. Auch inhaltlich ist eine Offenheit (Wahl des Teilthemas) bei Vorgabe des Projektthemas vorhanden. Die Lernenden entscheiden in gewisser Weise frei über die verfügbare Zeit und den Ablauf, z. B. wer innerhalb einer Gruppe welche Tätigkeit wann übernimmt. Dieser Unterricht kann daher durchaus als offener Unterricht bezeichnet werden. An dieser Stelle ist jedoch eine vertiefte Betrachtung notwendig.

Unterrichtsszenario 4: methodische, organisatorische und inhaltliche Öffnung

> **Exkurs und Zwischenüberlegung**
>
> Chance und Problematik der selbstständigen Themenwahl in einem projektorientierten Unterricht durch Schülerinnen und Schüler: Ist die selbstständige Themenwahl sinnvoll und vertretbar?
> Einerseits ist die selbstständige Themenwahl für Schülerinnen und Schüler motivierend: Sie können Themen wählen, an denen sie interessiert sind, die sie möglicherweise aus ihrem außerschulischen Umfeld kennen oder mit denen sie sich in ihrer Freizeit bereits beschäftigt haben. Zudem ist die inhaltliche Mitbestimmung oder Selbstbestimmung gerade in einer etwas strengeren Begrifflichkeit des offenen Unterrichts ein zentrales Anliegen und in normativer Hinsicht nicht selten der Quantensprung zu einer ernsthafteren Gewährung von Freiräumen.
> Andererseits belegen Befunde der empirischen Unterrichtsforschung die Schwierigkeit einer angemessenen Themenwahl. Aus mehreren Gründen:

Freie Themenwahl: Chance und Problem

inhaltliche und organisatorische Unterstützung bei Themenwahl

- Ein Thema bzw. eine fachliche Herausforderung kann nur erfolgreich bearbeitet werden, wenn das entsprechende Vorwissen vorhanden ist. Dies ist einer der zentralen Befunde der Lehr-Lern-Forschung (vgl. Kap. 3). Offensichtlich reicht Projekterfahrung nicht aus, um mangelnde Vorkenntnisse zu kompensieren (vgl. Schleske 2005, S. 147 ff.). Zu komplexe, nicht vorstrukturierte Themen. (Schleske 2005, S. 169) nennt z. B. Aids und die Entwicklung des Kindes von null bis drei Jahren) überfordern die Lernenden.
- Das gewählte Thema muss gleichzeitig eine gewisse Komplexität beinhalten, sodass es mit inhaltlicher Substanz für alle Gruppenmitglieder vergleichbar bearbeitet werden kann. Zu banale Themen bergen die Gefahr, dass in einer Präsentation für einzelne Schülerinnen und Schüler zu wenig inhaltliche Substanz referiert werden kann.
- Gleichzeitig ist die erfolgreiche Materialsuche vorentscheidend für den Erfolg der selbstständigen Themenaneignung. Zwar kann mittlerweile zu jedem Thema ausreichend Material im Internet recherchiert und dann ausgedruckt werden. Allerdings sind die darin verwendeten Begriffe und Ausführungen nicht für alle Altersstufen geeignet und es handelt sich keinesfalls immer um geeignetes, d. h. altersgemäßes oder didaktisch vorstrukturiertes Lernmaterial.

So ist die freie Themenwahl Chance und Risiko gleichermaßen. Um zu vermeiden, dass die freie Themenwahl auf Kosten der selbstständigen Aneignung von Wissen geht und dann zu negativen Lernerfahrungen z. B. in Projekten führt, ist es daher empfehlenswert, der Phase der Themenfindung und der Materialsuche einen vergleichsweise breiten Zeitraum einzuräumen und die Schülerinnen und Schüler dabei inhaltlich und organisatorisch zu unterstützen.

Unterrichtsszenario 5

Die Schülerinnen und Schüler der Klasse 6 arbeiten jeden Tag drei Stunden in freier Arbeit. Die Zeit ist in jeweils 90 Minuten Stillarbeit und 90 Minuten kommunikative Freiarbeit eingeteilt. Dazu geben verschiedene Fächer Stunden in einen Pool ein. Die gesamte Lernumgebung ist hochstrukturiert und sehr überschaubar. Jedes Fach hat ein oder zwei Regale, in denen thematisch sortiert Materialien stehen. Über Farbensysteme ist der Schwierigkeitsgrad der Materialien organisiert. Zum Teil sind ganze Themenbereiche in Materialien didaktisiert, zum Teil handelt es sich um Übungsaufgaben zu Teilbereichen. Die meisten Schülerinnen und Schüler wählen ihre Aufgaben frei. Einzelne schwächere Schülerinnen und Schüler besprechen die Aufgabenauswahl mit dem Lehrer.

Unterrichtsszenario 5: inhaltliche Offenheit bei Freiarbeit

Hier ist der Grad der inhaltlichen Offenheit für die meisten Schülerinnen und Schüler hoch. Das Materialangebot ist anspruchsvoll in dem Sinne, dass es nach Schwierigkeit sortiert ist und dass nicht nur Übungsangebote, sondern auch ganzheitliche Themenbearbeitungen möglich sind. Das Beispiel zeigt ein gängiges Modell von Freiarbeit an Sekundarstufen (Bildung von Stundenpools aus verschiedenen Fächern), wenn auch quantitativ mit ungewöhnlich hohem Zeiteinsatz (zumeist werden weniger Stunden, etwa zwischen zwei und vier pro Woche für Freiarbeit eingesetzt (vgl. Bohl 2001), der sich vermutlich dadurch legitimieren lässt, dass eben ganze Themen des Bildungsplanes bearbeitet werden. Genauer analysiert werden müsste hier allerdings, inwiefern Vorgaben für die inhaltliche Auswahl vorhanden sind, ob also bestimmte Themenbereiche im Laufe des Schuljahres bearbeitet werden müssen, um das Curriculum abzudecken.

Unterrichtsszenario 6

> Der Besucher betritt das Klassenzimmer. Auf den ersten Blick offenbart sich ein Durcheinander. Ca. 25 Schülerinnen und Schüler einer vierten Klasse sind im Raum verteilt und verfolgen sehr unterschiedliche Aktivitäten. Einzelne Schülerinnen und Schüler arbeiten an fünf Computern, sitzen am Tisch und schreiben in ihren Heften, liegen mit Büchern auf einem Teppich in der Ecke, stehen vor dem umfangreich gefüllten Bücherregel, andere wiederum scheinen nichts zu tun zu haben oder toben herum. Es fällt auf, dass der Raum sehr gut strukturiert ist und unterschiedliche Sitzgelegenheiten bietet. Die Lehrerin sitzt ruhig am Pult und arbeitet und wirkt relativ unbeteiligt. Es gibt keinen vorgegebenen Arbeitsplan. Jeder Schüler kann wählen, mit was er sich befasst. Nach wenigen Minuten läutet eine Schülerin eine Glocke. Alle finden sich mit einem Stuhl im Sitzkreis ein. Die Schülerin eröffnet den Klassenrat, indem sie Tagesordnungspunkte vorträgt, die offensichtlich zuvor von einzelnen Schülern auf einem Blatt eingetragen wurden. Mit dem ersten Punkt beginnt eine lebhafte Diskussion, die Schülerin moderiert das Geschehen. Die Lehrerin sitzt ebenfalls im Kreis und meldet sich wie die Kinder per Handzeichen zu Wort.

In diesem Szenario handelt es sich um offenen Unterricht. Eine organisatorische, methodische, inhaltliche und politisch-partizipative Offenheit ist erkennbar. Selbstverständlich müsste für eine genauere Analyse der Offenheit der Unterricht systematisch beobachtet werden.

Unterrichtsszenario 6: Offenheit in allen Dimensionen

Unterrichtsszenario 7

> Montag, 7.45 Uhr. Der 14-jährige Thomas sitzt vor dem PC und druckt seinen Arbeitsplan für diese Woche aus, den er von seiner Betreuerin per E-Mail zugeschickt bekommen hat. Die Lösungen der letzten Woche hatte er am Freitag elektronisch an seine Betreuerin geschickt. Der Arbeitsplan gibt differenzierte Aufgaben für fünf Fächer vor, inklusive Bezüge zu seinem individuellen Lernplan. Thomas arbeitet bis 10.00 Uhr alleine an seinem Arbeitsplan. Er geht dazu in die Bibliothek oder arbeitet am PC. Um 10 Uhr begibt er sich in den Kursraum und trifft dort seine Mitschüler/innen an einem großen runden Tisch. Heute stellen Karin und Beate die Ergebnisse ihres mehrwöchigen Projektes vor. Karin und Beate moderieren gleichzeitig die Stunde bis 11 Uhr. Von 11 bis 12.30 Uhr begibt sich Thomas in die Turnhalle. (…)

In diesem Szenario wird Individualisierung geradezu perfektioniert. Im Mittelpunkt des »Unterrichts« steht die Bearbeitung des individuellen Arbeitsplanes, der sich am individuellen Lernplan orientiert. Die individuelle zielorientierte Förderung ist effizient organisiert. Die Offenheit ist jedoch sehr begrenzt, sie scheint in organisatorischer Hinsicht vorhanden zu sein (Raum- und Zeiteinteilung). Ob die Arbeitspläne eine inhalt-

Unterrichtsszenario 7: Individualisierung, Offenheit

lich oder methodische Öffnung zulassen, müsste über eine genauere Analyse der Aufgaben geprüft werden. Das Beispiel zeigt deutlich, dass ein Höchstmaß an Individualisierung nicht zwangsläufig mit Offenheit einhergeht, sondern in hohem Maße lehrerzentriert vorgegeben sein kann.

Fazit Die sieben Unterrichtsszenarien verdeutlichen Folgendes:

- Innerhalb einer Unterrichtskonzeption gibt es immer wieder Variationen, d.h. es gibt Phasen, in denen die Öffnung ausgeprägter oder enger ist. Gleichzeitig kann die Offenheit zwischen Lernenden variieren (z.B. wenn im Arbeitsplan unterschiedliche Aufgaben und Freiheitsgrade formuliert sind).
- Die inhaltliche Dimension ist im Sinne eines offenen Unterrichts nicht immer trennscharf erkennbar. Deutlich wird sie, wenn die selbstbestimmte Entscheidung für ein Thema (z.B. in einem kooperativen oder individuellen, größeren oder kleineren Projekt) vorhanden ist (Unterrichtsszenario 6) oder wenn ein anspruchsvoller (d.h. in diesem Fall umfassender und strukturierter) Fundus an Materialien vorhanden ist, aus dem die Schülerinnen und Schüler wählen können (Unterrichtsszenario 5).
- Der reformpädagogische und bildungstheoretische Gedanke der Offenheit ist nicht identisch mit den Prinzipien *Differenzierung* oder *Individualisierung*, sondern geht darüber hinaus, indem er besonderen Wert auf die Mit- und Selbstbestimmungsmöglichkeiten legt. Zwar ist Differenzierung im offenen Unterricht immer vorhanden, aber im »Extremfall« Individualisierung (Szenario 6) kann sie auch nahezu vollständig fremdbestimmt sein.

Zusammenfassung

In diesem Kapitel wurden einige wesentliche Aspekte der Begriffsdiskussion zum offenen Unterricht dargestellt. Es ist nicht Anliegen dieses Buches, hier eine umfassende Darstellung zu leisten. Daher stand im Vordergrund, die Relevanz einiger normativer Entscheidungen hinsichtlich des Begriffs voranzustellen. Diese Entscheidungen beruhen vorrangig auf einer bildungstheoretischen Tradition des offenen Unterrichts und führen zu einem begrifflichen »Quantensprung« zwischen Selbstorganisation und Selbstbestimmung:

- Eine methodische und/oder organisatorische Öffnung des Unterrichts bezeichnen wir als Selbstorganisation und explizit als »geöffneten Unterricht«.

- Wenn darüber hinaus die Schülerinnen und Schüler inhaltlich und/oder politisch-partizipativ (mit)bestimmen, dann bezeichnen wir dies als Selbstbestimmung und offenen Unterricht.

Diese Unterscheidung ist nicht in jeder Hinsicht trennscharf, sie ermöglicht es jedoch, Stufungen der Öffnungen zu verdeutlichen, und sie leistet differenzierte Klärung bei der Analyse von Konzepten offenen Unterrichts. Damit wird es möglich, offenen Unterricht konzeptionell von anderen Ansätzen abzugrenzen und explizit den Grad der Offenheit in den Vordergrund zu stellen (vgl. dazu das folgende Kapitel 3).

Mehrfach haben wir darauf hingewiesen, dass der Grad der Offenheit nicht mit der Qualität von (offenem) Unterricht zu verwechseln ist. Jede Unterrichtskonzeption kann im Einzelfall besser oder weniger gut realisiert werden. Das bedeutet beispielsweise, dass ein Unterricht mit hohem Offenheitsgrad qualitativ schlecht sein kann, z.B. in dem Sinne, dass schwächere Schülerinnen und Schüler orientierungslos sind oder die Lernumgebung nicht differenziert und anspruchsvoll vorbereitet ist.

3. Theoretischer Hintergrund

Vorklärungen

Ähnlich wie bei der begrifflichen Klärung ist auch der theoretische Hintergrund von offenem Unterricht zunehmend uneinheitlich und unübersichtlich geworden. Neben eher älteren und bekannten Positionen finden sich neuere Ansätze, die zumindest eine Nähe zu offenem Unterricht vermuten lassen, häufig ohne den Begriff selbst zu erwähnen.

Die ersten Ansätze offenen Unterrichts der 1970er-Jahre waren eindeutig von reformpädagogischem Gedankengut – hauptsächlich der reformpädagogischen Bewegung der Jahrhundertwende – geprägt. Maria Montessori mit der *Freien Wahl der Arbeit*, Peter Petersen mit dem *Wochenarbeitsplan* (als Schulorganisation, nicht zu verwechseln mit Wochenplanarbeit) oder Célestin Freinet mit dem *Klassenrat* galten und gelten heute noch in zahlreichen Publikationen als Vorreiter des offenen Unterrichts, in dem Offenheit als didaktisches und pädagogisches Prinzip verstanden wird (Ramseger 1985; Wallrabenstein 1991; Peschel 2005). Inzwischen prägen Erkenntnisse aus anderen Disziplinen die Diskussion über offenen Unterricht und werden mitbedacht, insbesondere Erkenntnisse der psychologischen Lehr-Lern-Forschung und der Neurowissenschaften. Die Lehr-Lern-Forschung stellt vor allem die Frage nach der Lernwirksamkeit: Wie muss Unterricht didaktisch-methodisch gestaltet sein, um optimales Lernen, d.h. hohe Schülerleistungen, zu ermöglichen? Hierbei rücken stärker methodische Fragen und Fragen der Lehrerprofessionalität in den Blickpunkt. Die pädagogische Didaktik mit dem Bildungsziel eines selbstständigen mündigen Bürgers ist eher in den Hintergrund getreten.

Als Extreme lassen sich auf der einen Seite Peschels Ansatz bezeichnen, der auf jeden didaktisch-methodischen »Schnickschnack« verzichtet und den Kindern mit der »Didaktik des weißen Blatts« größte Offenheit zumutet (Peschel 2005b), und auf der anderen Seite methodenzentrierte Ansätze (z.B. Klippert 1994; 2004), in denen Schülerinnen und Schülern kleinschrittig angeleitet das (selbstorganisierte) Lernen gelehrt wird.

Dazwischen gibt es zahlreiche didaktische oder lernpsychologische Ansätze, die in unterschiedlicher Weise und Ausprägung Elemente von geöffnetem Unterricht aufgreifen (vgl. auch Kap. 1).

Hans Brügelmann ordnet diese verschiedenen Ansätze zur Öffnung von Unterricht drei Begründungszusammenhängen zu:

1. einem lernpsychologisch und didaktisch begründeten, in dem es um das Kriterium der »Passung« von Aufgaben und Entwicklungsstand der Schülerinnen und Schüler geht,
2. einem erkenntnistheoretisch und entwicklungspsychologisch begründeten, in dem die konstruktivistische Sicht von Lernen der Unterrichtsgestaltung zugrunde gelegt wird, sowie
3. einem bildungstheoretisch und politisch begründeten, in dem das Kriterium der Selbstbestimmung als Ziel und Bedingung schulischen Lernens angesehen wird (Brügelmann 2005).

Diese drei Begründungszusammenhänge versteht Brügelmann gleichzeitig als hierarchische Stufung, die den Schülerinnen und Schülern immer mehr Selbstständigkeit und Selbstbestimmung gewährt und immer höhere Anforderungen an die Lehrperson stellt (Brügelmann 2005). **Begründungen als hierarchische Stufung**

Das folgende Kapitel greift einige dieser Ansätze auf, beleuchtet den jeweiligen theoretischen Hintergrund und versucht, diese in die Diskussion und die im vorigen Kapitel erarbeiteten Merkmale bzw. Dimensionen einzuordnen, um mehr Klarheit und Durchsicht zu verschaffen.

Als Theoriehintergrund wird einerseits auf den Konstruktivismus und andererseits auf Bildungstheorie als Grundlage verschiedener didaktischer Ansätze zurückgegriffen. Daneben werden Erkenntnisse der Neurowissenschaft herangezogen. Neuere didaktische Ansätze wie die kompetenzorientierte, die adaptive und die dialogische Didaktik werden sodann hinsichtlich ihrer Öffnungsdimensionen diskutiert. All diese Ansätze beziehen sich auf die Unterrichtsebene. Am Ende des Kapitels wird ein Ausblick darauf gegeben, in welcher Weise die Schulebene von offenem Unterricht betroffen ist. **Theorieansätze**

Unterrichtsebene

Theoretische Ansätze zum offenen Unterricht beschäftigen sich mit didaktischen Modellen, die versuchen, ein solches Setting systematisierend zu beschreiben und zu begründen. Zwangsläufig beschäftigen sich die theoretischen Ansätze auch mit Lerntheorien, nimmt doch der offene Unterricht für sich in Anspruch, selbstgesteuert und selbstbestimmt nachhaltigen Wissens- und Kompetenzaufbau zu befördern. Insbesondere die pädagogische Psychologie hat sich in den letzten Jahren verstärkt mit Fragen des selbstgesteuerten Lernens, lernförderlichen Lernumgebungen und einer wirksamen Lernunterstützung beschäftigt.

Konstruktivismus und konstruktivistische Didaktik

Grundannahme: Lernen ist keine Übernahme von Gelehrtem

Der Konstruktivismus geht davon aus, dass Lernen nicht einfach durch Übernahme von Gelehrtem geschieht. Vielmehr müsse der Gegenstand verstanden und begriffen werden. Dafür seien eigene Interpretationen und aktives Denken notwendig. Für den Lehrenden bedeute dies, dass nicht Wahrheiten vorgetragen, sondern vielmehr Anlässe zum Denken geschaffen werden und Gewohntes in Zweifel gezogen wird. Für den Lernenden heiße das, viele Situationen zu kennen, in denen das zu Lernende relevant ist (Glasersfeld 1998). Ein Lerngegenstand wird demnach nicht einfach im Lernenden abgebildet, sondern der Lernende muss ihn aktiv neu schaffen, konstruieren, und er baut dabei auf bereits vorhandene Handlungs- und Denkstrukturen auf.

In neueren lernpsychologischen Ansätzen zu Lernumgebungen wird in der Regel auf den Konstruktivismus als zugrundeliegende Theorie Bezug genommen (Wahl 2006). Als Wegbereiter wird dabei auf Gerstenmaier/Mandl 1995) verwiesen. Für sie liegt die Relevanz des Konstruktivismus neben der Frage nach der Erkenntnistheorie (In welchem Verhältnis steht das Wissen zur Welt und Wirklichkeit?), insbesondere in der Frage der Kognitionspsychologie nach der Modellierung des Wissens in der Alltagswelt und seines kontextuellen Eingebundenseins, sowie in der Frage der Instruktionspsychologie nach der Förderung des Wissenserwerbs durch die Gestaltung konstruktivistischer Lernumgebungen. Hier finden sich auch konstruktivistische Ansätze der empirischen Pädagogik wieder (Gerstenmaier/Mandl 1995, S. 868 ff.).

Für den schulischen Zusammenhang ist insbesondere die letzte Fragestellung die entscheidende, nämlich wie der Wissenserwerb gefördert werden kann, d.h. wie konstruktivistische Lernumgebungen gestaltet sein müssen, um möglichst wirkungsvoll zu sein. Dies ist insofern bedeutsam, als der Schule vorgeworfen wird, zu sehr »träges Wissen« zu erzeugen, das nicht zur Anwendung kommt, zu wenig vernetzt und zusammenhanglos und damit wirkungslos ist. Die Ansätze der konstruktivistischen Instruktionspsychologie sind teilweise mithilfe eines kontrollierten Experimentaldesigns empirisch auf ihre Effekte hin untersucht worden (Gerstenmaier/Mandl 1995).

Merkmale einer konstruktivistischen Lernumgebung

Folgende Merkmale zeichnet eine gemäßigte konstruktivistische Lernumgebung nach Gerstenmaier/Mandl (1995, S. 879) aus:

- Authentizität und Situiertheit, die dem Lernenden die Auseinandersetzung mit realistischen Problemen und authentischen Situationen ermöglicht,
- multiple Kontexte, in denen das Wissen flexibel auf verschiedene Problemstellungen und Kontexte übertragen werden kann,

- sozialer Kontext, der kooperatives Lernen und Problemlösen in Lerngruppen und zwischen Lernenden und Experten fördert.

Weitere Bedingungen müssen nach Gerstenmaier/Mandl erfüllt sein, damit die Lernumgebung wirksam sein kann:

- Die Lernumgebung muss tatsächliche Freiheitsgrade bieten, d. h. der Lernende muss auch die reale Möglichkeit haben, eigene Wissenskonstruktionen und Interpretationen vornehmen zu können.
- Die bestehenden Freiheitsgrade müssen vom Lernenden auch erkannt und subjektiv wahrgenommen werden.
- Erst dann ist eine solche Lernumgebung konstruktivistisch, wenn der Handlungsspielraum vom Lernenden auch genutzt wird (Gerstenmaier/Mandl 1995, S. 879).

Situiertes Lernen

Einschub: Situiertes Lernen

Im Zusammenhang mit konstruktivistisch gestalteten Lernumgebungen taucht auch immer wieder der Begriff des »situierten Lernens« auf (Gerstenmaier/Mandl 1995), der deshalb an dieser Stelle kurz betrachtet werden soll: Zugrunde liegt die Vorstellung, dass die Lernumgebung dem Lernenden ermöglicht, dass er anhand realistischer Probleme und in authentischen Situationen Wissen erwerben kann, wobei diese authentischen Situationen gleichzeitig auch den Anwendungskontext für das zu erwerbende Wissen darstellen. Damit soll das Problem des Anhäufens von »trägem Wissen« begegnet werden, indem in der Problemsituation das erworbene Wissen zur Anwendung kommt (Riedl 2004). Die konstruktivistische Theorie der situierten Kognition untersucht die Entstehung und Bedeutungszuweisung von Repräsentationen (Clancey 1992), die Frage, wie das Denken und Handeln in physikalischen und sozialen Kontexten, also in Situationen eingebettet, entsteht bzw. sich äußert (Greeno 1989). Einen zentralen Ansatz für situiertes Lernen stellt der Cognitive Apprenticeship-Ansatz dar, in dem es um die Vermittlung impliziten Praxiswissens in authentischen Problemsituationen geht; Vorbild ist die Handwerkslehre (Collins et al. 1989). Gemeinsam sind den Ansätzen situierten Lernens folgende Prinzipien:

- komplexe Ausgangsprobleme
- Authentizität und Situiertheit
- multiple Perspektiven
- Artikulation und Reflexion
- Lernen im sozialen Austausch (Mandl/Gruber/Renkl 1997)

Situiertes Lernen wird vor allem im Zusammenhang mit dem sozialen Konstruktivismus diskutiert. Gemeinsamkeiten zu Merkmalen offenen Unterrichts sind kaum erkennbar.

Prinzipien konstruktivistischen Unterrichts

Dubs dagegen beschreibt die Prinzipien konstruktivistischen Unterrichts anhand folgender sieben Merkmale (Dubs 1995, S. 890 f.):

- Es kommt zu einer Orientierung an komplexen, lebens- und berufsnahen, ganzheitlich zu betrachtenden Problembereichen. Nicht eine reduktionistisch vorbereitete Problemstellung, sondern der komplexe Gesamtzusammenhang steht im Zentrum des Unterrichts, »… Es ist eine komplexe (starke) Lernumgebung zu schaffen, in der die Schülerinnen und Schüler ihre individuellen Erfahrungen gewinnen, die sie durch eine aktive Auseinandersetzung in der Lerngruppe für sich verständlich machen und in ihr Vorwissen einbauen« (Dubs 1995, S. 890).

- Lernen wird als aktiver Prozess verstanden, der auf die eigene Interpretation und das eigene Verstehen des Lerners ausgerichtet ist.
- Große Bedeutung hat das kollektive Lernen, denn in der Diskussion werden eigene Interpretationen überdacht und neue angeregt.
- Fehler sind bedeutsam, denn die Auseinandersetzung mit ihnen wirkt verständnisfördernd.
- Die Lernbereiche sollen auf die Vorerfahrungen und Interessen der Lernenden ausgerichtet werden.
- Nicht nur kognitive Aspekte, sondern ebenso Gefühle und die persönliche Identifikation mit dem Lerngegenstand sind bedeutsam.
- Die Evaluation des Lernerfolgs orientiert sich nicht nur an den Lernprodukten. sondern auch an den Lernprozessen, da im Konstruktivismus vor allem die Wissenskonstruktion bedeutsam ist.

Dubs stellt zusammenfassend fest, dass für ein erfolgreiches Unterrichtssetting, eine starke Lernumgebung – das sind optimale, komplexe Lehr-Lern-Arrangements – und die kognitive Qualität der Impulsgebung durch die Lehrperson entscheidend sind. Letztere sind durch Scaffolding (Hilfestellung), Fading (Zurücktreten) und Coaching (Lernberatung) gekennzeichnet.

Die Lernpsychologie sieht genau hier ihre Aufgabe: in der Frage nach einer angemessenen erfolgreichen Vermittlung von Lernstrategien. Die Lernforschung untersucht die Entwicklung von solchen Lernstrategien, um Schülerinnen und Schüler angemessen auf dem Weg zum erfolgreichen Lerner zu unterstützen (»Good Strategy User«).

Wie lernen effektive Strategienutzer?

Effektive Strategienutzer gehen folgendermaßen an das Lernen heran: Sie nehmen Informationen schnell auf und können sie weiterverarbeiten, sie verfügen über ein Repertoire von Strategien, das sie flexibel und gezielt einsetzen können. Sie haben sowohl ein breites Allgemeinwissen als auch bereichsspezifische Kenntnisse und nutzen ihre Kompetenzen in einem intelligenten Wechselspiel (Mackowiak/Lauth/Spieß 2008, S. 105). Ähnlich formulieren Klauer/Lauth (1997) ihre Annahmen zum Lernkompetenzmodell. Für sie gehören zu einem komplexen selbstregulierten Lernen folgende fünf Bestandteile: prinzipielle Basisfertigkeiten zur Aufnahme und Verarbeitung von Informationen, Wissens- und Begriffssysteme, die für den Neuerwerb und die Einordnung des Inhaltsbereichs spezifisch sind, metakognitive Fähigkeiten für reflexiv bedachte Vorgehensweisen beim Lernen, Selbststeuerung im Sinne einer exekutiven

Kontrolle zur aktiven Steuerung des Lernprozesses sowie motivationale Aspekte wie die Selbstwirksamkeitserwartung (Mackowiak/Lauth/Spieß 2008, S. 105 f.).

Lernstrategien können in bereichsspezifische und in bereichsübergreifende Strategien unterteilt werden. Lernstrategien regeln den Umgang mit Informationen (kognitive Strategien), steuern das Lerngeschehen (metakognitive Strategien) oder dienen der Motivierung (motivationale Strategien) (Mackowiak 2004). Studien zur empirischen Unterrichtsforschung zeigen unter anderem, dass solche Strategien unterschiedlich gefördert werden können: indirekt durch entsprechende Aufgabenstellungen, direkt durch Vermittlung von Strategien und in Kombination beider Vorgehensweisen (Mackowiak/Lauth/Spieß 2008, S. 108).

kognitive, metakognitive und motivationale Strategien

Aus erziehungswissenschaftlicher Perspektive haben sich vor allem der Erwachsenenpädagoge Horst Siebert (2005), und der allgemeine Pädagoge Kersten Reich (2005, 2008) mit der konstruktivistischen Didaktik auseinandergesetzt.

Für Siebert (2005) sind für eine systemisch-konstruktivistische Didaktik folgende Merkmale substanziell:

Merkmale systemisch-konstruktivistische Didaktik

- Lehrer und Lerner bilden getrennte autopoietische, selbstreferenzielle und operational geschlossene Systeme.
- Der Lerner wird als aktiver Denker wahrgenommen, der sein Wissen selbst konstruiert.
- Situiertheit und Lebensdienlichkeit (Viabilität) sind Grundlage von Erkennen und Lernen.
- Statt Lehren geht es um die Unterstützung selbstgesteuerten Lernens.
- Statt Vermittlungsdidaktik geht es um eine Ermöglichungsdidaktik.
- Jedes Wissensangebot wird vom Lernenden geprüft hinsichtlich seines Neuigkeitsgehalt, seiner Anschlussfähigkeit und Relevanz.

Reich (2005, 2008) beschreibt konstruktivistisches didaktisches Handeln in den drei Grundformen Konstruktion, Rekonstruktion und Dekonstruktion:

Konstruktion – Rekonstruktion – Dekonstruktion

- Konstruktion bedeutet, Inhalte selbst zu erfahren, auszuprobieren, zu untersuchen und zu experimentieren. Das Motto lautet dabei: »Wir sind die Erfinder unserer Wirklichkeit!«
- Rekonstruktion bedeutet, dass Zeit, Raum, soziale Welt und Lebensformen nicht immer neu erfunden werden, aber die Erfindungen anderer werden entdeckt und konstruktiv verarbeitet. Das Motto lautet: »Wir sind die Entdecker unserer Wirklichkeit!«
- Dekonstruktion meint infrage zu stellen, andere Sichtweisen einzubringen und kritisch gegenüber blinden Flecken zu sein. Das Motto

heißt: »Es könnte auch anders sein! Wir sind die Enttarner unserer Wirklichkeit!«

Reich entwirft einen interaktionistischen Konstruktivismus, in dem die Fragen des Blicks und der Beobachtung, sowohl der Selbst- als auch der Fremdbeobachtung, zentrale Bestandteile des Erkenntnisgewinns bilden: »der Beobachter als Konstruktivist« (Reich 1998). Für die Umsetzung einer konstruktivistischen Didaktik hat Reich zusammen mit Mitarbeiter/innen einen umfangreichen Methodenpool zusammengestellt (Reich 2007). Nicht zuletzt deshalb wird deutlich, dass sich die Konkretisierung dieser konstruktivistischen Didaktik vorrangig an Methoden orientiert.

Kritik an Konstruktivismus aus soziologischer Sicht

Kritisch zum neuen konstruktivistischen Verständnis im Zusammenhang mit Lernen und Selbststeuerung äußern sich die Soziologen Bremer und Bittlingmeyer (2008): Sie kritisieren, dass die Gesellschaft einseitig als individualistisch beschrieben wird, sodass das »›Selbst‹ des Konstruktivismus ... demnach tendenziell ein anomisches Einzelwesen [ist]. Die Autoren sehen eine ›Konvergenz zwischen postmodernem und konstruktivistischem Denken‹. Soziale Ungleichheit wird von ihnen kaum thematisiert, noch weniger problematisiert« (Bremer/Bittlingmeyer 2008, S. 34). Aufgrund der individuellen Konstruktionen und Lernprozesse würden die gesellschaftlichen Bedingungen, unter denen Menschen lernen sollen oder müssen, außer Acht gelassen, denn die Subjekte würden aus sozialen Zusammenhängen herausgelöst. Dabei beziehen sich die Autoren überwiegend auf eine radikale Form des Konstruktivismus (Bremer/Bittlingmeyer 2008).

Gegenwart: Habitus-konzept von Bourdien

Als Gegenentwurf ziehen sie das Habituskonzept Bourdieus heran, in dem die Subjekte über ihren Habitus über ein inkorporiertes Wissen von der Welt verfügen, das in der Person verankert ist. Daraus folgern sie: »So gesehen haben die biographischen Konstruktionen des Individuums zugleich eine überindividuelle Seite. Die Gesellschaft mit ihren groben und feinen Unterscheidungen existiert nicht abstrakt, sondern ist, gewissermaßen in verschlüsselter Form, auch in den Lern- und Bildungsprozessen des Subjekts immer präsent« (Bremer/Bittlingmeyer 2008, S. 37). In Anlehnung an Bourdieus Habitus-Konzept haben Bremer und Bittlingmeyer im Rahmen einer Milieustudie verschiedene Bildungstypen der mittleren und unteren Sozialmilieus herausgearbeitet: den Unsicheren, den Traditionellen, den leistungsorientierten Pragmatiker sowie den Selbstbestimmten. Diese Typen zeigen einen deutlichen Unterschied zum Bildungsverhalten des akademischen Bildungsmilieus auf, insbesondere hinsichtlich ihres impliziten und expliziten Leitbilds von Selbstlernen. Deshalb stellen Bremer und Bittlingmeyer die Frage: »Wem wird durch die von Lehrenden geschaffenen Settings eigentlich welches Lernen ›ermöglicht‹ – und wem nicht?« (Bremer/Bittlingmeyer 2008, S. 42f.). Die Fähigkeit zu selbstgesteuertem

Lernen hänge also wesentlich vom Habitus des Lernenden und des Lehrenden ab. Forschungsbefunde zum offenen Unterricht scheinen diese Aussage zu stützen (vgl. Kap. 4, beispielsweise die hohe Bedeutung der Lehrperson im offenen Unterricht; vgl. Poerschke 1999).

> Zwischen offenem Unterricht und konstruktivistischer Didaktik bestehen einerseits Zusammenhänge, andererseits erkennbare Distanzen:
> - Die Nähe zwischen den beiden Ansätzen zeigt sich in der Vielfalt methodischer Zugänge und im Anspruch, jeweils individuelle Zugangsmöglichkeiten zu eröffnen. Je nach Autor und Begrifflichkeit sind die Zusammenhänge noch deutlicher. So betonten Gerstenmaier/Mandl (1995, S. 879) die tatsächlichen Freiheitsgrade, die im Unterricht angeboten (und vom Lernenden erkannt und genutzt) werden – dies korrespondiert durchaus mit Aspekten der Öffnung von Unterricht.
> - Andererseits geht es in der konstruktivistischen Didaktik vor allem darum, dass der Lernende aktiv wird und der Lehrende als Aktiver zurücktritt. Die Gestaltung der Lernumgebung, also welche Inhalte, welche Zeitfenster, welche verschiedenen methodischen Zugänge und Materialien dem Lernenden in der Lernumgebung zur Verfügung gestellt werden, ist nach wie vor Aufgabe des Lehrenden. Hierbei fällt auf, dass vor allem das methodische Vorgehen und weniger die Inhalte und Intentionen thematisiert werden. Mitbestimmungsmöglichkeiten im politisch-partizipativen Sinne liegen außerhalb der konstruktivistischen Didaktik.

Zusammenfassung offener Unterricht und konstruktivistische Didaktik

Das Ziel ist eher die Optimierung von Lernprozessen und nicht das Bildungsziel eines demokratischen mündigen Menschen. Damit trifft sich die konstruktivistische Didaktik mit offenem Unterricht vorrangig in der Legitimation von Unterricht auf lerntheoretischer Ebene.

Nach den eher psychologisch orientierten theoretischen Hintergründen wenden wir uns nun den erziehungswissenschaftlichen zu.

Bildungstheoretische Didaktik

Ramseger entwirft sein didaktisches Modell eines offenen Unterrichts als Gegenstück zu einem geschlossenen Unterricht. Bei ihm bezieht sich die Geschlossenheit zunächst auf die Unterrichtsplanung, die schulisches Lernen organisiert und den Prämissen folgt: »Lernprozesse sind prinzipiell planbar […] und sind notwendig an planvolle und gelenkte Interaktionen gebunden« (Ramseger 1985, S. 9f.). Demgegenüber bedeutet für Ramseger offener Unterricht die »institutionell garantierte Chance […] zur […] selbstgesteuerten, kritischen Auseinandersetzung mit der Umwelt« (Ramseger 1985, S. 10). Bedeutet für den geschlossenen Unterricht eine Abweichung von der Planung eher eine Unterrichtsstörung, so versteht sich offener Unterricht als von Schülerinnen und Schülern beeinflussbares, revidierbares und revisionsbedürftiges Angebot. Ramseger setzt sich in

offener Unterricht als beeinflussbares Angebot

seiner Theorie zum offenen Unterricht mit der Curriculumdiskussion der 1970er-Jahre, die um die Frage der offenen oder geschlossenen Curricula kreist, auseinander. Die Begründung für offenen Unterricht findet er im Bildungsziel der Emanzipation: »Emanzipation als oberstes Bildungsideal bedeutet die Fähigkeit, überflüssige und nicht demokratisch legitimierte Herrschaft und Zwänge zu erkennen, hinterfragen und gegebenenfalls überwinden zu können« (Ramseger 1985, S. 20). Insofern entwirft Ramseger den offenen Unterricht als bildungstheoretisches didaktisches Modell (vergleichbar Peschel 2005b, vgl. Kap. 1).

Emanzipation als Bildungsideal

Gruschka merkt in seinen bildungstheoretischen Überlegungen zum offenen Unterricht an, dass aus »offenem Unterricht« anders als aus der bildungstheoretischen Didaktik, kein »distinktes Unterrichtsmodell« folgt, sondern verschiedene methodische »Eigenheiten« zu finden seien (Gruschka 2008, S. 9). Er versucht, in seinem Beitrag offenen Unterricht bildungstheoretisch zu klären, indem er »nach der inhaltlichen Qualität der offen gestalteten Tätigkeiten« fragt (Gruschka 2008, S. 11). Für Gruschka ist offener Unterricht angesichts der Vielfältigkeit und Uneinheitlichkeit kein neues Unterrichtsprogramm, sondern eine pädagogische Haltung, eher eine Kampfformel analog zur historischen Reformpädagogik, »den Umgang mit Kindern in Offenheit zu gestalten, die für ihre eigenständige Entwicklung gut sein soll« (Gruschka 2008, S. 11). Analog zur historischen Reformpädagogik gehe es dem offenen Unterricht um die Überwindung einer als Zwangsanstalt wahrgenommenen Schule unter Verwendung eines semantischen Dualismus von geschlossen und offen, dunkel und hell. Gruschka selbst plädiert eher für ein dialektisches Verständnis von offen und geschlossen, indem es darum gehe, was inhaltlich und methodisch geschehe: »Offenheit ließe sich als Offenheit für Bildungsprozesse spezifizieren und Geschlossenheit als methodische Konsequenzlogik, mit der pädagogische Ziele verfolgt werden« (Gruschka 2008, S. 13). Er macht dabei deutlich, dass es den Befürwortern offenen Unterrichts ja in keiner Weise um Offenheit im Sinne von Beliebigkeit gehe, sondern eben um ein zielgerichtetes und didaktisch arrangiertes Ganzes: »Es geht damit weniger um offen als Adjektiv, sondern um Offenheit als Substantiv. Der Unterricht, gebunden an ein Instruktionsmodell, soll ersetzt werden durch ein Modell der befreiten eigenständigen Begegnung mit den Weltdingen« (Gruschka 2008, S. 14).

Überwindung der Zwangsanstalt Schule

In der klassischen Bildungstheorie finden sich dagegen durchaus Berührungen zu der Vorstellung offenen Unterrichts insofern, als sich Kinder eigenständig und eigensinnig mit anregungsreichem Lernmaterial beschäftigen. Für Humboldt bedeutete Bildung die freiest mögliche Wechselwirkung zwischen Ich und Welt, also Offenheit für die Welt (Gruschka 2008). Beziehe man Bildung auf seine ursprüngliche Bedeutung, so sei damit, im Gegensatz zum Lernen, »die Reaktion der Gesellschaft auf ihre eigene Zukunftsoffenheit« (Gruschka 2008, S. 15) gemeint. Die Bildung der Schülerinnen und Schüler vollzieht sich demnach in neuen Problemstellungen, um sie zur Krisenbewältigung zu befähigen. »Sie impliziert sodann methodisch, zeitlich und sozial ungegängelte Welterfahrungen. Sie verlangt schließlich nach solchen Aufgaben, mit denen die Welt erschlossen werden kann« (Gruschka 2008, S. 15). Im Gegensatz zur heutigen Tendenz zur Standardisierung, einem Training zur Erreichung minimaler oder durchschnittlicher Kompetenzstufen, ging es Humboldt um ein individuelles Sichbilden des Menschen in der freien Entfaltung an unterschiedlichen sozial geteilten Inhalten. Mit dieser bildungstheoretischen Vorstellung von Unterricht wendet sich Gruschka gegen einen Instruktionsunterricht, aber auch gegen die Vorstellung, »Unterricht ließe sich in eine ›konstruktivistische‹ Tätigkeit der Kinder auflösen, mit der diese auf die je subjektive Weise sich ihr Wissen aneignen bzw. ›konstruieren‹. Das, was die Schule zur Förderung der Eigenverantwortung, Selbständigkeit und Urteilsfähigkeit den Schülern im offenen Unterricht als Aufgaben abverlangt, muss substanziell, methodisch als auch fachlich, dazu taugen« (Gruschka 2008, S. 18).

individuelles Sichbilden und freie Entfaltung

Bildungstheoretisch gesprochen geht es im offenen Unterricht um die Befreiung des Subjekts aus Abhängigkeit und Zwängen, auch aus der Befreiung von pädagogischer Bevormundung (Bremer/Bittlingmayer 2008).

Befreiung des Subjekts aus Zwängen

In Anlehnung daran unterzieht Gruschka verschiedene Formen offenen Unterrichts (Wochenplan, Präsentation) einer kritischen Analyse, inwieweit sie derart gestaltet sind, dass sie bildende Wirkung bei den Schülerinnen und Schülern erzielen.

> Wenn auch nicht in der überlieferten und praktizierten Form, so aber doch von der Anlage her ist offener Unterricht vereinbar mit einer bildungstheoretischen Didaktik.

Zusammenfassung: Bildungsthema und offener Unterricht

In der klassischen Bildungstheorie standen aber Bildungsziel und -inhalt im Mittelpunkt, sodass die Fragen, wie Lernen ermöglicht und Partizipation frühzeitig erleb- und lernbar gemacht werden kann, nicht ausreichend durchdacht wurden. In der gängigen Rezeption erscheint die bildungstheoretische Didaktik als Form eines geschlossenen Unterrichts, an dessen Ende dann – wie durch ein Wunder? – der mündige Mensch steht. Die Auseinandersetzung mit und Anwendung von Formen der Öffnung auf dem Weg dorthin setzen sich erst allmählich durch.

Neurowissenschaft und Didaktik

Die Hirnforschung misst Gehirnströme und macht Vorgänge ersichtlich, die sich beim Lernen vollziehen. Dadurch konnten neue Erkenntnisse zum Lernen generiert werden. Zahlreiche, auch populäre Veröffentlichungen von namhaften Neurobiologen und -psychologen haben die Diskussion über wirksame Unterstützung des Lernens auch aus dieser Perspektive vorangetrieben. Nach Erkenntnissen der Neurowissenschaft wirken folgende Dispositionen lernunterstützend:

- positive Emotionen
- Anregung von außen
- Neugier
- Motivation
- Übung
- ausreichend Schlaf (Scheunpflug 2007; Herrmann 2006a; Roth 2006)

In den letzten Jahren hat unter anderen Herrmann den Begriff der Neurodidaktik eingeführt (Herrmann 2006a) und versucht, Erkenntnisse der Hirnforschung in didaktisches Handeln zu überführen. Er zählt in seinem Beitrag zur Neurodidaktik auf, welche didaktischen Schlussfolgerungen aus den neurowissenschaftlichen Erkenntnissen gezogen werden können:

- Neugiererhaltung und -förderung durch selbstorganisiertes und frei gewähltes exemplarisches Lernen
- entspannte Atmosphäre durch Spielen
- optimaler Rhythmus von An- und Entspannung zur Gedächtniskonsolidierung
- sowohl anregende als auch störungsarme Lernumgebung
- Vertrauen aufbauen durch Selbstwirksamkeitserfahrungen
- Motivationsförderung durch Erfolgserlebnisse
- Präsentation, Erarbeitung, Aneignung und Übertragung von Mustern (Schemata) als Grundlage nachhaltigen Lernens
- Vorwissen präsent halten durch Übung
- individuell emotional bedeutsames Lernen durch entsprechende Lernarrangements fördern
- Begegnung und Verarbeitung von Wissen an die Wirkungsweise des Gedächtnisses anlehnen: Interesse am Gegenstand – eigenaktive Beschäftigung – Übung z. B. durch Tutorensystem (= anderen erklären)
- Förderung von Interesse und Motiviertheit z. B. durch Erfolgserlebnisse
- Steigerung der Leistungsbereitschaft durch kooperatives Lernen
- angeleitetes Lernen so gestalten, dass die verschiedenen Gedächtnisfunktionen aktiviert werden (Herrmann 2006b, S. 111–127)

Inwieweit das möglich ist und welche didaktischen Handlungsanleitungen tatsächlich aus neurowissenschaftlicher Sicht gegeben werden können, ist umstritten. Kritisch geht Baumann mit der Übertragung der neurowissenschaftlichen Erkenntnisse auf die Pädagogik um. Hier würden aus Einzelergebnissen lineare Schlüsse für die pädagogische Praxis gezogen, die in der Weise nicht haltbar seien (Baumann 2008).

Auch Scheunpflug sieht die Bedeutung der Neurowissenschaft eher in einer neuen Bezugsdisziplin, warnt aber vor der Hoffnung auf Determinierbarkeit des menschlichen Verhaltens: »Allerdings ist von einer seriösen Biowissenschaft genau diese Durchschaubarkeit nicht zu erwarten. Weder lässt die Hirnforschung erwarten, die Tiefenstruktur menschlicher Kognition in der für schulische Belange nötigen Feinheit aufklären zu können, noch ist von der Verhaltensforschung angesichts der vielfältigen Verrechnungsmöglichkeiten der Algorithmen menschlichen Verhaltens die Vorhersagbarkeit individuellen menschlichen Verhaltens zu erwarten. [...] Diese Forschung kann von daher keine Rezepte für den Umgang mit konkreten Kindern eröffnen [...]. Gleichwohl bietet diese Wissenschaft bedeutende Theorieofferten für Orientierungswissen im Hinblick auf die Bestimmbarkeit menschlichen Lernens und Verhaltens [...]. Damit kann sie – neben der Psychologie, der Soziologie, der Philosophie und den Kulturwissenschaften – zu einer weiteren Bezugsdisziplin der Erziehungswissenschaft werden, die ungewohnte Blicke eröffnet« (Scheunpflug 2007, S. 104 f.).

Kann die Neurowissenschaft in der nötigen Feinheit aufklären?

Umstritten scheint nach wie vor die Bedeutung der Neurowissenschaft für die Pädagogik und die Didaktik zu sein: Bildet sie eine weitere Bezugsdisziplin, wie es Scheunpflug vorschlägt (auch Stern 2006; Becker 2006), oder entsteht eine neue interdisziplinäre Neuropädagogik oder Neurodidaktik (Herrmann 2006a; Braun/Meier 2006; Friedrich 2005, 2006)?

Die Erkenntnisse der Neurowissenschaft lassen sich nicht unmittelbar in eine Neurodidaktik umsetzen, scheinen aber zumindest geeignet zu sein, einige didaktische Vorstellungen von offenem Unterricht als lernwirksam zu unterstützen oder zu legitimieren; sie bieten damit eine Rahmung didaktischer Überlegungen, erreichen die Ebene konkreter, differenzierter und auf Mikroprozesse bezogener Entscheidungshilfen jedoch nicht.

Zusammenfassung: Neurodidaktik und offener Unterricht

Kompetenzorientierte Didaktik

Ausgehend vom Begriff »Kompetenzen« geht es in der kompetenzorientierten Didaktik darum, bei den Schülerinnen und Schülern Kompetenzen zu entwickeln bzw. die Kompetenzentwicklung zu fördern. Bei der Definition des Begriffs wird in der Regel auf Weinert zurückgegriffen. So formuliert Klieme in der Expertise zur Entwicklung nationaler Bildungsstan-

Kompetenzbegriff

dards: »In Übereinstimmung mit Weinert (2001, S. 27f.) verstehen wir unter Kompetenzen die bei Individuen verfügbaren oder von ihnen erlernbaren kognitiven Fähigkeiten und Fertigkeiten, bestimmte Probleme zu lösen sowie die damit verbundenen motivationalen, volitionalen und sozialen Bereitschaften und Fähigkeiten, die Problemlösungen in variablen Situationen erfolgreich und verantwortungsvoll nutzen zu können« (Bundesministerium für Bildung und Forschung (BMBF) 2003, S. 72).

Lernkompetenzen

Czerwanski/Solzbacher/Vollstädt (2002) sprechen zusammenfassend von Lernkompetenzen, die es zu fördern gilt und die die Sach-, Methoden-, Sozial- und Personalkompetenz umfassen. Das Ziel, den Erwerb von Lernkompetenz bei Schülerinnen und Schülern zu fördern, speist sich aus dem Gedanken des lebenslangen Lernens und meint die erfolgreiche Bewältigung der gesamtgesellschaftlichen und individuellen Herausforderungen der Wissensgesellschaft (Weinert 2001). Solzbacher fasst zusammen: »Ziel aller Lernprozesse muss es daher sein, die Schüler/innen zu Experten für ihr eigenes Lernen zu machen, damit sie Aufgabenstellungen selbstständig angehen und bearbeiten können. Zum selbständigen Lernen gehört mehr als in einem grundlegenden Methodentraining Lern- und Arbeitstechniken einzuüben. Es bedeutet auch diese Techniken fachspezifisch zu vertiefen und den Lerninhalt mit angemessenen Methoden zu verzahnen, das Lernen zu planen, mit anderen zusammen zu lernen und den eigenen Lernprozess zu hinterfragen« (Solzbacher 2006, S. 15).

Damit sind Merkmale beschrieben, wie sie auch in Definitionen bzw. Beschreibungen von offenem Unterricht zu finden sind: Schülerinnen und Schüler als Experten für ihr eigenes Lernen, selbstständiges Arbeiten und Planen, Reflexion der Lernprozesse, individuelles und gemeinsames Arbeiten.

In einer von der Bertelsmann-Stiftung geförderten Untersuchung gingen Czerwanski/Sulzbacher/Vollstädt (2002, 2004) der Frage nach, wie es Schulen gelingen kann, eine Lernkultur zu entfalten und eine Lernumgebung zu schaffen, die es den Schülerinnen und Schülern ermöglicht, Lernkompetenz zu erwerben und in komplexen Lernarrangements anzuwenden. Dabei identifizierten sie Schulen, insbesondere Grundschulen, die über den indirekten Weg über eine veränderte Lernkultur mit selbstbestimmtem Lernen in offene handlungsorientierte Unterrichtsformen gehen, um Lernkompetenz zu fördern. Allerdings war festzustellen, dass dies nicht zwangsläufig gelang (Solzbacher 2006). Andere Schulen, hier vor allem Sekundarschulen, wählten den Weg über die Förderung der Methodenkompetenz, die aber häufig in kontextarmen Übungen erfolgte. Hier fehlte die Verbindung zu den Inhalten der Unterrichtsfächer, das bedeutet, dass kompetenzorientierte Curricula noch entwickelt werden müssten (Solzbacher 2006).

Gefahr: kontextarme Methodenübungen

Zusammenfassend formuliert die Forschergruppe folgende Gelingensbedingungen für Lernkompetenzförderung: Der Erwerb kann nur an konkreten Inhalten erfolgen. Dabei ist die Lernkompetenz nur schrittweise zu erwerben. Es muss also eine Kompetenzstufung mit individuellem Spielraum vorgenommen werden. Damit die Schülerinnen und Schüler zunehmend selbstgesteuert arbeiten können, braucht es differenzierte Lernangebote, die sich auch tatsächlich in Inhaltlichkeit und Anspruchsniveau unterscheiden. Darüber hinaus sind zur Förderung der Reflexionsfähigkeit über die eigenen Lernprozesse geeignete Verfahren wie Lerntagebücher sowie alternative Formen der Leistungsmessung erforderlich (Solzbacher 2006).

Gelingensbedingungen für Lernkompetenzförderung

Als problematisch sehen die Forscher an, dass noch zu wenig empirisch abgesicherte Kompetenzstufenmodelle vorliegen. Insbesondere sei die Lernkompetenzentwicklung über die verschiedenen Jahrgangsstufen hinweg noch überwiegend ungeklärt (Solzbacher 2006).

Problem: empirisch abgesicherte Kompetenzstufenmodelle

Auch Hilbert Meyer versucht im Rahmen der Standarddiskussion die didaktische Theoriebildung voranzutreiben, indem er eine kompetenzorientierte Didaktik entwirft (Meyer/Klapper 2006). Dazu versucht er, zehn Merkmale guten Unterrichts in Unterrichtsstandards – als Ergänzung zu den Bildungsstandards – zu überführen. Diese zehn Merkmale stellen einerseits empirisch ermittelte Merkmale wirksamen Unterrichts dar (z.B. Strukturiertheit), andererseits sind sie durch solche angereichert, die didaktisch als sinnvoll erscheinen (z.B. sinnstiftendes Kommunizieren). Neben die Lernkompetenz stellt Meyer die Lehrkompetenz und beschreibt für beide vier Kompetenzstufen:

»*(1) naiv-ganzheitliches Nachvollziehen einer Handlung*
(2) Ausführen einer Handlung nach Vorgabe
(3) Ausführung einer Handlung nach Einsicht
(4) selbstständige Prozesssteuerung und ihre didaktische Reflexion«
(Meyer/ Klapper 2006, S. 91).

Schüler/innen und Lehrer/innen auf der höchsten Kompetenzstufe sind in der Lage, gemeinsam die Verantwortung für den Lehr-Lern-Prozess zu übernehmen. In Anlehnung an die Lernkompetenz (vgl. Solzbacher 2006) beschreibt Meyer Lehrkompetenz folgendermaßen: Anwendung eines breiten fachlichen, fachdidaktischen und allgemeindidaktischen Wissens zur kompetenzorientierten Strukturierung von Unterricht, breites didaktisch-methodisches Handlungsrepertoire, das Förder- und Differenzierungsstrategien einschließt sowie die Orientierung an einem ethischen Code des Respekts vor Schülerinnen und Schülern (Meyer/ Klapper 2006, S. 93). Kompetenzorientierte Didaktik bezieht sich nach Meyer »auf

Merkmale kompetenzorientierter Didaktik

- eine Lernstrukturanalyse, in der die Struktur des zu vermittelnden Inhalts geklärt wird;
- eine Lernstandsanalyse, die die zur Lösung der Aufgabe erforderlichen Kompetenzen sowie die unterschiedlichen Kompetenzstufen der Schülerinnen und Schüler klärt;
- die Klärung der Zugänglichkeit des Inhalts in Zusammenhang mit den Interessen und Motivationen der Schüler;
- vielfältige Differenzierungsstrategien zur individuellen Förderung und Unterstützung;
- die Entwicklung einer kompetenzorientierten Aufgabenkultur mit verschiedenen Niveaus;
- die Förderung der Metakognition der Schülerinnen und Schüler durch Selbstreflexionen, Gesprächs- und Feedbackkultur« (Meyer/Klapper 2006, S. 94f.).

Zusammenfassung: kompetenzorientierte Didaktik und offener Unterricht

Im Rahmen der Lernkompetenzförderung werden zentrale Aspekte offenen Unterrichts angesprochen: individuelles, selbstgesteuertes und zum Teil selbstbestimmtes Lernen, Fragen nach der Diagnosefähigkeit der Lehrkräfte, nach differenzierten Lernangeboten und Beschaffenheit des Arbeitsmaterials. Aus dem Blickfeld geraten die Inhalte und Ziele von Bildung. Diese werden vorgegeben und entziehen sich der Mitbestimmung durch die Schülerinnen und Schüler. Auch hier liegt die Verantwortung für die Gestaltung des Lernsettings beim Lehrer, erst nach und nach mit steigender Kompetenz werden die Schüler stärker mit einbezogen.

Adaptive Didaktik bzw. adaptiver Unterricht

Dimensionen der adaptiven Lehrkompetenz

Im Zusammenhang mit der individuellen Förderung von Schülerinnen und Schülern in heterogenen Lerngruppen bzw. Klassen untersuchten Beck et al. (2007) die adaptive Lehrkompetenz. Dazu griffen sie auf Erkenntnisse der Unterrichtsqualitätsforschung bzw. auf Konzepte des »guten Lehrers« (Aebli 1997; Weinert/Helmke 1996) zurück. Demnach »besteht adaptive Lehrkompetenz im Zusammenspiel der vier Dimensionen Sachkompetenz, diagnostische Kompetenz, didaktische Kompetenz und Klassenführungskompetenz« (Beck/Brühwiler/Müller 2007, S. 198). Wenn es dem Lehrer gelingt, diese vier Dimensionen geeignet zusammenzuführen, ermöglicht er, dass möglichst viele Lernende den Unterrichtsgegenstand verstehen, so die Forschergruppe. Adaptive Lehrkompetenz stellt Lehrkräfte vor die Herausforderung, die Lernvoraussetzungen der Lernenden in Bezug auf den Unterrichtsgegenstand zu Beginn und fortlaufend zu diagnostizieren, daraus hinsichtlich des Unterrichtsziels entsprechende curriculare Entscheidungen zu treffen und ein entsprechendes didaktisches Arrangement zu treffen, das aktives, individuelles

Lernen herausfordert. Außerdem achtet er auf Klassenführung (Rogalla/Vogt 2008). Dabei äußert sich die adaptive Lehrkompetenz, so das Konstrukt, sowohl im Planungs- als auch im Handlungswissen. Eine hohe adaptive Lehrkompetenz führt bei den Schülerinnen und Schülern insbesondere in heterogenen Klassen zu größerem Lernerfolg. Diese Hypothese konnte die Forschergruppe bestätigen (Beck et al. 2007; Rogalla/ Vogt 2008).

höherer Lernerfolg bei heterogenen Lerngruppen

Mit dem adaptiven Unterricht wird eine Dimension des geöffneten Unterrichts angesprochen: Den Unterricht methodisch und inhaltlich so flexibel und unterschiedlich zu arrangieren, dass jede Schülerin und jeder Schüler mit seinen individuellen Voraussetzungen gemäß aktiv lernen kann. Diese Aufgabe obliegt aber fast ausschließlich der Lehrkraft, sie muss über die entsprechende Lehrkompetenz verfügen und den Unterricht entsprechend gestalten: »Sie (die Lehrperson, A.d.V.) versucht, bei den Lernenden die eigene (aktive) Auseinandersetzung mit dem Unterrichtsgegenstand Erfolg versprechend in die Wege zu leiten und in Gang zu halten« (Beck/Brühwiler/Müller 2007, S. 199). Auch wenn hier den Schülerinnen und Schülern keine partizipative Rolle und nur wenig Öffnung zugewiesen werden, weisen die Autoren dennoch auf Entwicklungsmöglichkeiten hin: »Stellvertretend für den noch nicht oder erst teilweise eigenständig lernenden Schüler übernimmt es der Lehrer bzw. die Lehrerin, dessen Lernen metakognitiv zu steuern und zu überwachen (Monitoring). Ziel der Lehrperson ist jedoch, dass die Schülerinnen und Schüler für ihren weiteren Wissensaufbau (Sachkompetenz) zunehmend selber das bei ihnen vorhandene Vorwissen einschätzen und mehr und mehr auch ihre Lernfortschritte nach erfolgreicher aktiver Auseinandersetzung mit dem Lerngegenstand selber beurteilen können (diagnostische Kompetenz). Zudem sollen sie zunehmend in der Lage sein, selbst Lernsettings einzurichten, die Lernerfolge erwarten lassen (didaktische Kompetenz). Zum eigenen metakognitiven Wissen gehört auch, dass die Schülerinnen und Schüler einer Klasse immer eigenständiger die geeigneten Rahmenbedingungen für ihr Lernen herstellen und aufrechterhalten. Dieser Selbstmanagementkompetenz entspricht auf der Seite der Lehrperson die Klassenführungskompetenz« (Beck/Brühwiler/Müller 2007, S. 200). Damit nähert sich dieses Modell doch einem relativ weit gefassten Öffnungsgrad.

Schüler: Selbstmanagement Lehrer: Klassenführung

Die adaptive Didaktik fokussiert zunächst nur einen Aspekt des geöffneten Unterrichts, nämlich jedem Schüler die Möglichkeit zu schaffen, seinen Lernvoraussetzungen gemäß aktiv lernen zu können. Durch den sukzessiven Ausbau der Selbstmanagementkompetenz der Schülerinnen und Schüler wird die Öffnung des Unterrichts zumindest in Hinsicht organisatorischer und methodischer Dimension, perspektivisch jedoch auch darüber hinaus, erweitert.

Zusammenfassung: Adaptive Lehrkompetenz und offener Unterricht

Dialogische Didaktik

Die Kernidee, der Auftrag, das Reisetagebuch und die Rückmeldung sind wesentliche Elemente der dialogischen Didaktik, die die beiden Schweizer Lehrer und Fachdidaktiker für Deutsch bzw. Mathematik Urs Ruf und Peter Gallin entwickelt haben. Auch ihr Ausgangspunkt ist die Unzufriedenheit mit dem vorfindbaren Klima an Schulen, in der Realität und Leitbild weit auseinanderklaffen und Schule eher schlechte Erinnerungen hervorruft (Ruf/Gallin 2003). Das Gespräch unter Ungleichen ist für sie Grundlage des dialogischen Prinzips, denn dort finde Lernen statt:

Grundlage: Gespräch unter Ungleichen

> »*Im Dialog unter Ungleichen können unterschiedliche Positionen erkannt und Eigenes im Vergleich mit Fremdem erweitert, differenziert, revidiert oder behauptet werden. [...] Wissen und Können basieren im dialogischen Lernen auf erzählbaren Ereignissen. [...] Immer dann, wenn ein fachlicher Zusammenhang erforscht, durchschaut und integriert ist, – also immer erst ganz am Schluss – setzt das Erklären ein. [...] Im rückblickenden Erklären werden all die erlebten und erzählten Ereignisse zusammengefasst und so dargestellt, wie es üblich und nützlich ist*« (Ruf/Gallin 2003, S. 15).

In der dialogischen Didaktik geht es darum, jedem Menschen respektive Schüler seinen individuellen Zugang zu einem Gegenstand oder Phänomen zu ermöglichen, »authentische Begegnungen zwischen Stoffen und Menschen zu ermöglichen« (Ruf/Gallin 2003, S. 49). Als »Pädagogische Kernidee« formulieren Ruf und Gallin: »Jeder Lernende soll einen persönlichen Dialog mit der Sache aufnehmen und sich in seinem engen Kreis so verhalten wie die Fachleute beim Forschen« (Ruf/Gallin 2003, S. 49).

Kernidee

Ein Auftrag lautet beispielsweise: »Alle machen sich auf den Weg, jeder nutzt seine Möglichkeiten, so gut er kann. Achte beim Lesen dieses Gedichtes/dieser Gleichung auf deine Gedanken und Gefühle. Schreibe alles auf, was dir durch den Kopf geht« (Ruf/Gallin 2003, S. 49) In einem Reisetagebuch erzählen die Lernenden die Geschichten ihrer persönlichen Begegnung mit den Stoffen und die Lehrperson gibt Rückmeldung, indem sie »die Spuren singulärer Lernprozesse« interpretiert und Entwicklungsperspektiven durch Empfehlungen zur Weiterarbeit aufzeigt (Ruf/Gallin 2003, S. 49). Dadurch, dass in einem solchen Unterricht nicht die richtige Antwort und das fachlich korrekte, reguläre Wissen im Vordergrund stehen, sondern das, was jedes Kind denkt und fühlt, sollen alle Kinder die Chance haben, mitgenommen zu werden und nicht außen zu stehen.

Reisetagebuch

Rückmeldung

Die dialogische Didaktik beeindruckt aufgrund des durchdachten und bis ins Detail durchbuchstabierten Vorgehens, welches in vielen

Unterrichtsbeispielen erprobt und belegt ist. Die Stärke der dialogischen Didaktik liegt in einem Bereich, den wir für den offenen Unterricht als Schwachpunkt ansehen und der in den meisten allgemeindidaktischen Modellen zu wenig beleuchtet wird: in den Mikroprozessen des Unterrichts. Zwar werden hier auf einer makrodidaktischen Ebene (z. B. Lerntagebücher) ebenfalls Konzepte vorgestellt und realisiert (wie häufig im offenen Unterricht, z. B. Stationenarbeit), aber der Ansatz geht darüber hinaus. Insofern macht er deutlich, wie im Umgang mit konkreten fächerspezifischen und fächerübergreifenden Aufgaben eine Öffnung unter anderem in inhaltlicher Hinsicht möglich ist – indem die Gedanken der Schülerinnen und Schüler so weit wie möglich berücksichtigt werden.

Stärke: mikrodidaktische Ausgestaltung

> Die dialogische Didaktik ermöglicht eine weitgehende Öffnung von Unterricht, indem über die Kernideen lediglich ein thematischer Rahmen vorgegeben wird, den die Lernenden im Dialog mit den Lehrkräften organisatorisch, methodisch und inhaltlich selbstbestimmt füllen können und sollen. Damit sind sie in relativ hohem Maße an der Unterrichtsgestaltung beteiligt, wenn auch – im Gegensatz zu gängigen Konzepten offenen Unterrichts (Stationenarbeit, Wochenplanarbeit) – vorrangig auf einer didaktischen Mikroebene, etwa beim Schreiben von Lösungswegen, bei der schriftlichen Rückmeldung an Mitschüler oder beim Verfassen von Reisetagebüchern.

Zusammenfassung: Dialogische Didaktik und offener Unterricht

Zusammenfassung

Zur theoretischen Begründung offenen Unterrichts wurden verschiedene didaktische und lernpsychologische Theorien herangezogen und auf ihre Bezüge zu den Merkmalen offenen Unterrichts hin beleuchtet. Dabei konnten mit dem Konzept der Lernumgebungen aus der Lernpsychologie, aber auch mit der konstruktivistischen Didaktik aus der Erziehungswissenschaft solche Theorien benannt werden, die das aktive Lernen der Schülerinnen und Schüler in den Fokus stellen, da es als besonders effektiv eingeschätzt wird, und die dafür geeignete Methoden und Lernstrategien zur Verfügung stellen. Mit der klassischen bildungstheoretischen Didaktik wurde dagegen eine Theorie herangezogen, die vor allem das Ziel des selbstbestimmten mündigen Bürgers vor Augen hat und entsprechend die Inhaltsseite des Unterrichts betrachtet, aber nicht ausreichend Wege zur Erreichung bereitstellt. Die neueren Ansätze wie die kompetenzorientierte, die adaptive und die dialogische Didaktik zeigen in unterschiedlicher Weise Öffnungsdimensionen und damit die Nähe zum offenen Unterricht. Es zeigt sich, dass der offene Unterricht wie kaum ein anderer Ansatz gerade aus bildungstheoretischer Perspektive begründet werden kann.

Schulebene

Da nach mehreren Definitionen von offenem Unterricht (vgl. Kap. 1) dieser sich nicht allein auf das Klassenzimmer beschränkt, sondern durchaus die Schule und deren Öffnung mit einbezieht, sollen im Folgenden Theorien und Diskussionen auf Schulebene skizziert werden. Inwieweit spielt hierbei das Thema Öffnung und Partizipation eine Rolle?

Die nicht nur in Fachkreisen, sondern auch in Öffentlichkeit und Politik entfachte Diskussion über die Qualität des deutschen Bildungswesens beschränkt sich nicht nur auf die Verbesserung der Leistungsergebnisse durch die Schülerinnen und Schüler und die damit zusammenhängende Frage nach der Unterrichtsqualität, sondern erstreckt sich auch auf die Schule als zentrale gesellschaftliche Einrichtung unseres Bildungswesens als auch auf die Einzelschule und deren Qualität. Deshalb wird der Frage nachgegangen, welche Bedeutung die Theorie und das Postulat offenen Unterrichts für die Schulebene haben. Die mangelhafte Chancengleichheit im deutschen Schulwesen, in dem Kinder und Jugendliche aus sozial benachteiligten oder aus Migrantenfamilien deutlich schlechtere Bildungschancen haben, gilt es dabei zu bedenken.

Schultheorie

Schule als gesellschaftliche Institution mit einem legitimierten Bildungsauftrag verpflichtet Kinder und Jugendliche zum Schulbesuch und steht aufgrund ihrer Gegebenheiten bzw. Prämissen dem Öffnungsgedanken eher konterkarierend gegenüber. Indem durch die Institutionalisierung das Lernen von Kindern und Jugendlichen aus dem Alltag herausgelöst in einem Sonder- oder Schonraum stattfindet, tritt eine Kluft zwischen Alltagserfahrungen und Schulerfahrungen auf. Brügelmann weist auf die damit einhergehenden Schwierigkeiten für das Unterrichten und Lernen in der Schule hin: »Entweder erreicht der Unterricht die Schülerinnen und Schüler schon gar nicht – oder das, was sie in der Schule lernen, bleibt bedeutungslos für ihr späteres Handeln im Alltag« (Brügelmann 2005, S. 28). Wegen dieser Trennung von Schule und »Wirklichkeit« wurde insbesondere auch im Zusammenhang von Öffnung des Unterrichts und Schulentwicklung die Öffnung der Schule gefordert. Diese Forderung nach Öffnung beschreibt Brügelmann in zweierlei Hinsicht:

Kluft zwischen Alltags- und Schulerfahrungen

- die Öffnung der Schule hin zum Gemeinwesen, zum Umfeld im Sinne einer »Community Education«, damit den Schülerinnen und Schülern auch alltagsnahe Lernmöglichkeiten erschlossen werden können (vgl. auch Zimmer/Niggemeyer 1986: »Macht die Schule auf, lasst das Leben rein.«),

- die Schule als »Polis« (Hentig 1993), weil durch das Schulleben und -klima gleichermaßen indirekt erzogen wird und damit die Demokratisierung der Schule für die Persönlichkeitsentwicklung der Schülerinnen und Schüler eine wichtige Rolle spielt (Brügelmann 2005).

In den vergangenen Jahren öffnet sich zunehmend nicht nur die Schule zur Gemeinde hin, sondern die Kommune öffnet sich für die Schule und fühlt sich verantwortlich für deren Aufgaben und Erfordernisse. Bildungsregionen und Bildungslandschaften verstehen sich als steuernde Einheiten für Schule (Kucharz et al. 2009; Kucharz/Eisnach 2009).

Schule als lernende Organisation

Wenn als Ziel von (offenem) Unterricht die Mündigkeit und Selbstverantwortung der Schülerinnen und Schüler gestellt werden, kann das nur schwer in einer Institution geschehen, die selbst am »Gängelband der Kultusbehörde« hängt und nicht eigenverantwortlich agieren kann. In den vergangenen Jahren wurden eine zunehmende Autonomie und Gestaltungsfreiheit der Einzelschulen eingefordert und auch zugestanden. Schule erhält damit die Möglichkeit und den Auftrag, sich selbst zu entwickeln und sich als lernende Organisation zu verstehen. Bereits in den 1990er-Jahren wurde dieser Anspruch in der Denkschrift »Zukunft der Bildung« formuliert: »Schule hat die Chance und die Möglichkeiten, aber auch die Pflicht, ihre Ziele immer wieder zu überprüfen und neue Formen und Inhalte des Lernens und Erziehens zu entwickeln und zu erproben. Die Kompetenz und die Professionalität von allen in der Schule Tätigen dokumentieren sich darin, dass sie Fehler oder Fehlentwicklungen selbst erkennen, sie reflektieren und für Veränderungsprozesse nutzbar machen. Die Schule soll nicht nur in ihrer Erziehungsarbeit Interessen wecken und Neugier auch dem Ungewohnten gegenüber wachrufen, sie muss diese Offenheit auch als Institution verwirklichen« (Bildungskommission NRW 1995, S. 78). Hier wird Offenheit als pädagogische Haltung nicht nur der einzelnen Lehrerin bzw. des einzelnen Lehrers, sondern als Haltung der ganzen Schule gefordert.

Offenheit als Haltung von Schule und Lehrkräften

Schulqualität

Ob eine Schule eine »gute« Schule ist, wird insbesondere an den Schülerleistungen und am Wohlbefinden von Schülerinnen und Schülern und Lehrerinnen und Lehrern festgemacht. Auf der Grundlage empirischer Studien können folgende Merkmale von Schulqualität benannt werden:

Merkmale von Schulqualität
- engagierte Schulleitung
- breit geteilter Grundkonsens und gute Zusammenarbeit im Kollegium
- guter Unterricht mit klaren Leistungsanforderungen, guter Organisation und hilfreichen Rückmeldungen zu den Lernfortschritten und -schwierigkeiten der Schülerinnen und Schüler
- atmosphärisch und räumlich förderliche Lernumgebung
- transparente Verhaltensregeln, deren Nichteinhaltung sanktioniert wird
- Förderung der Partizipation der Schüler
- partnerschaftliches Verhältnis zu den Eltern sowie
- das Selbstverständnis als lernende Organisation (Brügelmann 2005)

Um die Schul- und Unterrichtsqualität zu sichern bzw. zu verbessern, werden seit einigen Jahren die Schulen zu Selbst- oder Fremdevaluationen aufgefordert oder verpflichtet. Inwieweit die verwendeten Instrumente tatsächlich die Qualität messen und inwieweit Evaluationen wirklich zu einer Qualitätssteigerung beitragen, kann bislang noch nicht umfassend beantwortet werden (Ryan/Sapp 2005).

Problematisch erscheint in diesem Zusammenhang immer wieder, dass auch bei zunehmender Eigenständigkeit der Schulen und einer stärkeren Output-Orientierung dennoch die Reformprozesse zu wenig im Unterricht und bei den Schülerinnen und Schülern direkt ankommen (Bohl/Kiper 2009).

Zusammenfassung

Zwei Strömungen bzw. theoretische Bezugsfelder sind dem Diskurs über offenen Unterricht zuzuordnen: Die eine theoretische Grundlage findet sich in der Erziehungswissenschaft, stark von der reformpädagogischen Bewegung beeinflusst. Hier liegt die Intention im Bildungsziel der Mündigkeit und Chancengleichheit. Offener Unterricht wird als ein Unterrichtsprinzip verstanden, das eine bestimmte Haltung der Pädagoginnen und Pädagogen erfordert.

Die zweite und jüngere theoretische Grundlage findet sich in der Pädagogischen Psychologie und hat ihre Bezüge in der Lehr-Lern-Forschung. Hier liegt die Intention auf der Optimierung der Lernprozesse von Schülerinnen und Schülern. Öffnungsmöglichkeiten werden vor allem unterrichtsmethodisch verstanden – hier geht es vorrangig um eine intelligente Anwendung von Methoden.

Für eine Weiterentwicklung des offenen Unterrichts wird eine fruchtbare Verbindung beider Grundpositionen notwendig sein:

Einerseits die Abkehr von normativen Positionen, die zwischen »echtem« und »unechtem« offenem Unterricht polarisieren und damit eine Entwicklung häufig erschweren. Andererseits die Überwindung einer technokratisch fokussierten Methodendiskussion und einer zu ausgeprägten, vordergründigen Effizienzorientierung, die die Inhalte, mit denen sich Kinder auseinandersetzen (sollen) und wozu, aus dem Auge verliert.

4. Forschungsergebnisse zum offenen Unterricht

Vorklärungen

In diesem Kapitel werden empirische Befunde zusammengestellt. Diese beziehen sich teilweise direkt auf Studien zum offenen Unterricht, gehen jedoch deutlich darüber hinaus. Wir erachten es als notwendig, empirische Befunde über Unterricht generell bei der Weiterentwicklung des offenen Unterrichts zu berücksichtigen. Daher stellen wir Befunde zur Unterrichtsqualität und empirisch fundierte Modelle der Wirksamkeit von Unterricht vor.

Jede Studie hat nur eine begrenzte Reichweite und Aussagekraft. Damit forschungsmethodische Zugänge erkannt und bei der Analyse und Interpretation von Befunden reflektiert werden können, beginnt dieses Kapitel mit forschungsmethodischen Vorklärungen.

Forschungsmethodische Vorklärungen

Reflexion über Aussagekraft empirischer Studien

Lehrerinnen und Lehrer, die am offenen Unterricht und dessen Wirkung interessiert sind, wundern sich gelegentlich, weshalb es so schwierig ist, wissenschaftlich anerkannte Befunde zu generieren. Daher erachten wir einen kurzen Überblick über forschungsmethodische Möglichkeiten als unabdingbar – nur so können vorliegende Untersuchungen angemessen eingeordnet und relativiert werden. Die folgenden Ausführungen beanspruchen lediglich, einen orientierenden Überblick zu bieten.

Forschungsvorhaben können in folgender Hinsicht unterschieden werden:

- Art der Datenerhebung
- Grad der Manipulation von Variablen
- Zeitpunkt bzw. Zeitphasen
- Art der Datenbearbeitung, -analyse und -auswertung
- qualitative oder quantitative Zugänge
- Grad der Generalisier- bzw. Übertragbarkeit der Ergebnisse

Diese und einige weitere Modalitäten, die für offenen Unterricht besonders erwähnenswert sind (z.B. Aktions- oder Handlungsforschung), werden im Folgenden kurz vorgestellt und beispielhaft anhand von Studien zum offenen Unterricht erläutert.

Art der Datenerhebung

- Tests: Über allgemeine (z. B. Intelligenztests) oder fachspezifische (z. B. Mathematiktests) Tests wird der Leistungsstand einer Lerngruppe im offenen Unterricht erhoben und mit einer Kontrollgruppe bzw. den Normwerten, die für normierte Tests vorliegen, verglichen. In der »Schweizer Studie zu erweiterten Lehr- und Lernformen« wurden beispielsweise Mathematikleistungstests eingesetzt (Pauli et al. 2003). Leistungstests sind problemlos mit anderen Ansätzen, z. B. Fallanalysen, verbindbar. So führt Peschel in seiner Fallstudie verschiedene Leistungstests z. B. zur Lesefähigkeit (z. B. »Hamburger Lesetest«) und zur mathematischen Kompetenz (z. B. »Schweizer Rechentest«, »TIMSS-Nachuntersuchung«) durch (Peschel 2006 a und b). Der Anspruch an Tests ist jedoch, dass sie (im Gegensatz zu Klassenarbeiten) wissenschaftlichen Gütekriterien standhalten, also objektiv, valide und reliabel sind. **Tests**
- Beobachtung: Bis vor wenigen Jahren wurde vorrangig über standardisierte, teilstandardisierte oder offene Protokolle Unterricht beobachtet. Lipowsky (1999) untersuchte beispielsweise über Beobachtungsbögen das Lernverhalten konzentrationsstarker und konzentrationsschwacher Schülerinnen und Schüler. Seit einigen Jahren wird häufig mithilfe technisch sehr gut handhabbarer Videoaufnahmen Unterricht untersucht. Diese sind inzwischen sowohl finanziell als auch technisch (akkustische und visuelle Qualität, Speichermöglichkeiten) und hinsichtlich der Auswertung (z. B. Software Videograf) sehr gut handhabbar. So untersuchte Kleinknecht (2010) über Videoanalyse beispielsweise, in welcher Weise im Hauptschulunterricht differenziert wird. Der Vorteil liegt darin, dass die Analyse äußerst differenziert sein und zudem beliebig wiederholt werden kann (z. B. unter verschiedenen Fragestellungen). Videos können außerdem sehr gut für Fortbildungszwecke genutzt werden. **Beobachtung**
- Mündliche oder schriftliche Befragung: Mündliche und schriftliche Befragungen finden häufig ergänzend zu Beobachtungen oder kombiniert statt. Beide Befragungsarten können mit offenen und/oder geschlossenen Fragen durchgeführt werden. Gängig ist jedoch, schriftliche Befragungen mit geschlossenen und standardisierten Fragen für größere Untersuchungseinheiten durchzuführen, während in Interviews häufig teilstandardisierte oder offene Fragen gestellt werden. Eine Kombination beider Verfahren wenden beispielsweise Hascher/Wehr (2005) bei ihrer Untersuchung des offenen Geografieunterrichts an. **Befragung**

**Dokumenten-
analyse**

- Dokumenten- oder Materialanalyse: Bei der Erforschung des offenen Unterrichts wurde dies bisher vernachlässigt. Nur selten wurden beispielsweise Aufgaben untersucht, die im offenen Unterricht angeboten werden. So könnte beispielsweise das fachliche Anspruchsniveau von Aufgaben eines Wochenplanes oder das Material im Rahmen einer vorbereiteten Lernumgebung in der Freiarbeit (z. B. Qualität der Anleitung, Ästhetik, fachlicher Anspruch, kognitive Aktivierung) untersucht werden.

Zeitpunkt bzw. Zeitphasen

**Längsschnitt –
oder Querschnittstudie**

- Längsschnittstudie oder Querschnittstudie: In Längsschnittstudien kann über mindestens zwei, besser noch mehrere Erhebungszeitpunkte die Veränderung eines interessierenden Merkmals untersucht werden. Dies wäre etwa für die Leistungsentwicklung im offenen Unterricht besonders interessant. Ergebnisse erhält man allerdings erst nach längerer Zeit. Deshalb werden häufig Querschnittstudien durchgeführt, die Auskunft über den Istzustand, aber keine über eine kontinuierliche Entwicklung geben können.

Metaanalysen

- Metaanalysen: Mit diesem Verfahren werden Ergebnisse aus verschiedenen bereits abgeschlossenen Studien über statistische Indikatoren zusammengeführt. Ein Beispiel ist die bekannte Studie von Gioconia/Hedges (1982).

Grad der Manipulation von Variablen (experimenteller Grad)

Experimentelles Design

- Experimentelle Designs: Dies ist das klassische Design der naturwissenschaftlichen Forschung: Ursache und Wirkung werden erforscht. Eine Intervention (z. B. die Einführung offenen Unterrichts) wird als unabhängige Variable überprüft. Die abhängige Variable ist das, was sich aufgrund der Intervention verändern soll (z. B. die Mathematikleistung oder die Motivation). Experimentelle Designs erfordern eine Vorher-nachher-Untersuchung. Eine Kontrollgruppe ist unabdingbar. In der klassischen Testtheorie sind zahlreiche Ansprüche mit dem experimentellen Design verbunden, z. B. Zufallsverteilung (Randomisierung); Kontrolle aller Variablen, die einen Einfluss auf das Ergebnis haben könnten (z. B. Intelligenzniveau der einzelnen Schülerinnen und Schüler und der Klassen, Bildungsniveau der Eltern); Kontrolle von Störvariablen (z. B. zufällige Krankheit mehrerer guter Schüler am Untersuchungstag). Experimentelle Designs sind bei der Erforschung offenen Unterrichts kaum realisierbar, allein deshalb, weil die Interventionsvariable »offener Unterricht« kaum identisch konzipiert werden kann. Selbst wenn beispielsweise Wochenplanarrangements verglichen werden, unterscheiden sich diese – pädagogisch und didaktisch begründet – sinnvollerweise, z. B. im Anspruchsniveau der gewählten Aufgaben. Hier unterscheiden sich pädagogische und didaktische Situationen grundlegend von medizinischen Tests, die häufig einfacher zu kontrollieren sind.

- Quasiexperimentelle Designs haben in ihrer Grundanlage zwar auch einen experimentellen Aufbau, allerdings werden nicht alle Ansprüche eines experimentellen Designs erfüllt. Beispielsweise fehlt eine Kontrollgruppe, oder die Kontrolle von Störvariablen gelingt nur begrenzt. Der Vorteil ist jedoch, dass quasiexperimentelle Designs praktikabler, alltagsnäher und leichter durchführbar sind. **Quasiexperimentelles Design**

- Nichtexperimentelle Designs sind vergleichsweise leicht durchführbar. Variablen werden nicht verändert. Ursache-Wirkungs-Zusammenhänge sind »nur« auf niedrigem statistischem Niveau möglich, z. B. als Korrelationszusammenhänge. Damit kann nur die Beziehung zwischen zwei Variablen erfasst, aber kein Ursache-Wirkungs-Zusammenhang erklärt werden. Beispielsweise kann bei ausreichend großer Stichprobe untersucht werden, ob in großen Klassen häufiger oder seltener offen unterricht wird. Im Rahmen nicht experimenteller Designs werden in der Regel deskriptive Studien durchgeführt. Die Zielsetzung liegt – im Gegensatz zu Wirkungsstudien – darin, mehr über Charakteristika des offenen Unterrichts zu erfahren (z. B. Huf 2006; Hascher/Wehr 2005; Jürgens 1998b). **Nichtexperimentelles Design**

Qualitative und/oder quantitative Zugänge

Lange wurde in der deutschen Sozialforschung diese Unterscheidung programmatisch je einseitig beschrieben: Bei qualitativen Zugängen erfährt man etwas über die Beschaffenheit und den Grad der Ausprägung, bei quantitativen Zugängen über die Häufigkeit des Auftretens und seiner Zusammenhänge. Zwar kann die grundlegende Ausrichtung durchaus in qualitativ oder quantitativ unterschieden werden, im Detail und in verschiedenen Phasen zeigen sich jedoch erhebliche Verbindungen. Darüber hinaus wird immer häufiger versucht, beide Zugänge zu kombinieren – prominent etwa in der deutschen Shell-Studie (2006) –, um dadurch sowohl repräsentative Erkenntnisse als auch vertiefende Einzelfallstudien zu gewinnen. **Verbindung**

Qualitative Zugänge arbeiten im Rahmen der Datenerhebung mit teilstandardisierten und offenen Fragen. In der Phase der Datenauswertung und -analyse wird häufig mit der Inhaltsanalyse nach Mayring (2008) gearbeitet. Dabei wird jedoch in erheblichem Maße quantifiziert bzw. reduziert, bis dahin, dass sogar Daten für statistische Prozeduren quantifiziert werden. Im Gegensatz dazu wird etwa bei der objektiven **Auch in qualitativen Studien wird quantifiziert**

latente Sinnstrukturen

Hermeneutik versucht, die latenten Sinnstrukturen (z. B. aus bestimmten Sätzen, Satzteilen oder Begriffen eines Interviews) herauszuarbeiten (Oevermann et al. 1979). Dabei werden einzelne Passagen theoretisch begründet interpretiert. Ein derartiges ethnografisches Verfahren verwendet Huf (2006) bei der Interpretation beobachteter offener Unterrichtssituationen, Hascher/Wehr (2005) nutzen die qualitative Inhaltsanalyse für die Auswertung von Einzelinterviews.

Auch in quantitativen Studien wird interpretiert

Quantitative Zugänge enthalten zwar auch Passagen, in denen Interpretationen notwendig sind, z. B. bei der Einschätzung des Forschungsstandes im Entdeckungszusammenhang einer Studie. Allerdings wird im Begründungszusammenhang einer Studie fast ausschließlich mit Rechenprozeduren nach genauen und transparenten Regeln gearbeitet.

Seit einigen Jahren erfährt das quantitative Forschungsparadigma in Deutschland verstärkten Zuspruch und wird erheblich ausdifferenziert und weiterentwickelt, etwa im Anspruch, Mehrebenenanalysen durchzuführen.

Sonderformen und weitere Unterscheidungen

Fallanalysen

- Fallanalysen: Sieht man die Klasse als »Fall« an, dann kann untersucht werden, welche Effekte offener Unterricht in dieser Lerngruppe bewirkt. Der Vorteil liegt darin, dass die Lerngruppe umfassend untersucht werden kann (z. B. Entwicklungen im Laufe eines Schuljahres, Auswirkungen auf einzelne Schülerinnen und Schüler). Repräsentativität und Generalisierbarkeit sind allerdings nicht gegeben. So untersuchte Falko Peschel z. B. lediglich seine eigene Klasse (Peschel 2005a und b).

Inferenz

- Hoch- oder niedriginferente Kategorien und Items? Niedriginferente Items benötigen bei der Erhebung (z. B. Beobachtung) und Auswertung keine Interpretation, sie können trennscharf (disjunkt) erfasst werden. So ist bei der Beobachtung offenen Unterrichts gut unterscheidbar, ob ein Schüler alleine, zu zweit oder in einer Gruppe arbeitet. Daraufhin kann sekundengenau codiert werden. Die meisten Kriterien, insbesondere die didaktisch und pädagogisch spannenden, sind allerdings eher hochinferent angesiedelt. So lässt sich die Frage nach der Qualität eines offenen Unterrichtsarrangements oder der Grad der Öffnung oder das Ausmaß an Strukturiertheit und Klarheit in der Regel nur über einen zusammenfassenden Eindruck bewerten. Dies kann in Videoanalysen dadurch geschehen, dass mehrere Personen unabhängig voneinander die Qualität einer Unterrichtsstunde einschätzen (ein Rating durchführen) und diese Einschätzungen dann zusammengeführt werden.

Gesamteinschätzung: Forschungsmethodische Desiderata

Die forschungsmethodischen Verfahren, mit denen offener Unterricht bisher untersucht wurde, sind höchst vielfältig. Allerdings gibt es bedauerlicherweise bisher kaum Längsschnittstudien, etwa zur Leistungsentwicklung im offenen Unterricht, und kaum anspruchsvolle experimentelle Designs. Die meisten Studien, die einem quantitativen Forschungsparadigma folgen, wurden mit einem querschnittlichen, quasi-experimentellen Design durchgeführt. Längsschnittstudien sind aufwendig und werden generell selten durchgeführt. Zudem sind vorhandene Längsschnittstudien eher pädagogisch-psychologisch (z. B. Weinert/Helmke 1997) oder aus der Perspektive der Bildungsforschung ausgelegt (z. B. die Längsschnittstudie »Bildungsverläufe und psychosoziale Entwicklung im Jugend- und jungen Erwachsenenalter« – BIJU, vgl. Baumert et al. 1996), pädagogisch und didaktisch interessante Aspekte der Mikroebene finden bisher kaum Berücksichtigung.

kaum experimentelle Designs und Längsschnittstudien

Nimmt man die strenge Einteilung von Rost (2005, S. 94 ff.) in »schwache Designs« und »starke Designs« als Maßstab zur qualitativen Einschätzung von Versuchsplänen, dann muss konstatiert werden, dass kaum eine Studie zum offenen Unterricht den Ansprüchen eines »starken« Designs genügt. Dies hängt sowohl mit der Komplexität des Untersuchungsgegenstandes als auch mit der erziehungswissenschaftlichen bzw. schulpädagogischen Forschungstradition und Nachwuchsförderung zusammen. Eine anspruchsvolle Ausbildung in quantitative Forschungsmethoden und Statistik ist nur selten vorhanden und wird erst allmählich in kleinen Schritten systematisch für die Disziplin entwickelt.

Ein weiteres Desiderat ist die fehlende einheitliche Begriffsklärung: Wie offen muss ein Arrangement sein, um als »offener Unterricht« in eine Stichprobe aufgenommen zu werden: Genügen eine oder zwei Stunden Freiarbeit pro Woche? Wer prüft, ob im Rahmen der Freiarbeit auch wirklich »frei« gearbeitet wird? Betrachtet man konsequente Konzepte des offenen Unterrichts, z. B. den Ansatz von Falko Peschel (2005b), dann wird das begriffliche Problem noch deutlicher: Nimmt man den Begriff des offenen Unterrichts ernst und untersucht nur Arrangements, in denen die Lernenden auch inhaltliche Entscheidungen treffen (vgl. Kap. 1), dann wird man an Grundschulen nur ab und zu fündig – an Sekundarschulen ist eine derartige Offenheit vermutlich kaum vorhanden.

Problem der Begrifflichkeit

Insofern bietet die derzeitige Forschungslage zwar durchaus interessante Befunde, eine endgültige Klärung zur Wirksamkeit des offenen Unterrichts ist bislang nicht möglich.

Auf der Grundlage dieser Vorklärungen erfolgt in den nächsten Teilkapiteln ein Überblick über Forschungsergebnisse zum offenen Unterricht – im weiten Sinne. Zunächst werden grundlegende Erkenntnisse zu

Schule und Unterricht sowie Erkenntnisse zu wirksamem Unterricht dargestellt. Anschließend stehen Ergebnisse zur Verbreitung und Wirksamkeit offenen Unterrichts im Vordergrund.

Grundlegende Erkenntnisse zu Schule und Unterricht

Einflussfaktoren Schülerleistung

Wie wichtig ist die Lehrperson? Wie wichtig sind beispielsweise der Unterricht, die Einzelschule, der Schulleiter? Schülerleistungen sind auf viele Faktoren zurückzuführen. Je nach Studie werden unterschiedliche Prozentangaben benannt.

Der neuseeländische Forscher John Hattie (2003) kommt im Rahmen einer umfangreichen Metaanalyse zu der Einschätzung, dass sich etwa 30 Prozent der Unterschiede in Schülerleistungen mit Merkmalen von Lehrpersonen und mit Merkmalen des Unterrichts erklären lassen – damit sind Lehrkräfte und Unterricht die einflussreichste Größe im Rahmen der schulischen Reichweite. Der erklärungsmächtigste Faktor ist jedoch der Schüler selbst mit seinem Vorwissen und seinen Fähigkeiten (etwa 50 Prozent).

Im Rahmen der rheinland-pfälzischen Vollerhebung MARKUS wird die Schülerleistung auf vier Ebenen erklärt: Schüler: 51,1 Prozent; Schulart: 38,2 Prozent; Klasse: 7,3 Prozent; Schule: 3,4 Prozent (Helmke/Hosenfeld/Schrader 2002, S. 419). Die Autoren erachten den Anteil der Klasse von 7,3 Prozent als besonders bemerkenswert und heben dabei die Schlüsselrolle des Unterrichts für schulische Leistungen hervor.

hohe Bedeutung des Unterrichts

Insgesamt kristallisiert sich eine vergleichsweise hohe Bedeutung des Unterrichts heraus, sofern man diejenigen Faktoren einbezieht, die in »Reichweite« von Lehrkräften in ihrem beruflichen Alltag liegen. Dies ist wenig verwunderlich, schließlich gelten die Systematik und der gezielte kumulative Aufbau des Unterrichts im Rahmen schulischen Lernens als eine der Begründungen für die Existenz der Schule in unserer Gesellschaft.

In seiner Zusammenfassung des Forschungsstandes zu den Zusammenhängen zwischen Lehrerkompetenzen, Lehrerhandeln und Lernen der Schülerinnen und Schüler betont Lipowsky (2006) die Bedeutung der Kompetenzen des Lehrers und des unterrichtlichen Handelns. Mit Blick auf unterrichtliche Arrangements verweist er auf die hohe Bedeutung einer effektiven Klassenführung und derjenigen Merkmale des Lehrerhandelns, die eine vertiefte inhaltliche Auseinandersetzung mit dem Gegenstand ermöglichen. Dazu zählt die Kombination von direkter Instruktion mit Verfahren selbstgesteuerten Lernens, sofern sie mit bereichsspezifischen Trainings- und Unterstützungsmaßnahmen einhergehen.

Mehrebenenanalytische Betrachtung von Qualität im Bildungswesen

Helmut Fend, ein international ausgewiesener Schulforscher, kommt 1996 nach jahrzehntelanger Tätigkeit zu folgendem Fazit:

»Neben den inhaltlichen Visionen guter Schulen hat sich für mich ein wichtiges methodisches Resultat der Forschung zu Qualitätsmerkmalen im Bildungswesen seit den 1950er Jahren herauskristallisiert: die Systematisierung der Ergebnisse zu einer mehrebenenanalytischen Betrachtungsweise. Die personenorientierte Pädagogik der 1950er Jahre hatte sich sehr auf die Person des Lehrers als Qualitätsgaranten des Bildungswesens konzentriert. In einer unterrichtstechnologischen Zwischenphase wurde die kleinere Einheit einzelner Unterrichtsstrategien zum Hoffnungsträger für die Qualität des Bildungsprozesses. Die gesellschaftstheoretische Ausrichtung sah in System- und Strukturmerkmalen, die sich in Organisationsformen niederschlagen, die primäre Quelle für ein akzeptierbares Schulsystem. Im Gefolge vieler Enttäuschungen ist dann die einzelne Schule als pädagogische Handlungseinheit zum Hoffnungsträger avanciert. Die Vermutung liegt auf der Hand, dass es pädagogisch unsinnig wäre, die verschiedenen Ebenen gegeneinander auszuspielen. Aufschlussreich könnte aber die Frage werden, in welcher Weise die verschiedenen Ebenen interagieren. Der Marsch durch die verschiedenen Formen und Ebenen der Qualität im Bildungswesen legt die Interpretation nahe, dass das phänomenal erscheinende, beobachtbare, sichtbare und erlebbare alltägliche Schulgeschehen mit seinen divergenten Wirkungen und Widersprüchen das Ergebnis des konfigurativen Zusammenspiels von Gestaltungsfaktoren auf verschiedenen Ebenen ist« (Fend 1996, S. 93).

Zusammenspiel verschiedener Ebenen

Angesichts dieser Situation lösen sich übertriebene Erwartungen an einzelne Ebenen auf. Allerdings bleibt festzuhalten: Selbst wenn alle Ebenen wie auch immer geartete Wirkungen erzeugen, so können Lernende in ihrem Schulalltag von Qualitäten und Veränderungen insbesondere dann profitieren, wenn diese den alltäglichen Unterricht erreichen und dort implementiert werden. Insofern kommt der unteren Ebene der Mikroprozesse im alltäglichen Unterricht entscheidende Bedeutung zu.

Lernende profitieren vorrangig vom alltäglichen Unterricht

Modellierung von Unterricht – Einflussfaktoren auf die Wirksamkeit von Unterricht

Wie kann der Einfluss verschiedener Faktoren auf Unterricht modelliert werden? Dazu stellen wir drei Modelle vor.

a) Angebot-Nutzungsmodell (Helmke 2006a)

Basierend auf Überlegungen von Fend (1981) und Helmke/Weinert (1997) entwickelte Helmke das sogenannte Angebot-Nutzungs-Modell (vgl. Abb. 6) unterrichtlicher Wirkungen (Helmke 2006a, S. 57; Helmke 2003, S. 41 ff.).

Angebot genügt nicht

Unterricht, wie er von Lehrkräften mit den jeweils verfügbaren Kompetenzen und dem jeweiligen Engagement geplant wird, ist demnach zunächst lediglich ein Angebot und garantiert noch keinerlei Wirkungen auf Schülerseite. Das Angebot kommt vielmehr erst dann zum Tragen, wenn es von den Schülerinnen und Schülern genutzt wird. Diese Nutzung wiederum hängt davon ab, ob die Lernenden das Angebot überhaupt wahrnehmen und wie sie es interpretieren. Das allein genügt jedoch noch nicht, denn das Angebot muss von den Lernenden so aufgegriffen werden, dass sie daran intensiv arbeiten, d. h. Motivation und Volition vorhanden sind, den Lernprozess aktiv und bis zum Ende durchzuhalten. Optimal sind demnach ein hochwertiges Angebot(z. B. heraus-

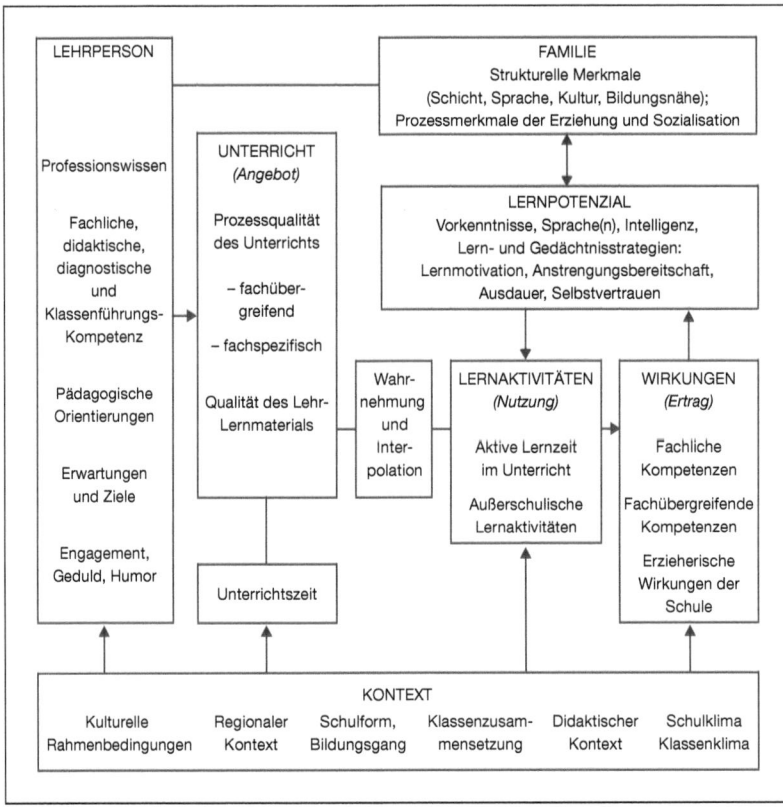

Abb. 6: Angebot-Nutzungs-Modell unterrichtlicher Wirkungen (Helmke 2006a, S. 57)

fordernde Aufgaben, anspruchsvolles selbstständiges Lernen) und eine zielgerichtete intensive Nutzung im intendierten Sinne. Ungünstig ist ein aufwendig vorbereitetes Angebot, welches nicht genutzt wird.

Optimal: anspruchsvolles Angebot und intensive zielgerichtete Nutzung

Für offenen Unterricht ermöglicht dieses Modell einen scharfen Blick auf Angebot und Nutzung: Zum einen ist zu fragen, ob das Lernangebot im offenen Unterricht wirklich hochwertig ist, ob also damit anspruchsvolle Lernprozesse ermöglicht werden (vgl. dazu insbesondere Kap. 6). Des Weiteren ist zu fragen, wie intensiv die Nutzung im offenen Unterricht ist – diese Frage ist angesichts der Tradition des offenen Unterrichts besonders interessant, weil davon ausgegangen werden muss, dass Schülerinnen und Schüler die angebotene Freiheit aktiv aufgreifen und die Lehrperson zumindest sehr viel weniger als im sonstigen Unterricht disziplinierend und führend eingreift (vgl. dazu das Teilkapitel »Klassenführung« in Kap. 6). In radikalen Ansätzen (z. B. Peschel 2005b) wird dies besonders deutlich: Das Angebot ist hier vermutlich hochwertig, zumindest ausdifferenziert und durchdacht. Gleichzeitig wird explizit nicht auf eine intensive Nutzung im Sinne einer engen Klassenführung oder einer permanenten Motivierung geachtet. Die Lernenden können explizit selbst entscheiden, wann, wie und was sie tun. Hier stellt sich die Frage der Lernprozesse in anderer Weise, der Begriff der »Nutzung« muss hier anders diskutiert werden. Interessanterweise erzielten die Schülerinnen und Schüler in der Studie von Peschel nachweisbar hohe Leistungen (Peschel 2006a und b), angesichts der genannten Überlegungen muss dies eher als erwartungswidrig bezeichnet werden. Das Beispiel der Studie von Peschel zeigt jedoch bereits an dieser Stelle, dass die Wirksamkeit von (radikal) offenem Unterricht noch zu wenig erforscht ist.

Zusammenhang: intensive Nutzung und Klassenführung im offenen Unterricht

b) Teaching (Scheerens 2008)
In einem gemeinsamen Gutachten für das deutsche und das niederländische Bildungsministerium fasst Jap Scheerens den Forschungsstand zu Schul- und Lehrerwirksamkeit zusammen.
Sein zusammenfassendes Modell (vgl. Abb. 7) hat einerseits eine Nähe zum Angebot-Nutzungs-Modell von Helmke. Voraussetzungen auf Lehrerseite sowie Schulkontext werden ebenso berücksichtigt wie Merkmale wirksamen Unterrichts (»Classroom Ecology and Climate«). Anderseits differenziert Scheerens den zentralen Bereich der Unterrichtsdurchführung anders aus: Er fokussiert Unterrichtsvorbereitung, Unterrichtsdurchführung und Unterrichtsnachbereitung. Die Anbindung an die Unterrichtsplanung ist dadurch eher möglich. Die Merkmale einer wirksamen Durchführung ähneln den Merkmalen guten Unterrichts (vgl. dazu Ausführungen in diesem Kapitel): beispielsweise Classroom-

Unterrichtsvorbereitung, -durchführung und -planung

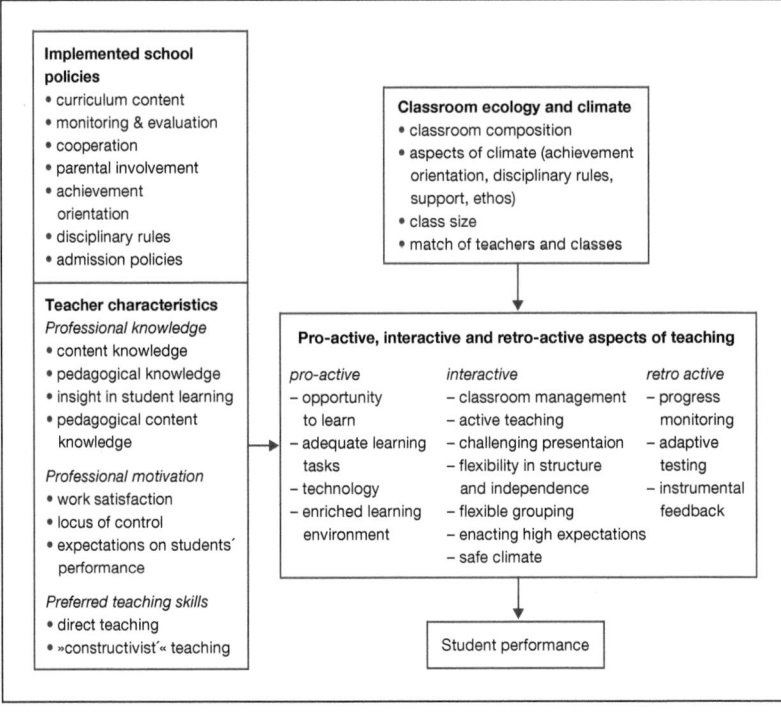

Abb. 7: Schematic overview of the various aspects of teaching (Scheerens 2008, S. 23)

Management, aktives Unterrichten, herausfordernde Präsentation des Inhalts, Flexibilität in der Strukturierung.

c) Wirkmodell des Unterrichts (Moser 1997)
In einer Analyse des Forschungsstandes und unter Berücksichtigung insbesondere der Situation in der Schweiz sowie mit Bezug auf das Fach Mathematik generiert Moser ein Wirkmodell des Unterrichts (Abb. 8; vgl. Moser 1997, S. 184).

Das schlichte Modell ist für offenen Unterricht hilfreich, weil es ebenso wie das Angebot-Nutzungs-Modell deutlich macht, dass es auf die Aktivitäten im Unterricht ankommt. Die Unterscheidung zwischen »Unterrichtsformen« und »lernförderlichen Unterrichtsmerkmalen« kommt der Unterscheidung zwischen didaktischen Modellierungen und empirisch ermittelten Merkmalen guten Unterrichts nahe, sie verdeutlicht unmissverständlich, dass die didaktische Modellierung erst durch zusätzliche Berücksichtigung lernförderlicher Unterrichtsmerkmale zur Aktivität führt.

Unterscheidung: Unterrichtsformen – lernförderliche Merkmale

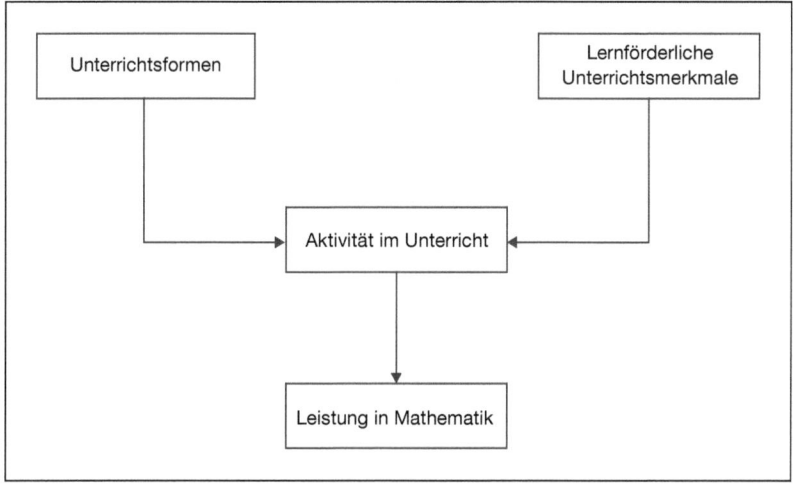

Abb. 8: Wirkmodell des Unterrichts nach Moser (1997, S. 184)

Selbstbestimmungstheorie der Motivation nach Deci/Ryan

Die Selbstbestimmungstheorie der Motivation geht von den drei menschlichen Grundbedürfnissen Autonomie, Kompetenz und soziale Eingebundenheit aus. Die Theorie und ihre Erforschung in vielen internationalen Studien (Zusammenfassung der Befunde vgl. Deci/Ryan 1993; Ryan/Deci 2002) weisen eine Überlegenheit autonomiebezogener Handlungen gegenüber kontrollierenden Handlungen im Unterricht nach: »Die Erfahrung, eigene Handlungen frei wählen zu können, ist der Eckpfeiler dieser Entwicklung. Entscheidend ist auch die eigene Wertschätzung des Handlungsziels auf der Basis intrinsischer oder integrierter extrinsischer Motivation. Im Gegenzug bewirkt die engagierte Aktivität des Selbst eine höhere Lernqualität und fördert zugleich die Entwicklung des individuellen Selbst. Verantwortlich für alle diese Prozesse sind letztendlich die sozialen Bedingungen, die das Bestreben nach Autonomie, Kompetenz und sozialer Eingebundenheit unterstützen oder verhindern« (Deci/Ryan 1993, S. 238). Obschon Theorie und Begrifflichkeit eine große Nähe zum offenen Unterricht vermuten lassen, erscheinen die untersuchten Settings größtenteils weniger komplex als es Arrangements des offenen Unterrichts in der Regel sind, ganz besonders mit Blick auf konsequente und radikale Ansätze (z. B. Peschel 2005b und c). Insofern stärken die positiven Befunde zum Autonomieerleben tendenziell offenen Unterricht, gleichwohl bleibt die Übertragung allein aus begrifflichen Gründen problematisch. Zudem zeigen Forschungsergebnisse, dass mit der Öffnung nicht automatisch ein höherer Lernerfolg einhergeht und

Überlegenheit autonomiebezogener Handlungen

zudem überfachliche und nicht kognitive Ziele zwar in der Regel, aber nicht zwingend erreicht werden.

Untersuchungen zur Unterrichtsqualität

Vorüberlegungen

Die Forschungslage zur Qualität von Unterricht hat sich in den vergangenen zwanzig Jahren erheblich verbessert. Der internationale, insbesondere der amerikanische Forschungsstand wurde rezipiert, zudem wurden im deutschsprachigen Raum zahlreiche Studien zur Unterrichtsqualität durchgeführt, insbesondere aus pädagogisch-psychologischer Richtung. Die Vielzahl der Befunde lässt sich in Merkmalskatalogen »guten« Unterrichts zusammenfassen, die inzwischen vielfach zusammengestellt werden. Mithilfe dieser Merkmalskataloge können diejenigen Merkmale gebündelt werden, deren Wirkungsweise, basierend auf Befunden der Lehr-Lern-Forschung, nachgewiesen werden konnte. Die Merkmale haben sich im Übergang von Forschung zu Unterrichtspraxis als attraktiv erwiesen. Dies zeigt sich beispielsweise, wenn staatliche Seminare für die zweite Phase der Lehrerbildung inzwischen derartige Merkmalslisten für die Planung, Durchführung und Analyse von Unterricht verwenden und damit die ursprünglich eher normativ ausgerichtete Modellierung von Unterricht (z. B. in den didaktischen Modellen von Wolfgang Klafki oder Heimann/Otto/Schulz) verändern oder ergänzen. Diese Entwicklung kann einerseits als positiv angesehen werden, weil Unterricht eher an empirischen Befunden und weniger an normativen Entwürfen orientiert wird. Andererseits ist die Zusammenstellung und Interpretation dieser Merkmalskataloge nicht unproblematisch:

Attraktivität der Merkmalskataloge

Merkmale variieren

- Neben einigen zentralen Merkmalen, die sich bei fast allen Merkmalskatalogen finden (insbesondere: Klarheit, Strukturiertheit, Klassenführung), variieren manche Merkmale, d. h. bei einer Liste tauchen sie auf, bei der anderen nicht. Insofern ist die Zusammenstellung der Merkmalskataloge unterschiedlich. Beispiel: »Methodenvielfalt« gilt in manchen Studien als wichtig, in anderen Studien nicht. Im Rahmen der SCHOLASTIK-Studie (Helmke/Weinert 1997b) wird »Variabilität der Unterrichtsform« als ein Merkmal von Optimalklassen[1] erkannt. In der rheinland-pfälzischen MARKUS-

---

[1] Optimalklassen zeichnen sich durch Erreichen zweier Ziele aus: Egalisierung und Qualifizierung, d. h. das Leistungsniveau der Klasse insgesamt steigt und Leistungsunterschiede verringern sich (vgl. Helmke 1988).

Studie hingegen (Helmke/Hosenfeld/Schrader 2002, S. 460) bestätigt sich dies nicht für alle Schularten. Vielmehr kommen die Autoren zu dem Schluss, dass im Bildungsgang Gymnasium Methodenvielfalt und Kleingruppenarbeit in leistungsstärkeren Klassen niedriger ausgeprägt sein als in leistungsschwachen – und sehen hier selbst noch Forschungsbedarf.

- Die meisten Studien beziehen sich – zwangsläufig – auf »normalen« Unterricht, der zwar sehr unterschiedlich gestaltet sein kann, in den seltensten Fällen jedoch konsequent offen ist. Insofern gelten die meisten der untersuchten Merkmale für eher lehrerzentrierten Unterricht, sie sind dementsprechend so operationalisiert, dass sie im eher lehrerzentrierten Unterricht erfasst und beobachtet werden können. Beispiel: Im offenen Unterricht wird das Unterrichtsgeschehen häufig (z. B. in Freiarbeit, Wochenplanarbeit oder Stationenarbeit) über Materialien und Aufgaben strukturiert. Hier wäre eine Dokumentenanalyse oder Materialanalyse notwendig (z. B.: Wie verständlich sind die Anleitungen?), um das Merkmal »Klarheit« angemessen zu erfassen. Im Rahmen einer direkten Instruktion oder im Rahmen von Frontalunterricht kann Klarheit eher über Lehreräußerungen erfasst werden (z. B. über auditive Aufnahme der Lehreräußerungen). Aufgrund des umfangreichen Materialangebots beim offenen Unterricht genügt es nicht, nur ein Material zu analysieren, im lehrerzentrierten Unterricht hingegen kann es ausreichend sein, die verbalen Äußerungen eines Lehrers zu verfolgen. Dieser Sachverhalt zeigt sich etwa in der BIJU-Studie, bei der die Skala »Klarheit/Strukturiertheit« beispielsweise mit folgenden Items versehen wurde: »Unser Lehrer … kann gut erklären«, »… fasst häufig noch einmal den Stoff zusammen …« (Gruehn 2000, S. 235 f.). Verbale Äußerungen der Lehrkraft stehen also im Vordergrund, die in einem offenen Arrangement in dieser Weise nicht in Erscheinung treten, sondern über die Lernumgebung, Materialien oder Regeln nur indirekt beobachtbar sind. Hier wird also deutlich, dass manche Qualitätsmerkmale im offenen Unterricht nicht *nicht* vorhanden sind, sondern in anderer Weise auftreten, anders charakterisiert sind und damit auch mit anderen Erhebungsverfahren erfasst werden müssen.

    Fokus auf lehrerzentrierten Unterricht

- In verschiedenen Studien wurde deutlich (z. B. Helmke 1988; Weinert/Helmke 1997), dass sich gute Klassen in ihren Merkmalen unterscheiden: Es gibt unterschiedliche Wege zu einem guten Unterricht, d. h. manche fehlenden Merkmale können offensichtlich durch andere kompensiert werden:

    unterschiedliche Wege zu gutem Unterricht

»Das Bild ist verwirrend, denn nur zwei der sechs Klassen schneiden bei allen Indikatoren eines ›erfolgreichen‹ Unterrichts überdurchschnittlich *ab. Die anderen Klassen zeigen teilweise drastische Einbrüche bei Einzelmerkmalen der Unterrichtsqualität. Wenn man anstatt des Profils die einzelnen Variablen inspiziert, dann sieht man, dass es überhaupt nur ein einziges Merkmal gibt, bei dem alle erfolgreichen Klassen einen überdurchschnittlichen Wert aufweisen, nämlich die (aus Schülersicht erhobene) Klarheit der Lehreräußerungen. Zur Not kann man noch die Klassenführung dazurechnen. Bei den anderen Merkmalen sind große Differenzen zu erkennen. [...] Es scheint eine ganze Reihe sehr unterschiedlicher Wege zum gleichen Ziel zu geben. Dies zeigt, wie problematisch es wäre, in präskriptiver Absicht von ›Schlüsselmerkmalen‹ oder notwendigen Bedingungen eines erfolgreichen Unterrichts zu sprechen. Der Sachverhalt des multiplen und kompensatorischen Charakters der Determinanten schulischer Leistungen bestätigt sich in eindringlicher Weise*« (Helmke/Weinert 1997b, S. 251).

Ausprägung
- Bei keinem einzelnen Merkmal guten Unterrichts kann bisher genau definiert werden, in welcher Ausprägung und Intensität es produktiv und wann es kontraproduktiv wird. Beispiel: Ein Übermaß an Klassenführung oder an Klarheit und Strukturiertheit könnte auf Kosten der Zufriedenheit und der Lernfreude gehen (z. B. Klasse 5 bei Helmke 1988, S. 68 ff.).

Fachbezug
- Die meisten Studien beziehen sich bisher auf Mathematikunterricht. Inwiefern diese allgemeinen Qualitätsmerkmale auch für andere Fächer im selben Maße »wirksam« bzw. überhaupt anzutreffen sind, bleibt offen. Im Rahmen der DESI-Studie (Klieme et al. 2006) zeigt sich beispielsweise, dass im Fach Englisch das Merkmal »Strukturierung« gegenüber anderen Merkmalen wie dem Auftreten geeigneter kommunikativer Settings, in denen die Schülerinnen und Schüler in der Fremdsprache agieren können, in seiner Bedeutung zurücktritt.

Kontextbedingungen
- Der Stellenwert der Kontextbedingungen (z. B. Klassengröße, Anteil von Kindern mit Migrationshintergrund oder mit Sprachproblemen) für Schülerleistungen ist unklar. So hat sich in zahlreichen Studien die Klassengröße als nicht unmittelbar relevant für Schülerleistungen herausgestellt (z. B. in der Mathematikstudie Helmke 1988). Dieser Befund verstellt jedoch den Blick für die Anbindung der Klassengröße an die Unterrichtsmethode oder an Lehrerbelastung: Der Aufwand für Kleingruppenunterricht oder für materialgeleitete Freiarbeit erhöht sich bei großen Klassen beträchtlich. Größere Klassen lassen einen höheren Anteil an schwierigen Schülerinnen oder Schülern erwarten, die wiederum einen zentralen Belastungsfaktor darstellen (z. B. Schaarschmidt 2005). Zudem bestehen offensichtlich fachspezifische Unterschiede: Im Rahmen der DESI-Studie wurden systematische und signifikante Zusammenhänge zwischen Klassengröße und

Unterrichtsqualität für den Englischunterricht festgestellt. Moser (1997) weist negative Effekte von großen Klassen in der Schweiz auf die Schülerleistungen nach, insbesondere für schwächere Schülerinnen und Schüler.

- Guter Unterricht ist immer eine Frage der Zielsetzung und damit an einem normativ formulierten Horizont ausgerichtet. Wenn selbstständiges Lernen im Mittelpunkt stehen soll, wird der Unterricht anders gestaltet sein, als wenn kognitive Aktivierung die zentrale Zielsetzung sein soll. Da zeitgemäßer Unterricht jedoch in der Regel mehrere Zielsetzungen verfolgt, wird der Unterricht im Grundsatz variabel, flexibel, facettenreich und auf Selbstständigkeit sowie hohes kognitives Anspruchsniveau ausgerichtet sein.

Anbindung an Ziele

Auf der Grundlage dieser Einschränkungen können nun Beispiele für Merkmalskataloge »guten« Unterrichts vorgestellt werden.

Merkmale »guten« Unterrichts

Merkmalskataloge »guten« Unterrichts wurden von verschiedenen Autoren zusammengestellt (vgl. Abb. 9).

Lipowsky 2007	Meyer 2006	Helmke 2006b
• allgemeindidaktische Merkmale • effektive Klassenführung • klare Strukturierung • kooperatives Lernen • Übungen und Wiederholungen • Hausaufgaben • Klassenklima • fachdidaktische Merkmale • kognitive Aktivierung • Fokussierung und inhaltliche Kohärenz • Rückmeldungen	• klare Strukturierung • hoher Anteil echter Lernzeit • ernförderliches Klima • inhaltliche Klarheit • sinnstiftendes Kommunizieren • Methodenvielfalt • individuelles Fördern • intelligentes Üben • transparente Leistungserwartungen • vorbereitete Umgebung	• effiziente Klassenführung und Zeitnutzung • lernförderliches Klima • vielfältige Motivierung • Strukturiertheit und Klarheit • Wirkungs- und Kompetenzorientierung • Schülerorientierung und Unterstützung • Förderung aktiven, selbstständigen Lernens • angemessene Variation von Methoden und Sozialformen • Konsolidierung, Sicherung, Intelligentes Üben • Passung an Schüler(gruppe)

Abb. 9: Merkmale guten Unterrichts

Relevanz für offenen Unterricht

Nun stellt sich die Frage, ob bzw. in welcher Weise diese Merkmale dazu dienen können, offenen Unterricht weiterzuentwickeln. Nach unserer Einschätzung sind sie dazu durchaus geeignet. Die Merkmale verweisen insgesamt auf einen verstehensorientierten Unterricht, in welchem unter anderem hohe fachliche Leistungen erzielt werden können. Insofern sind die Merkmale für erfolgreiches Lernen generell zu verstehen – unabhängig von der Unterrichtsform bzw. -methode. Genauere Hinweise zu einigen dieser Merkmale werden auf der Grundlage von Forschungsbefunden zum offenen Unterricht in den folgenden Teilkapiteln dargestellt.

Verbreitung von offenem Unterricht

Im Folgenden werden nur jüngere Studien betrachtet. Die Befunde älterer Studien, insbesondere die nach wie vor viel zitierte Studie von Hage et al. (1985), geben nur ein unzureichend differenziertes Bild unterschiedlicher offener Unterrichtsformen wieder.

Freiarbeit als häufige offene Unterrichtsform

Bohl untersuchte die Verbreitung und weitere Merkmale offenen Unterrichts aus Lehrersicht an Realschulen (Bohl 2001). Freiarbeit erwies sich als diejenige offene Unterrichtsform, die am häufigsten praktiziert wird – wenn auch auf vergleichsweise geringem Häufigkeitsniveau (nur 3,6 Prozent der befragten Lehrkräfte praktizierten Freiarbeit vier oder mehr Stunden pro Woche). Gleichzeitig gaben vergleichsweise viele Lehrkräfte (21,8 Prozent) an, diese Unterrichtsmethode überhaupt nicht zu praktizieren. Damit wird Freiarbeit häufiger nicht praktiziert als Projektunterricht und Lernzirkel (Stationenarbeit). Dies legt folgende Interpretation nahe: Wenn Freiarbeit praktiziert wird, dann »richtig«, d. h. durch deutliche Eingabe eines bestimmten Stundenpools, oder sie wird eben überhaupt nicht praktiziert. Die Verbreitung von Freiarbeit ist deutlich auf die Klassenstufen 5 und 6 beschränkt. In den höheren Klassen bricht die Verbreitung regelrecht ein, lediglich Lernzirkel/Stationenarbeit wird von einem Teil der befragten Lehrkräfte gleichermaßen in allen Klassenstufen praktiziert.

Weitere Ergebnisse der quantitativen Untersuchung weisen auf interessante Zusammenhänge bei der Anwendung von Freiarbeit hin:

- Je häufiger Freiarbeit (und auch Lernzirkel und Gruppenarbeit) praktiziert wird, desto seltener bezeichneten die befragten Lehrkräfte »geringe Lerneffekte« als einen Hemmungsfaktor.
- Bei häufiger Anwendung (mindestens eine Stunde pro Woche) ist das Maß an Kooperation hoch, gleichzeitig ist immer noch ein relativ starker Wunsch nach Kooperation vorhanden.

- Je häufiger Freiarbeit praktiziert wird, desto geringer ist die Vorbereitungszeit.
- Je häufiger Freiarbeit praktiziert wird, desto höher ist die Wertschätzung durch die Schüler.

Die Befunde legen die Interpretation nahe, Freiarbeit entfalte mehr Potenziale, wenn sie häufiger praktiziert wird; Entlastung, Wirksamkeit und Wertschätzung scheinen dann nach Auskunft der Lehrkräfte eher zum Tragen zu kommen.

Im Rahmen der DESI-Studie 2006 (Klieme et al. 2006) wurden Lehrkräfte nach Organisationsformen gefragt, die sie »mindestens ein paar Mal pro Monat« praktizieren (vgl. Abb. 10). Dabei werden als offene Unterrichtsformen Freiarbeit, Wochenplanarbeit, Lernzirkel/Stationenarbeit und Projektlernen sowie Arbeit mit kleinen Schülergruppen genannt.

Org. Form	HS		RS		IGS		Gy		Gesamt	
	D	E	D	E	D	E	D	E	D	E
Arbeit mit kleinen Schülergruppen	64	32	40	53	67	70	60	61	54	51
Diskussionsrunden	61	4	45	40	48	39	57	46	51	33
fachübergreifendes und fächerverbindendes Lernen	68	13	31	22	22	26	22	17	37	19
Freiarbeit	32	17	10	8	27	19	8	14	17	13
Wochenplan	15	7	14	5	22	28	10	5	14	7
Projektlernen	12	2	10	8	12	0	6	7	10	5
Peer-Tutoring	13	5	4	3	-	5	5	7	6	5
Geschlechtshomogene Kleingruppen	-	1	4	5	-	11	7	6	3	5
Lernzirkel/ Stationenlernen	10	10	3	2	-	9	3	2	5	4
gemeinsame Unterrichtsvorbereitung	16	3	5	4	21	0	1	0	8	2
gemeinsame Unterrichtsdurchführung	4	0	1	2	5	0	-	0	2	1

Abb. 10: Anwendungshäufigkeit verschiedener Unterrichtsformen in der DESI-Studie, Lehreräußerungen in Prozent (Klieme et al. 2006)

Die Befunde aus der DESI-Studie (Klieme et al. 2006) verdeutlichen, dass offene Unterrichtsformen durchaus verbreitet sind, wenn auch auf vergleichsweise niedrigem Häufigkeitsniveau. Im Einzelnen zeigen sich folgende Ergebnisse:

- Schulartspezifisch: Die vier genannten offenen Unterrichtsformen zeigen sich im Fach Deutsch an Hauptschulen am häufigsten, gefolgt von der Integrierten Gesamtschule (IGS). Ähnlich im Fach Englisch – allerdings fällt auf, dass Wochenplanarbeit an der IGS vergleichsweise häufig praktiziert wird, Projektlernen jedoch gar nicht genannt wird.
- Fachspezifisch: Offene Unterrichtsformen werden insgesamt häufiger in Deutsch als im Fach Englisch durchgeführt. Allerdings bestehen Unterschiede: So wird Freiarbeit am Gymnasium häufiger in Englisch als in Deutsch durchgeführt – in allen anderen Schularten ist dies umgekehrt. Und Wochenplanarbeit wird an der IGS häufiger durchgeführt als Freiarbeit – auch hier verhält es sich in den anderen Schularten umgekehrt.
- Mit Blick auf die einzelnen offenen Unterrichtsformen: Am häufigsten wird Freiarbeit durchgeführt, gefolgt von Wochenplanarbeit, Projektlernen und Lernzirkel/Stationenlernen.

Bezug zur gesamten Unterrichtszeit

Unpräzise bleibt bei dieser Befragung, wie häufig offener Unterricht bezogen auf die gesamte Unterrichtszeit durchgeführt wird.

Insgesamt scheint offener Unterricht an Sekundarstufen durchaus verbreitet, allerdings zumeist begrenzt auf eine deutlich umrissene und mit Blick auf die Gesamtstundenzahl eher geringe Stundenzahl pro Woche.

Merkmale und Wirksamkeit von offenem Unterricht

Die Erforschung des offenen Unterrichts ist in den vergangenen Jahren einerseits vorangeschritten, andererseits zeigen sich weiterhin Probleme. Ein letztlich klärendes Gesamtbild ist nicht ersichtlich. Analyse und Vergleich vorliegender Studien verdeutlichen gleichwohl einige interessante Tendenzen, die durchaus geeignet sind, offenen Unterricht gezielt weiterzuentwickeln. Die Forschungsbefunde sind im Folgenden nach Themen geordnet.

Offener Unterricht und Schülerleistungen

Viel zitierte Metaanalysen zum offenen Unterricht bzw. zu »Open Education« stammen von Peterson (1979, 45 Untersuchungen) und Giocionia/Hedges (1982, 152 Untersuchungen). Sie wurden von verschiedenen deutschen Autoren aufgegriffen und interpretiert (z. B. Einsiedler 1990; Jürgens 1997). Die Befunde verdeutlichten für offenen Unterricht im Bereich der fachlichen Leistungen eher negative Befunde. Genauere Analysen etwa in didaktischer Hinsicht zu den vergleichsweise schwachen Schülerleistungen stehen jedoch noch aus.

Dieser Sachverhalt wurde in der Schweizer Studie von Niggli/Kersten (1999) genauer beleuchtet. Die beiden Autoren untersuchten kognitive und nicht kognitive Leistungen und Merkmale bei Wochenplanarbeit und stellten einen negativen Zusammenhang zwischen Arithmetik/Algebra-Leistungen und Wochenplanunterricht fest. Mit Blick auf Geometrieunterricht verhielt sich Wochenplanunterricht neutral. Klassen, die im Fach Mathematik keinen Wochenplanunterricht kennengelernt hatten, erreichten die besten Leistungen. Die höchsten Leistungen erreichten Klassen ohne Wochenplanunterricht, mittlere Leistungen waren auch mit Wochenplanunterricht möglich, aber nur in Kombination mit einer hohen Vermittlungsqualität (z. B. Klassenmanagement, Sensibilität für Stärken und Schwächen der Schüler, Schulklima, Verständlichkeit und Klarheit). Die Autoren kommen zu dem Fazit, dass Leistungseinbußen im Rahmen der Wochenplanarbeit durch didaktisches Verhalten der Lehrkräfte gemildert, aber nicht kompensiert werden können. Des Weiteren stellten sie – unseres Erachtens ein weitreichendes Fazit – fest, dass Wochenplanunterricht das Unterrichtsgeschehen auf einer Makroebene steuere und hier Potenziale für Selbststeuerungsfähigkeit entfalten könne. Damit einher gehe jedoch keinesfalls eine Verstehensintensität. Die organisatorische Makroebene müsse daher mit der verstehensrelevanten Mikroebene verbunden werden: »Mit dem Organisieren von Wochenplanunterricht ist es nicht getan« (Niggli/Kersten 1999, S. 288).

Wochenplanarbeit: Gefahr geringer Verstehensintensität

Moser (1997) verglich die drei Unterrichtsformen »fremdgesteuert« mit »selbstgesteuert« und »Variation des Lernens«. Mit Blick auf Mathematikleistung konnte er keine Unterschiede zwischen den Gruppen feststellen. Auch er betonte in Anlehnung an Weinert/Helmke (1996), für Lernerfolg seien weniger die Unterrichtsform als lernförderliche Unterrichtsmerkmale relevant, etwa Klarheit und Strukturiertheit sowie Klassenführung.

Pauli et al. (2003) führten eine videobasierte Studie zu »Erweiterten Lehr- und Lernformen« im Mathematikunterricht der Schweiz durch. Sie untersuchten unter anderem Zusammenhänge zu Fachleistungen und konnten keine statistisch bedeutsamen Unterschiede zwischen den ELF-Klassen und den eher traditionell unterrichteten Klassen feststellen.

Fazit: Mit Blick auf Schülerleistungen sind die Ergebnisse uneinheitlich. Insgesamt scheint jedoch direkte Instruktion und damit ein eher höheres Maß an Fremdsteuerung – was nicht mit autoritärem Unterricht gleichzusetzen ist – die Fachleistungen eher zu begünstigen als offene Unterrichtsformen.

Fazit

Offener Unterricht und überfachliche bzw. nicht kognitive Ziele

Gemäß den genannten Metaanalysen von Peterson (1979) und Gioconia/Hedges (1982) kann offener Unterricht dagegen im Bereich persönlichkeitsnaher Merkmale wie positives Selbstkonzept, Kreativität, Einstellungen zum Schullernen und Selbstständigkeit durchaus positive Effekte bewirken.

In der Studie von Niggli/Kersten (1999) wurden u.a. motivationale Orientierungen sowie Kontrollüberzeugungen/Selbstwirksamkeitsüberzeugungen untersucht. Dabei stellten die Autoren fest, dass weniger der untersuchte Wochenplanunterricht diese moderiert als vielmehr die Klarheit und Verständlichkeit des Unterrichts. Wochenplanunterricht hatte keinen Einfluss. Auch mit Blick auf Lernstrategien war Klarheit/Verständlichkeit wesentlich, allerdings nur im Mathematikunterricht. Im ebenfalls untersuchten Deutschunterricht führte höhere Klarheit nur zu einer geringfügig besseren Leistung. Damit sind fachspezifische Unterschiede erkennbar – und zwar oberhalb bestimmter offener oder geschlossener Verfahren im Unterricht.

hohe Bedeutung von Klarheit und Verständlichkeit

Im Rahmen der TIMSS-Studie konnte Moser (1997) für die Schweizer Stichprobe feststellen (313 Klassen, 6. bis 8. Schuljahr), dass – eher erwartungswidrig – Interesse und Selbstwirksamkeit durch fremdgesteuerten und weniger durch selbstgesteuerten Unterricht begünstigt wurden.

In der genannten Schweizer Studie zu Erweiterten Lehr- und Lernformen (ELF) von Pauli et al. (2003) wurden auch motivationale Schülermerkmale erhoben. Hier zeigten sich im Vergleich der ELF-Klassen mit traditionell unterrichteten Klassen keine statistisch bedeutsamen Unterschiede hinsichtlich des mathematischen Selbstvertrauens und des mathematischen Fachinteresses. Ein signifikanter Unterschied war jedoch beim Wohlbefinden der Schülerinnen und Schüler zu verzeichnen – zugunsten des ELF-Unterrichts.

Die Zusammenführung zweier bisher unabhängiger Linien versuchte Hartinger (2005). Er verband die Selbstbestimmungstheorie der Motivation (Deci/Ryan 1993) mit der Öffnung von Unterricht, indem Schülerinnen und Schüler in unterschiedlichen Formen des offenen Unterrichts dazu befragt wurden, wie selbstbestimmt sie sich empfinden (Grundschule, 45 Klassen, 1091 Schülerinnen und Schüler). Mit einer erhöhten Selbstbestimmung gehen dabei Interesse und intrinsische Motivation einher – günstige Voraussetzungen für erfolgreiches Lernen. Die Befunde können wie folgt zusammengefasst werden: Freiräume beeinflussten das Selbstbestimmungsempfinden, allerdings in geringerem Maße als vermutet. Andere Einflussfaktoren spielten offensichtlich ebenfalls eine Rolle. Dazu zählte die Autonomie- bzw. Kontrollorientierung der Lehrperson. Das Selbstbestimmungsempfinden der Schülerinnen und Schüler wurde bereits durch vergleichsweise einfache Maßnahmen wie die Wahl des Arbeitsortes oder des Arbeitspartners gestärkt.

Hartinger untersuchte im Rahmen derselben Stichprobe (Hartinger 2006) den Zusammenhang von Unterrichtsöffnung, Selbstbestimmungsempfinden und Interesse. Die Befunde belegen, dass der Zusammenhang zwischen Öffnung von Unterricht und Interesse an diesem Unterricht nur indirekt über das Selbstbestimmungsempfinden besteht. D. h. das Interesse an den Themen des Unterrichts korreliert vorrangig mit dem Selbstbestimmungsempfinden der Lernenden und weniger mit dem Grad der Freiräume. In einem Extremgruppenvergleich (oberstes und unterstes Viertel hinsichtlich Selbstbestimmungsempfinden jeweils mit geringer bzw. hoher Öffnung von Unterricht kombiniert) traten weitere interessante Befunde zutage, die wie folgt zusammengefasst werden können: Zunächst zeigte sich insgesamt, dass eine stärkere Öffnung zu mehr Selbstbestimmungsempfinden und dies wiederum zu mehr Interesse am Unterricht führte. Der Begriff »Öffnung« ist allerdings einzuschränken: Nur in einer Klasse tauchten inhaltliche Wahlmöglichkeiten auf. Besonders interessant ist der Blick auf diejenigen Kinder, deren Selbstbestimmungsempfinden trotz vorhandener Freiräume negativ war und die auch besonders wenig Interesse entwickelten. Für diese Kinder schienen die Auswahlmöglichkeiten und Freiräume nicht positiv konnotiert und sie fühlten sich im Vergleich zu den Schülerinnen und Schülern mit hohem Selbstbestimmungsempfinden weniger kompetent. Die Befunde fügen sich in Studien zum situierten Lernen ein (vgl. z. B. Reimann-Rothmeier/Mandl 2001).

Fazit: Mit Blick auf überfachliche und nicht kognitive Ziele (z. B. Interesse, Selbstbestimmungsempfinden) sind die Forschungsbefunde uneinheitlich. Tendenziell sind leichte Vorteile offenen Unterrichts möglich und konnten belegt werden, sie sind aber nicht zwingend. Offensichtlich sind Einflussfaktoren wie Autonomie- und Kontrollorientierung der Lehrerperson oder die Konzeption des offenen Unterrichts mitentscheidend.

Qualitätsmerkmale des Unterrichts im offenen Unterricht

Die bereits oben dargestellten und erörterten »Merkmale guten Unterrichts« können als empirisch ermittelte Qualitätsmerkmale für jede Unterrichtsform hilfreich sein. Insofern stellt sich die Frage, ob Charakteristika des offenen Unterrichts kompatibel mit diesen Qualitätsmerkmalen sind.

In der Literatur ist verschiedentlich nach wie vor eine unangebrachte Vorstellung von offenem Unterricht erkennbar. Beispielsweise beschreibt

Bild von offenem Unterricht in der Literatur

Gruehn (2000, S. 47) offenen Unterricht als wenig strukturiert und transportiert damit ein Bild, dass sich eher an »Laisser-faire« orientiert als an der Realität des offenen Unterrichts. In der schulpädagogischen Diskussion wird jedoch vielfach die Bedeutung der Strukturiertheit offenen Unterrichts betont (z. B. Jürgens 2000b; Bohl 2010).

Damit ist jedoch die Diskussion eröffnet, inwiefern sich Merkmale der Qualitätsdiskussion (wie Strukturiertheit) im offenen Unterricht finden. Dazu seien mehrere Studien herangezogen.

Hartinger/Hawelka (2005) thematisieren exakt diesen Zusammenhang offensiv in ihrem Beitrag »Öffnung und Strukturierung von Unterricht. Widerspruch oder Ergänzung?« (Grundschule, 45 Klassen, 1091 Schüler/innen). In der vorgestellten Beobachtungsstudie wurde untersucht, inwiefern sich im offenen Unterricht Strukturierungsmaßnahmen finden. Dabei wurde zwischen inhaltlicher (z. B. Überblick über Ziele und Inhalte) und organisatorischer Strukturierung (z. B. Klärung des Unterrichtsablaufs) unterschieden. Die beobachteten Strukturierungsmaßnahmen zeigten sich wie folgt (vgl. Abb. 11):

Strukturierungsmaßnahme	ja	nein
Rituale	9 (75,0 %)	3 (25,0 %)
Dokumentation verpflichtend	8 (66,7 %)	4 (33,3 %)
Gespräch vor/nach Frei- bzw. Wochenplanarbeit	7 (58,3 %)	5 (42,7 %)
Korrektur durch Material oder Mitschüler/innen	8 (66,7 %)	4 (33,3 %)
Klassenzimmer ermöglicht Freiarbeit	9 (75,05 %)	3 (25,0 %)

Abb. 11: Strukturierungsmaßnahmen bei Freiarbeit- und Wochenplanarbeit (Hartinger/Hawelka 2005, S. 337)

positive Korrelation zwischen Offenheit und Strukturiertheit

Die Studie verdeutlicht insgesamt, dass der beobachtete offene Unterricht strukturiert verlief, wenn auch in unterschiedlicher Intensität. Hartinger/Hawelka belegten sogar eine positive Korrelation zwischen Offenheit und Strukturierung des Unterrichts. Mit Blick auf die Studie von Möller et al. (2002) lag der Unterschied gegenüber den bei Hartinger/Hawelka untersuchten Strukturierungsmaßnahmen darin, dass bei Möller et al. stärker Mikroprozesse und Aufgabenstruktur untersucht wurden.

Möller et al. (2002) untersuchten in einer Grundschulstudie (Sachunterricht, acht Klassen, 190 Kinder) und in einer Laborstudie die Effekte einer variierten Strukturierung der Lernumgebung. Im Rahmen einer konstruktivistisch orientierten Unterrichtseinheit wurden Lernumgebungen mit einer starken und mit einer weniger starken Strukturierung untersucht. Beispielsweise wurde in der stärker strukturierten Unterrichtseinheit die Komplexität des Themas verringert, indem Teilfragen formuliert wurden. In der Schulstudie zeigten beide Gruppen Lernzugewinne, wobei »ein konstruktivistisch orientierter Unterricht mit inhaltlicher Sequenzierung und kognitiv strukturierender Gesprächsführung einem stärker selbstgesteuerten, komplexeren Werkstattunterricht sowohl im Mittelwertvergleich des Prä-Post-Tests zum Schwimmen und Sinken als auch im Transfertest signifikant überlegen war. Die Überlegenheit zeigt sich insbesondere im Abbau von Fehlkonzepten und bei Kindern mit schwächeren Leistungsvoraussetzungen« (Möller et al. 2002, S. 185). Die Autorinnen führen dies darauf zurück, dass Strukturierungselemente die Kinder dabei unterstützten, nicht belastbare Präkonzepte aufzugeben. Die Studie von Möller et al. verdeutlicht die hohe Bedeutung von inhaltlichen Strukturierungsmaßnahmen und Lernhilfen, die eng mit der Aufgabe verbunden sind und damit in Teilen die direkte Instruktion der Lehrperson übernehmen können und Lernenden dabei helfen, eine Tiefstruktur des Verstehens zu erreichen.

In der Schweizer Studie zu Erweiterten Lehr- und Lernformen (Pauli et al. 2003) wurde ebenfalls die Prozessqualität der ELF- und der Kontrollklassen von den Schülerinnen und Schülern selbst und von außen stehenden Expertinnen und Experten (hochinferente Unterrichtsbeurteilungen über Videoanalysen) eingeschätzt. Die Prozessqualität wurde dabei von den Lernenden anhand von sieben Qualitätsmerkmalen gemessen: (1) Klarheit und Strukturiertheit, (2) Disziplin und Klassenführung, (3) Individuelle Unterstützung, (4) organisatorische Adaptivität/Steuerung des Lernprozesses, (5) kognitive Aktivierung, (6) Strategievermittlung, (7) Klassenklima. Hier wurde der ELF-Unterricht durchweg positiver eingeschätzt. Die Expertinnen- und Expertenurteile wurden in den vier Qualitätsbereichen Klarheit und Strukturiertheit, Adaptivität des Unterrichts/Schülerorientierung, kognitive Aktivierung und Instruktionseffizienz erhoben. Hier zeigten sich statistisch bedeutsame positive Zusammenhänge zu den Bereichen kognitive Aktivierung, Instruktionseffizienz und Schülerorientierung (z.B. innere Differenzierung, angemessenes Tempo, individuelle Lernunterstützung, positive Fehlerkultur, diagnostische Kompetenz, individuelle Bezugsnormorientierung). Insgesamt konnte festgestellt werden, dass die Prozessqualität der ELF-Klassen sowohl von den Schülerinnen und Schülern selbst als auch von außen stehenden Expertinnen und Experten durchschnittlich höher eingeschätzt wurde als die Prozessqualität der Kontrollklassen.

hohe Bedeutung inhaltlicher Strukturierungsmaßnahmen

hohe Prozessqualität der ELF-Klassen

> **Fazit**
>
> Fazit zur Qualität von offenem Unterricht: Offener Unterricht scheint in den meisten Ausprägungen und alltäglichen Umsetzungen in organisatorischer Hinsicht sehr strukturiert zu sein. Ein Defizit scheint jedoch die detaillierte, aufgabenbezogene inhaltliche Strukturierung zu sein.

Expertise und Überzeugungen von Lehrkräften und ihr Einfluss auf (offenen) Unterricht

Einstellungen, Merkmale oder Expertise von Lehrkräften

Die Wirkungsweise von offenem Unterricht hängt nicht ausschließlich von der Gestaltung des Unterrichts selbst ab, sondern auch von anderen Faktoren. Ein wesentlicher Faktor scheint auch die Lehrperson selbst zu sein. Daher gerät die Frage an die Oberfläche, welche Einstellungen, Merkmale oder Expertise von Lehrkräften bestimmte Wirkungen des (offenen) Unterrichts unterstützen. Der breite Forschungsstand zu diesem Bereich kann hier nur ansatzweise gestreift werden (ausführlich z. B. zum Verhältnis von Wissen und Handeln: Kolbe 2004; zur Lehrerexpertise: Bromme 1992; zur Relevanz von Lehrerhandeln und Schülerleistung: Lipowsky 2006). Umstritten ist jedoch, inwiefern von den Überzeugungen auf die Unterrichtsgestaltung geschlossen werden kann. Denkbar wäre ja, dass Lehrkräfte Überzeugungen angeben, von deren sozialen Erwünschtheit sie ausgehen (z. B. Favorisieren schülerorientierter oder problemorientierter Formen).

Kunze/Solzbacher (Solzbacher 2006) befragten Lehrkräfte zur individuellen Förderung (z. B. Rahmenbedingungen, Alltag, Möglichkeiten) von Schülerinnen und Schülern. 90 Prozent der befragten Lehrkräfte hielten eine individuelle Förderung für alle Schülerinnen und Schüler nicht für möglich. Als herausragende Gründe wurden Klassengröße und weitere organisatorische Bedingungen (z. B. Räume, Schulorganisation) genannt. Häufigstes Instrument zur Förderung war bisher der Förderunterricht. Inwiefern Differenzierungsmaßnahmen im Unterricht eingesetzt wurden, konnte nicht genau präzisiert werden, immerhin gaben 75 Prozent an, »gelegentlich« zu differenzieren. Die Befunde verdeutlichen eher Skepsis und Zurückhaltung innerhalb der Lehrerschaft.

Hartinger (2006; 2005) untersuchte im Rahmen einer Studie zu Interesse und Selbstbestimmung im offenen Unterricht auch die Einstellung der Lehrperson. Er unterschied dabei Kontrollorientierung und Autonomieorientierung. Dahinter steht die Frage, ob Lehrkräfte ihren Unterricht aus (Autonomie-)Überzeugung öffnen oder – aus welchen Gründen auch immer – eher widerwillig offenen Unterricht praktizieren. Autonomieorientierte Lehrkräfte gewährten in ihrem Unterricht offensichtlich mehr Freiräume als kontrollorientierte Lehrkräfte. Unabhängig von den tatsächlich gewährten Freiräumen empfanden sich Lernende bei solchen Lehrkräften, die autonomieorientierte Problemlösestrategien bevorzugten (Hartinger 2005), als selbstbestimmter.

Staub/Stern (2002) untersuchten in einer quasiexperimentellen Studie (Grundschule, 27 Klassen, 496 Schülerinnen und Schüler) den Zusammenhang von Überzeugungen und problemlösender Mathematikleistung. Untersucht wurden dabei kognitiv-konstruktivistische Überzeugungen. In der Studie konnte nachgewiesen werden, dass eine ausgeprägtere kognitiv-konstruktivistische Überzeugung mit höheren Mathematikleistungen in Verbindung steht als eine weniger ausgeprägte. Dieser Befund widerspricht auf den ersten Blick den bereits oben genannten Studien zum Zusammenhang von offenem Unterricht und Fachleistungen (z. B. Niggli/Kersten 1999); zumindest muss die häufig unterstellte Passung bzw. Nähe konstruktivistischer Überzeugungen zum offenen Unterricht hinterfragt werden. Die Befunde von Staub/Stern bzw. der Zusammenhang von Überzeugungen der Lehrkräfte und Leistungen ihrer Schülerinnen und Schüler wurden jedoch von anderen Studien nicht bestätigt.

In einer neueren Studie untersuchten Seidel et al. (2008; IPN-Videostudie: 1240 Schülerinnen und Schüler, 50 Physiklehrkräfte) den Zusammenhang zwischen Überzeugungen (konstruktivistisch vs. rezeptiv) einerseits und Wissenschaftsverständnis (konstruktivistisch vs. empiristisch) bzw. Unterrichtsgestaltung (z. B. kooperative Verfahren, Lernzirkel) bzw. Lernzuwachs andererseits. Die Befunde können wie folgt zusammengefasst werden: 1. Es besteht ein positiver Zusammenhang zwischen Wissenschaftsverständnis und Überzeugungen über das Lernen der Schülerinnen und Schüler. 2. Es konnte kein Zusammenhang zwischen Überzeugungen und Unterrichtsgestaltung belegt werden. 3. Es konnte kein Zusammenhang zwischen Überzeugungen und Lernzuwachs im Fach Mathematik belegt werden. Die unterschiedlichen Befunde im Vergleich zur Studie von Staub/Stern werden von Seidel et al. (2008, S. 274 f.) mit den unterschiedlichen Fachzusammenhängen, der jeweiligen Stichprobe und der Reliabilität bzw. Validität der Studien erklärt. Zum gegenwärtigen Zeitpunkt muss jedenfalls von einer uneinheitlichen Forschungslage gesprochen werden.

insgesamt uneinheitliche Forschungslage

Fazit: Die Überzeugung von Lehrkräften beeinflusst das Selbstbestimmungsempfinden der Lernenden, unabhängig von den tatsächlich gewährten Freiräumen. Damit genügt es nicht, bei der Beobachtung oder gar Qualitätseinschätzung von offenem Unterricht nur die äußeren beobachtbaren Bedingungen (Lernumgebung, Materialien, Regeln) einzuschätzen, weil sie keinen Rückschluss auf Nutzung und Lerneffekte zulassen. Der unmittelbare Zusammenhang von Lehrerüberzeugungen und Schülerleistungen ist uneinheitlich.

Fazit

*Leistungsunterschiede und Nutzungsintensität des Angebots
durch stärkere und schwächere Schülerinnen und Schüler*

Häufig wurde beim Einsatz offener Unterrichtsformen quasi automatisch davon ausgegangen, dass sie für Schülerinnen und Schüler mit unterschiedlichen Lernvoraussetzungen gleichermaßen geeignet seien und jeder aus der angebotenen Offenheit wirksam Nutzen ziehen könne. Kaum eine Publikation zum offenen Unterricht aus den 1980er- und 1990er-Jahren wurde in dieser Hinsicht systematisch ausdifferenziert. Neuere Befunde verdeutlichen aber, dass diese Erwartungen kaum zutreffen.

In der bereits erwähnten Studie von Niggli/Kersten (1999) führte insgesamt Wochenplanunterricht zu niedrigeren Mathematikleistungen als Unterricht ohne Wochenplananteile. Im Rahmen dieser Studie wurde darüber hinaus festgestellt, dass die Leistungsunterschiede der Schülerinnen und Schüler bei Wochenplanunterricht größer wurden. Dabei erlitten alle Niveaugruppen Leistungseinbußen, also nicht nur die schwächeren, sondern auch die stärkeren Schülerinnen und Schüler.

Im Rahmen der Schulstudie von Möller et al. (2002) konnte belegt werden, dass eine stärkere Strukturierung für Lernende mit günstigen und ungünstigen Lernvoraussetzungen hilfreich war, jedoch in besonderem Maße für diejenigen mit ungünstigen Lernvoraussetzungen (vgl. Abb. 12).

In der Abbildung wird deutlich, dass die Leistungsunterschiede zwischen Lernenden mit günstigen und ungünstigen Lernvoraussetzungen bei weniger Strukturierung größer ausfielen. Die Befunde lassen vermuten (verbindet man Bildungsbenachteiligung mit ungünstigen Lernvoraussetzungen), dass eine stärkere Strukturierung insbesondere bei den Mikroprozessen zur Verringerung von Bildungsbenachteiligung beitragen kann.

Blumberg/Möller/Hardy (2004) untersuchten motivationale und selbstbezogene Zielsetzungen in einem schülerorientierten naturwissenschaftlichen Unterricht im Rahmen derselben Erhebung. Hier wurde (vgl. auch Möller et al. 2002) konstruktivistisch orientierter Unterricht mit stärkerer und geringerer Strukturierung verglichen. Die Befunde belegen, dass leistungsschwächere Kinder vom Unterricht mit stärkerer Strukturierung profitierten – mit Blick auf Empfinden von Kompetenz, Engagement und Erfolgszuversicht. Die stärkere Strukturierung wurde dabei definiert durch Sequenzierung der Inhalte und diskursiv durch strukturierende Gesprächsführung. Leistungsstarke Schülerinnen und Schüler fanden sich offensichtlich sowohl mit stärkerer als auch mit geringerer Strukturierung zurecht und empfanden auch in gering strukturierten Lernsituationen Engagement, Kompetenz und Erfolgszuversicht.

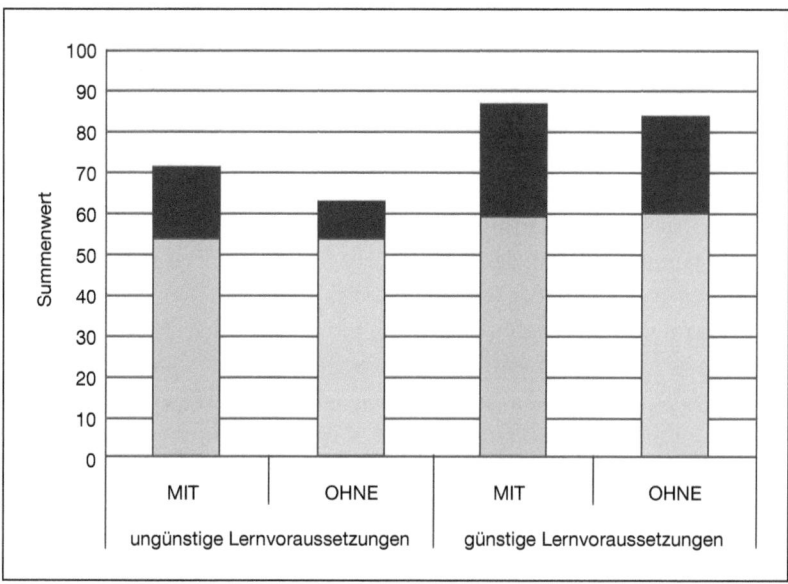

Abb. 12: Prä-Testwerte (helle Schattierungen) und Post-Testwerte (dunkle Schattierungen) im Summenwert des Tests zum Schwimmen und Sinken für Kinder mit günstigen und ungünstigen Lernvoraussetzungen im Unterricht MIT und OHNE Strukturierung (Möller et al. 2002, S. 184)

In der Studie von Hartinger (2006) konnte festgestellt werden, dass sich Schülerinnen und Schüler, die sich selbst als weniger kompetent einschätzten, Wahlmöglichkeiten weniger positiv bewerteten, weil sie möglicherweise durch »die Bewältigung der Aufgaben absorbiert ...« (Hartinger 2006, S. 284) waren.

Lipowsky (1999) richtete den Fokus explizit auf die Lernzeitnutzung von konzentrationsstärkeren und konzentrationsschwächeren Schülerinnen und Schülern. Die Befunde zeigen, dass konzentrationsschwächere Lernende erwartungsgemäß die Lernzeit weniger intensiv nutzten. Sie benötigten offensichtlich insbesondere viel Zeit in Orientierungs- und Zwischenphasen. Interessanterweise orientierten sie sich bei der Aufgabenwahl offensichtlich weniger an den Aufgaben selbst als an den beobachteten Tätigkeiten ihrer Mitschülerinnen und Mitschüler. Sobald die konzentrationsschwächeren Schülerinnen und Schüler sich für eine Aufgabe entschieden hatten, arbeiteten sie ähnlich intensiv wie die konzentrationsstärkeren Schülerinnen und Schüler. Die Studie verweist deutlich auf die Notwendigkeit einer Begleitung und Unterstützung in Orientierungs- und Zwischenphasen.

Unterstützung in Orientierungs- und Zwischenphasen

Kammermeyer/Kohlert (2002) bestätigen in Teilen die Befunde von Lipowsky. Auch in ihrer Studie wurde deutlich, dass sich leistungsschwache Kinder weniger zielorientiert verhielten und mehr Zeit für Nebentätigkeit verwendeten. Die Autorinnen interpretierten diese Befunde dahingehend, dass dies nicht zwingend ein Mangel an Fähigkeit, selbstständig zu lernen, darstellen muss, sondern ebenso bedeuten kann, dass sie mehr Zeit für ihre Entscheidungsfindung benötigten und zudem notwendige Erholungsphasen suchten. In dieser Studie zeigte sich interessanterweise eine gleich intensive Nutzung von Lernhilfen durch stärkere und schwächere Schülerinnen und Schüler. Dieser Befund kann konstruktiv genutzt werden, denn er verweist auf die Chance systematischer Lernhilfen (vgl. Kapitel 6, Teilkapitel Lernhilfen).

gleich intensive Nutzung von Lernhilfen

Lernende unterscheiden sich nicht nur hinsichtlich ihrer Leistungsstärke oder ihrer Konzentrationsfähigkeit, sondern auch hinsichtlich ihrer Gewissheitsorientierung bzw. Ungewissheitsorientierung, konnten Huber/Roth (1999) empirisch belegen. Gegenüber einer Lernherausforderung versuchten ungewissheitsorientierte Schülerinnen und Schüler, Ungewissheit, Unsicherheit, jegliche bedrohliche Aspekte zu vermeiden, sie suchten eher die Anwendung einfacher heuristischer Regeln und schlossen sich der Mehrheits- oder Expertenmeinung an. Gewissheitsorientierte Lernende suchten dagegen die Herausforderung. Sie wollten verstehen, waren beispielsweise interessiert an systematischer Analyse. Übertragen auf offenen Unterricht ist die Wahrscheinlichkeit also hoch, dass sich ungewissheitsorientierte Lernende defensiv verhalten und beispielsweise eher leicht bewältigbare Aufgaben wählen oder Aufgaben auswählen, die auch andere Lernende bevorzugen.

Fazit

Fazit: Befunde aus verschiedenen Studien belegen, dass offener Unterricht bisher zu wenig hinsichtlich der Lernvoraussetzungen der Schülerinnen und Schüler differenziert wurde. Leistungsschwächere bzw. konzentrationsschwächere bzw. ungewissheitsorientierte Lernende können ein hohes Maß an Offenheit weniger gezielt nutzen, um ihre Lerndefizite zu verbessern, sie benötigen mehr Strukturierung, Unterstützung und individuelle Begleitung. Sie sind insbesondere bei der Auswahl der Aufgaben überfordert. Gleichzeitig kann jedoch festgehalten werden, dass lernvoraussetzungsschwächere Schülerinnen und Schüler offenen Unterricht durchaus nutzen, vor allem dann, wenn sie eine Aufgabe gewählt haben und sich mit dieser beschäftigen, und dass sie Lernhilfen in ähnlich intensiver Weise nutzen können wie leistungsstärkere Lernende.

Mikroprozesse bei der (Wochen-)Planarbeit:
Die qualitative Studie von Huf (2006)

Bisher wurden größtenteils quantitative Studien referiert. Viele qualitative Studien fügen sich nicht nahtlos in die genannten Teilkapitel ein und werden daher getrennt dargestellt.

Eine interessante neuere Beobachtungsstudie führte Huf (2006) durch. Sie verglich in einer ethnografischen Studie Unterricht und Schülerverhalten im Rahmen einer Tagesplanarbeit (mit selbstbestimmten Zielen) mit einer Wochenplanarbeit (mit fremdbestimmten Pflicht- und Wahlaufgaben). Zwar wurde dabei die Leistungsfähigkeit der Schülerinnen und Schüler in Abhängigkeit vom Unterrichtsarrangement nicht getestet, gleichwohl konnte ein deutlicher Unterschied hinsichtlich der Lernbereitschaft herausgearbeitet werden. Die Befunde können wie folgt zusammengefasst werden: Schülerinnen und Schüler, die am Tagesplan selbst mitbestimmen konnten, setzten sich offensichtlich eigene Lernziele und arbeiteten »mit Ehrgeiz auf deren Erreichung« (Huf 2006, S. 220) hin. Im Rahmen der vorgegebenen Wochenplanarbeit richtete sich der Fokus dagegen nicht mehr auf den Lerninhalt selbst, sondern nur mehr auf das Erfüllen vorgegebener Pflichten und Pensen. Die Autorin interpretiert ihre Studie wie folgt: »Mit der dem Wochenplan implizierten Annahme, Zielstrebigkeit und Anstrengungsbereitschaft von Schulanfänger/innen durch die Vorgabe von Pensen fördern und herausfordern zu können, könnte dementsprechend ein Teufelskreis beginnen, in dessen Verlauf eine über die unmittelbaren Anforderungen des Wochenplans hinausgehende Leistungsbereitschaft von Schülerinnen und Schülern umso drastischer abnimmt, je stärker das Lernen durch die Vorgabe von Pensen fremdbestimmt wird, und vice versa Lehrer/innen umso überzeugter werden, ihre Schüler/innen seien ohne die Vorgabe eines Pensums weder fähig noch willens, Lernleistungen zu erbringen, je mehr die Kinder ihre Lernbereitschaft auf das ihnen vorgegebene Pensum reduzieren« (Huf 2006, S. 220). In einer ähnlichen Studie zur Wochenplanpraxis an einer Gesamtschule (Huf/Breidenstein 2009) trat ein weiteres Problem alltäglicher Wochenplanarbeit zutage: Offensichtlich wurden die Lernenden Expertinnen und Experten für die *organisatorische* Bewältigung der Planarbeit – auf Kosten der fundierten inhaltlichen Auseinandersetzung mit dem Lerngegenstand: »Die Auflistung von Aufgaben in Form eines abzuarbeitenden ›Plans‹ zeitigt tendenziell den Effekt, dass der Aspekt der ›Planerfüllung‹ sich vor die inhaltliche Auseinandersetzung mit der Aufgabe bzw. mit der Sache schiebt« (Huf/Breidenstein 2009, S. 23). Eine Generalisierbarkeit qualitativ ermittelter Befunde ist prinzipiell nicht möglich. Gleichwohl beleuchten die Befunde ein Grundproblem schulischer Organisation, das sich besonders an Sekundarschulen darstellt: Die Balance zwischen Erfüllung eines vorgegebenen Curriculums einerseits und den individuellen Lerninteressen und -möglichkeiten andererseits kann gerade in einem Wochenplan mit Pflicht- und Wahlaufgaben organisatorisch sehr gut gelöst werden. Über die Planarbeit lassen sich ein Mindeststandard für alle (Pflichtaufgaben) und darüber hinausgehende Differenzierung (Wahlaufgaben) gleichzei-

Planarbeit als Pflichterfüllung?

Planerfüllung statt inhaltliche Auseinandersetzung?

tig bewältigen. Wie dieser Balanceakt aufgelöst bzw. anders gelöst werden kann bzw. welche Konsequenzen letztlich aus dieser fundamentalen Problematik der Planarbeit resultieren, bleibt allerdings unklar, ebenso ob damit eine grundlegende Kritik an Planarbeit oder Pensenarbeit verbunden ist.

Fazit

> Fazit: Die qualitative Studie von Huf könnte Hinweise dafür geben, weshalb Lernleistungen im offenen Unterricht gegenüber traditionellem lehrerzentriertem Unterricht zurückfallen können: Im Rahmen der hier untersuchten Wochenplanarbeit entwickelte sich eine Kultur der Pensenerfüllung und des Primats der Organisation – beides möglicherweise zuungunsten einer fundierten inhaltlichen Auseinandersetzung mit dem Lerngegenstand.

Quergedacht: Die Einzelfallstudie von Peschel und der radikal konzipierte offene Unterricht

Radikaler Ansatz und positive Effekte

Die Studie von Peschel (Peschel 2006a und 2006b) soll hier genauer diskutiert werden, denn sie stellt hinsichtlich der Radikalität des Ansatzes bei gleichzeitig positiven Effekten eine Ausnahme in der Forschungslandschaft zum offenen Unterricht dar. Der untersuchte Unterricht lässt sich als radikal bezeichnen, weil er in höherem Maße offen ist als gängige Verfahren der Freiarbeit, Wochenplanarbeit, Werkstattarbeit oder Stationenarbeit: Die Lehrerin/der Lehrer hält sich nahezu vollständig zurück. Die Schülerinnen und Schüler können auch Inhalte und Ziele selbst bestimmen. Gleichwohl ist der Unterricht konzeptionell fundiert und lässt sich keinesfalls als »Laisser-faire« bezeichnen. Beispielsweise werden Ansätze wie die »Didaktik des weißen Blattes« (Zehnpfennig/Zehnpfennig 1992) realisiert. Die Lernumgebung ist durchdacht (z. B. mit einer reichhaltigen Bibliothek und mit vielen »Werkzeugen«), jedoch nicht didaktisiert, wie es beispielsweise von Montessori-Materialien bekannt ist.

Die Studie beruht auf mehreren methodischen Zugängen. Die Leistungsentwicklung beim Schreiben, Lesen und Rechnen der einzelnen Schülerinnen und Schüler der Klasse wurde mithilfe standardisierter Tests, unter anderem aus der TIMSS-Nachuntersuchung gemessen. Berücksichtigt wurde auch die weitere Notenentwicklung an der jeweiligen weiterführenden Schule. Die Befunde belegen insgesamt positive Entwicklungen, offensichtlich insbesondere bei leistungsschwächeren Schülerinnen und Schülern.

Mit Blick auf die Unterrichtskonzeption und die Interpretation der Befunde sind folgende Aspekte interessant:

- Die Studie belegt, was aus der Unterrichtsforschung bekannt ist: Ein erfolgreicher Unterricht kann sehr unterschiedlich aussehen. Die Konzeption von Peschel ist in diesem Sinne schlicht eine weitere Variante.
- Es könnte möglich sein, dass sich nur im Rahmen einer radikalen Schülerbeteiligung auch der heimliche Lehrplan der Schule in Richtung Schülerorientierung verändert – dies scheint uns insbesondere für Sekundarschulen zu gelten. In der Konzeption von Peschel erkannten die Schülerinnen und Schüler im Laufe der Zeit, dass es wirklich auf sie ankommt und ihnen niemand die Verantwortung abnimmt. Sie begannen die Mechanismen eigenständiger Lernprozesse zu verstehen und zu nutzen. Im Rahmen gängiger Öffnungskonzepte (Freiarbeit, Wochenplanarbeit) werden nur wenige Stunden pro Woche für eine nur teilweise Beteiligung der Lernenden eingesetzt (z. B. Wahl von Tempo und Aufgabe). Es ist möglich, dass aus der Sicht der Lernenden der Ernstcharakter dieser Phasen (bei gleichzeitiger inhaltlicher Überforderung) infrage gestellt ist und sie die anderen eher lehrerzentrierten Stunden als die letztlich entscheidenden Phasen ansehen. Insofern wäre es möglich, dass z. B. in der Wochenplanarbeit eine ungünstige Quantität und Qualität der Öffnung stattfindet: zu wenig, um Verantwortung wirklich zu erkennen, aber gleichzeitig viel Zeit, die für eine aktive und intensive Lernzeit nicht immer optimal genutzt wird.

    Hohe Verantwortung für Schülerinnen und Schüler

- Die Konzeption von Peschel kommt offensichtlich lernschwächeren und konzentrationsschwächeren Schülerinnen und Schülern entgegen, denen viel Vertrauen gewährt wird und denen Misserfolgserlebnisse möglichst erspart bleiben. Dies scheint längerfristig positive Effekte zu zeitigen.

    auch positive Effekte auf lernschwächere Schülerinnen und Schüler

- Wir sind allerdings skeptisch, was die Frage der Generalisierbarkeit einer solchen radikalen Konzeption auf gängige Schulen betrifft – aus mindestens drei Gründen. 1. Die Übertragung der Radikalität in die Sekundarschule stellt aufgrund der Fächerparzellierung, der Selektions- und Leistungsmechanismen nochmals ein eigenständiges Problem dar (vgl. Gruppendiskussion in: Pädagogik. Heft 4, 2009). Die »Grammar of Schooling« einer »normalen« staatlichen Schule scheint mit dieser Radikalität überfordert. 2. Eine derartige Konzeption ist in extrem hohem Maße von der Lehrperson abhängig. Bereits für gängige Konzepte der Öffnung weist beispielsweise Poerschke (1999) nach, dass hier die Qualität stärker von der Lehrperson abhängig ist als im gängigen Frontalunterricht. Das Standing gegenüber Eltern, Kolleginnen und Kollegen und insbesondere das Aushalten von Öffnungssituationen gegenüber Schülerinnen und Schülern (z. B. wenn ein Schüler über Monate hinweg sich nicht mit Lesen befassen will) werden extrem beansprucht.

    Frage der Generalisierungsarbeit

- Jeder Unterrichtsansatz korrespondiert in gewisser Weise mit dem Schulentwicklungsprozess einer Einzelschule. Wenn ein radikaler Ansatz in allen Klassen praktiziert wird, kann er andere Wirkungen entfalten. Insofern hängt die Frage der Wirkung eines derartigen Ansatzes immer auch mit der Situation der Einzelschule zusammen und mit der Frage, welche Innovationskraft und Radikalität ein Lehrerkollegium bereit ist zu realisieren.

Fazit

Fazit: Der Ansatz von Peschel provoziert gängige Konzepte der Öffnung. Er könnte aber auch »gerade wegen seiner Radikalität so erfolgreich« sein (Peschel 2006b, S. 884), denn er offenbart die in weiten Teilen überaus begrenzte Offenheit gängiger Ansätze.

Zusammenfassung

Die Erforschung von offenem Unterricht ist aufgrund der großen Unterschiede in der Konzeption und Begrifflichkeit sowie der Komplexität des Geschehens bisher nur ansatzweise möglich. Vorliegende Studien unterscheiden sich in ihrem Design und in der theoretischen Strukturierung erheblich.

Grundlegende Erkenntnisse zur Qualität im Bildungswesen und zur Wirksamkeit von Schule, Lehrkräften und Unterricht sind zur Weiterentwicklung von offenem Unterricht hilfreich. So zeigt beispielsweise das Wirkmodell von Moser 1997, dass eine einseitige Fokussierung auf Unterrichtsformen nicht ausreicht, um eine lernwirksame Aktivität im Unterricht zu entfalten. Es kommt zusätzlich und vorrangig auf lernförderliche Unterrichtsmerkmale und Mikroprozesse des Unterrichts an.

Die in den vergangenen Jahren populär gewordenen Merkmalslisten guten Unterrichts sind für die Weiterentwicklung von offenem Unterricht hilfreich. Sie können, analytisch verwendet, Schwachpunkte des offenen Unterrichts an die Oberfläche bringen und dadurch bearbeitbar machen. Allerdings ist ihre Relevanz für den Einzelfall aus verschiedenen Gründen eingeschränkt (z. B. Fächer, Ausprägungsgrad eines Merkmals).

Offener Unterricht scheint in gemäßigter Form inzwischen auch an Sekundarschulen verbreitet, allerdings auf niedrigem Häufigkeitsniveau. Offener Unterricht wird gelegentlich und in sehr begrenztem zeitlichem Umfang (z. B. zwei Stunden Freiarbeit pro Woche) realisiert.

Mit Blick auf das Anliegen dieses Buchs kommt der Erforschung der Wirksamkeit von offenem Unterricht besondere Bedeutung zu. Die Forschungslage ist größtenteils uneinheitlich. Interessante und tendenziell mehrfach belegte Befunde können gleichwohl wie folgt zusammengefasst werden:

- Fachleistungen scheinen durch direkte Instruktion eher begünstigt als durch offenen Unterricht. Die Forschungslage ist jedoch uneinheitlich und insbesondere mit Blick auf Mikroprozesse noch nicht ausreichend stabil.
- Überfachliche und nicht kognitive Ziele (z. B. Interesse, Selbstbestimmungsempfinden) können mit offenem Unterricht besser erreicht werden – aber dies ist nicht zwangsläufig so.
- Offener Unterricht scheint in organisatorischer Hinsicht sehr strukturiert zu sein (z. B. Zeitstruktur).
- Offener Unterricht scheint in inhaltlicher Hinsicht zumeist nicht ausreichend strukturiert zu sein (z. B. aufgabenbezogene Strukturierung).
- Die Einstellung von Lehrkräften beeinflusst das Selbstbestimmungsempfinden der Lernenden – unabhängig vom tatsächlich gewährten Freiraum. Der Zusammenhang von Lehrerüberzeugungen und Schülerleistungen ist uneinheitlich.
- Leistungsschwächere bzw. konzentrationsschwächere bzw. ungewissheitsorientierte Schülerinnen und Schüler können ein hohes Maß an Offenheit weniger gezielt nutzen – sie benötigen mehr Unterstützung (z. B. bei der Auswahl der Aufgaben) –, können dann jedoch das Angebot ähnlich intensiv nutzen wie leistungsstärkere Lernende.
- Qualitative Studien liefern Hinweise auf die Problematik der »Pensenerfüllung« (Huf 2006), d. h. des Primats der Organisation vor der inhaltlich fundierten Auseinandersetzung. Darin könnte eine Erklärung für das vergleichsweise ungünstige Abschneiden bei Fachleistungen liegen.
- Die Einzelfallstudie von Peschel ist in mehrfacher Hinsicht besonders provozierend für die gängige Diskussion zum offenen Unterricht. Sie macht deutlich, dass eine positive Wirkung auf fachliche Leistungen in einem radikalen Konzept möglich ist.

5. Konsequenzen 1: Gesamtkonzeption

Vorklärungen

In Kapitel 4 und 5 werden die Erkenntnisse aus den vorherigen Kapiteln zusammengeführt und Konsequenzen für die Weiterentwicklung und Gestaltung von geöffnetem und offenem Unterricht aufgezeigt. Das Kapitel 4 ist dabei eher der Gesamtkonzeption des Unterrichts gewidmet, während im Kapitel 5 einzelne Themenbereiche aus didaktischer Perspektive bzw. auf der Mikroebene des Unterrichts dargestellt und diskutiert werden.

Kumulativer Aufbau: Von Selbstorganisation bis Selbstbestimmung

Offener Unterricht ist nichts Statisches, sondern die Öffnung von Unterricht ist selbst ein fortlaufender Prozess, der entweder nie zu Ende ist oder (möglicherweise) erst in der radikalen Ausprägung, wie ihn Peschel beschrieben hat (2005b). Es ist auch nicht möglich, Unterricht von heute auf morgen auf offenen Unterricht umzustellen. Das überfordert die Lehrperson in gleicher Weise wie die Schülerinnen und Schüler. Um also den Unterricht zu öffnen, bietet es sich an, schrittweise vorzugehen und immer weiter Richtung Öffnung zu gehen.

Stufenweiser Ausbau der Öffnung

schrittweiser Aufbau

Am Anfang steht sicherlich die Analyse, auf welcher Stufe sich der gegenwärtige Unterricht befindet und auf welcher Stufe die Schülerinnen und Schüler stehen, was selbstorganisiertes Arbeiten angeht. Traub hat eine solche Analyse und den darauf folgenden schrittweisen Aufbau zur Freiarbeit präzise beschrieben (Traub 2000). Im Gegensatz zu Traub sind wir der Auffassung, dass Schülerinnen und Schülern eine Umstellung auf geöffneten Unterricht schwerer fällt, je länger sie bereits Schule im traditionellen Sinne erlebt haben. Erstklässler/innen, die gerade erst aus dem Kindergarten in die Grundschule gekommen sind, sind freies Lernen und Spielen in einem offenen Angebot aus dem Kindergarten gewohnt. Freispiel und Freiarbeit sind verwandte didaktische Arrangements und Lernangebote sind übliche Formen der Kindergartenarbeit.

Um die Öffnung von Unterricht stufenweise aufzubauen, bietet sich folgendes Stufenschema (Abb. 13) in Anlehnung an Peschel (2005b) und Ramseger (1985) an:

Stufen der Öffnung

1. Stufe: organisatorische Öffnung (Inwieweit können die Schüler/innen ihre Rahmenbedingungen selbst bestimmen?)
2. Stufe: methodische Öffnung (Inwieweit kann die Schülerin/der Schüler ihrem/seinem eigenen Lernweg folgen?)
3. Stufe: methodische und inhaltliche Öffnung (Inwieweit kann die Schülerin/der Schüler darüber hinaus über ihre/seine Lerninhalte bestimmen?)
4. Stufe: politisch-partizipative Öffnung (Inwieweit können die Schüler/innen in der Klasse Unterrichtsablauf und -regeln mitbestimmen?)
5. Stufe: Öffnung der Schule (Inwieweit öffnet sich die Schule nach außen zur Umwelt und lässt die Außenwelt herein?)

Abb. 13: Stufenweise Öffnung von Unterricht

Grad der Öffnung		Inhaltlicher Spielraum	Beispiele für mögliche Arbeitsanweisungen
5	weitestgehend	primär auf selbstbestimmtem/ interessegeleitetem, fachübergreifendem Arbeiten basierender Unterricht	Was machst du?
4	schwerpunktmäßig	inhaltlich offene Vorgaben von Rahmenthemen oder Fachbereichen	Du kannst in den Fachstunden frei arbeiten. Nimm dir/ nehmt euch selbst etwas im Fach vor.
3	teils – teils	in Teilbereichen stärkere Öffnung der inhaltlichen Vorgaben zu vorgegebener Form	Überlege dir/Überlegt euch einen eigenen Beitrag zu unserer Einheit ...
2	erste Schritte	Schülerinnen und Schüler können aus festem Arrangement frei auswählen oder sie können Inhalte zu fest vorgegebenen Aufgaben selbst bestimmen.	Such dir/Sucht euch eines der vorgegebenen Teilthemen zu unserer Einheit ... aus und arbeite/arbeitet dazu
1	ansatzweise	Einzelne inhaltliche Alternativen ohne große Abweichung werden zugelassen, verschiedene Unterthemen stehen zur Wahl.	Du kannst dir aus diesen Aufgaben eine aussuchen oder das gestellte Thema auch etwas verändern.
0	nicht vorhanden	Vorgaben von Arbeitsaufgaben/-inhalten durch Lehrkraft oder Arbeitsmittel	Bearbeite die Aufgaben x, y, z.

Beispiel inhaltliche Öffnung

Abb. 14: Stufen der inhaltlichen Offenheit von Unterricht (Peschel 2005b, S. 80 und S. 85)

Diese Stufung impliziert eine immer weitergehende Öffnung dahin gehend, dass auf jeder Stufe eine weitere Dimension von Öffnung dazukommt. Dabei können innerhalb jeder Öffnungsdimension weitere Unterteilungen vorgenommen werden. Peschel schlägt eine jeweils sechsfache Skalierung zur Bestimmung des Öffnungsgrades vor. Als Beispiel für eine solche Skalierung stellen wir diejenige für die Dimension der inhaltlichen Öffnung vor (vgl. Abb. 14).

Dabei kann sich diese stufenweise Öffnung für unterschiedliche Schülerinnen und Schüler auch unterschiedlich schnell und auf unterschiedliche Dimensionen bezogen weiterentwickeln.

Als Ausgangspunkt wird zunächst der bisher praktizierte eigene Unterricht gemäß der Tabellen eingestuft und daran eine mittelfristige Planung vorgenommen, in welcher Hinsicht die Öffnung vorangebracht und bis wann die nächste Dimension erreicht werden soll. Dabei ist auf Lehrerseite zu bedenken, z. B. welche Unterrichtsformen dafür geeignet erscheinen, welcher zeitliche Rahmen vorgesehen ist. Auf Schülerseite ist zu bedenken, über welche Arbeitstechniken sie bereits verfügen und welche sie noch benötigen, damit die nächste Stufe erreicht werden kann.

Beispiel eines kumulativen Aufbaus

Stufen am Beispiel der Wochenplanarbeit

Eine mögliche geeignete Form, um diesen kumulativen Aufbau zu praktizieren, soll am Beispiel der Arbeit mit Wochenplänen aufgezeigt werden.

Die erste Stufe ist dabei ein unter Umständen fachbezogener Plan mit vorgegebenen Aufgaben, wobei die Schülerinnen und Schüler frei entscheiden können, in welcher Reihenfolge sie die Aufgaben bearbeiten und wie viel Zeit innerhalb eines vorgegebenen Rahmens (z. B. eine Woche) sie sich dafür jeweils lassen. Später können sie sich dann auch Sozialform und Ort der Bearbeitung frei wählen. Diese Öffnung bewegt sich ausschließlich in der organisatorischen Dimension. Hierbei lernen die Schüler Zeitorganisation und selbstständiges Bearbeiten von Aufgaben nach vorher vereinbarten Regeln (z. B.: Wen frage ich, wenn ich Hilfe brauche? Wo lege ich welche Arbeiten ab oder registriere erledigte Arbeiten? Wie wird kontrolliert?).

In der nächsten Stufe, die sicher in den meisten Fällen bereits nach wenigen Wochen begonnen werden kann, kommt die methodische Öffnung hinzu. Dazu werden den Schülerinnen und Schülern im Rahmen des Plans verschiedenen Lösungswege zur Auswahl gegeben bis hin zum Ausprobieren und Finden eigener Vorgehensweisen, die dann mit der Lehrkraft, mit einzelnen Schülern oder innerhalb der ganzen Klasse diskutiert werden können. In gleicher Weise kann den Schüler/innen auch zunehmend freigestellt werden, ob und welche Hilfsmittel und Materialien sie für die Bearbeitung der Aufgaben verwenden.

Als nächste Stufe wird die inhaltliche Dimension mit einbezogen. Hierbei werden immer weniger Aufgaben direkt im Wochenplan vorgegeben, die Pläne werden zunehmend von den Schülerinnen und Schülern selbst zusammengestellt: »Das nehme ich mir diese Woche vor.« Dabei kann dies zunächst nur für einzelne Fächer oder Themenbereiche geschehen, bevor dies auf prinzipiell alle Themenbereiche ausgeweitet wird. Insbesondere im Sekundarbereich stellt die Lehrerin/der Lehrer dafür eine Themen- oder Kompetenzliste gemäß dem Bildungsplan als eine Art Rahmenplan zur Verfügung, aus dem die Schüler/innen ihre Auswahl treffen. Hier wird die Ausweitung der Stufen in der Regel langsamer vorangehen, als es bei den vorherigen Dimensionen der Fall war. Nicht nur die Schüler/innen, auch die Lehrkraft muss sich daran gewöhnen können, Inhalte freizugeben und nicht mehr »sklavisch« am Stoffverteilungsplan zu hängen. Dazu braucht sie Verfahren, um dennoch den Überblick über die verschiedenen Lernschritte der Schülerinnen und Schüler zu behalten (vgl. Kap. 5, Teilkapitel *Lernvoraussetzungen und Vorwissen*).

Diese Ausweitung der Öffnung bis hin zu einem wirklich offenen Unterricht mit selbstbestimmtem Lernen vollzieht sich nicht gleichschrittig. Einige Schülerinnen und Schüler verharren länger auf der methodischen Ebene, während andere sehr schnell sich bereits selbstständig Themen und Aufgaben suchen und ihren Plan selbst zusammenstellen können. Diese Ungleichzeitigkeit lässt sich über Wochenplanarbeit gut bewerkstelligen, weil die einzelnen Schülerinnen und Schüler verschiedene Pläne haben können mit unterschiedlichen Freiheitsgraden.

Die Ausweitung vollzieht sich nicht gleichschrittig

Bei der nächsten Dimension, der politisch-partizipativen, werden die Schülerinnen und Schüler stärker in die Gestaltung des Unterrichts und des Schullebens einbezogen. Die Verständigung über und das Aushandeln von Regeln, die ein für alle optimales Arbeiten am Wochenplan ermöglichen, stehen eher am Anfang. Je weiter die Partizipation fortschreitet, desto mehr sind die Schülerinnen und Schüler an der Regelung und Verantwortung für ihr schulisches Lernen und Leben beteiligt. Das führt dann dazu, dass die Planung für die Wochenarbeit gemeinsam mit den Schülerinnen und Schülern geschieht. Um dieses vorzubereiten, ist es erforderlich, immer wieder mit den Schülerinnen und Schülern einzeln und im Klassenverband über die Arbeit an den Plänen zu sprechen: Beispiele: Was ist gut gelungen, was muss verbessert werden? Welche Aufgaben sind leicht gefallen, welche schwer? Wo braucht wer mehr Unterstützung? Sind die vereinbarten Regeln sinnvoll oder zu verändern? In welche Richtung soll es in der nächsten Woche weitergehen? Diese Form der Metakommunikation fördert bei den Schülerinnen und Schülern das Nachdenken über ihren Arbeits- und Lernprozess und damit auch die Übernahme von Verantwortung für ihr Lernen.

Ziel der Öffnung

> Ziel ist, dass die Arbeit im geöffneten Unterricht und die Kompetenzen bei den Schülerinnen und Schülern nicht auf der Stufe der Selbstorganisation stehen bleiben, sondern sich kontinuierlich weiterentwickeln in Richtung Selbstbestimmung. Erst dann ist es zunehmend möglich, dass die Schüler/innen für sie bedeutsame Themen bearbeiten, die sie kognitiv aktivieren und die das richtige Anspruchsniveau haben, und sie gleichzeitig immer mehr Verantwortung für ihren eigenen Lernprozess übernehmen können. Ziel ist dann im bildungstheoretischen Sinne, dass die Schüler sich als Teil ihrer Umwelt und der Gesellschaft erleben, die sie angeht und die sie mitgestalten können und wollen.

Für den letzten Schritt ist es wichtig, dass sich auch die Schule nach außen öffnet, damit sich die Schülerinnen und Schüler konkrete Handlungsfelder erschließen können und auch die Schule überkommene Strukturen infrage stellt.

Kumulativer Aufbau als Aufgabe der Schule

Der kumulative Aufbau spiegelt sich auch in einer mittel- bis langfristigen Planung wieder, indem beispielsweise über Freiarbeit – Projektarbeit – Modularbeit über die Jahre hinweg der Anspruch an die Selbstständigkeit und die Fachexpertise gesteigert wird (vgl. Abb. 16, das Beispiel des Elsa-Brändström-Gymnasiums Oberhausen). Hierbei ist der kumulative Aufbau Aufgabe der ganzen Schule und beschränkt sich nicht nur auf einzelne Lehrer/innen.

Planung von offenem Unterricht

Ist offener Unterricht überhaupt planbar? Er ist sicher nicht in der Form planbar wie herkömmlicher eher geschlossener Unterricht, der das Ziel hat, möglichst präzise die einzelnen Schritte und die möglichen Schüleraktionen und -reaktionen vorherzusehen. Ramseger geht ausführlich auf die Diskrepanz zwischen Unterrichtsplanung und Unterrichtsrealität ein, um deutlich zu machen, dass im eher geschlossenen Unterricht das Abweichen von der Planung in der Unterrichtswirklichkeit häufig als Störung begriffen wird (Ramseger 1985).

Diskrepanz zwischen Planung und Unterrichtsrealität

In dieser Weise ist offener oder auch geöffneter Unterricht nicht planbar, denn er öffnet sich ja den sehr unterschiedlichen Schülerinteressen und -herangehensweisen. Dennoch geschieht offener oder geöffneter Unterricht nicht unvorbereitet. Dies lässt sich mit Blick auf die Planung von Unterrichtseinheiten bzw. Schuljahren sowie mit Blick auf einzelne Stunden betrachten.

Mittel- bis langfristige Planung

Sofern eine einzelne Lehrerin/ein einzelner Lehrer, ein Lehrerteam oder das gesamte Kollegium den Unterricht systematisch öffnen möchte, gilt als Perspektive, dass die Schülerbeteiligung langfristig (d. h. über Monate und Schuljahre hinweg) umfassender werden sollte und gleichzeitig der kognitive Anspruch sowie der Anspruch an die Leistungen eines erweiterten Lernbegriffs (fachliche, soziale, methodische, persönliche Leistungen) kontinuierlich gesteigert werden sollte (vgl. Abb. 15).

Steigerung des Anspruchsniveaus

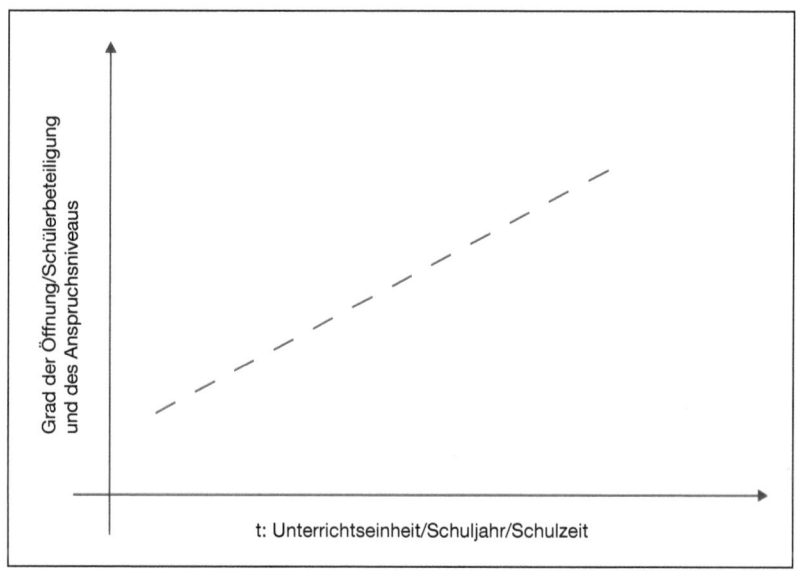

Abb. 15: Steigerung des Anspruchsniveaus im Laufe der (Schul-)Zeit

Sinnvoll ist die Fixierung dieser Ziele in einem Leitbild der Schule und auf einer operativen Ebene in einem Schulprogramm. Dies setzt selbstredend einen hohen Grad an Übereinstimmung im Kollegium voraus – macht jedoch gleichzeitig deutlich, wie wichtig die Abstimmung über Fächer und Schuljahre hinweg ist. Im Rahmen fachlicher Curricula ist dieser kumulative Aufbau selbstverständlich und traditionsreich, mit Blick auf die Beteiligung und Selbstbestimmung von Schülerinnen und Schülern stellt er ein neues Entwicklungsfeld für die meisten Schulen dar. Erst wenn die Steigerung des Anspruchsniveaus im Bereich der Selbstbestimmung nicht als Orchideenaktivität einzelner Lehrkräfte, sondern als gemeinsames und öffentlich dargelegtes Anliegen einer Schule realisiert wird, erhält offener Unterricht auch bei Schülerinnen und Schülern und deren Eltern entsprechende Akzeptanz.

Selbstbestimmung als öffentlich dargelegtes Anliegen der Schule

Beispiel kumulativer Aufbau am Gymnasium

Der kumulative Aufbau über Jahre hinweg benötigt eine langfristige Planung und »didaktische Gefäße«, d. h. Unterrichtsformen, in denen eine Öffnung in organisatorischer, methodischer, inhaltlicher und politisch-partizipativer Hinsicht realisiert werden kann und die mit fachbezogenen Curricula oder Kompetenzrastern verbunden werden können. Diese didaktischen Gefäße sollten einerseits eine Steigerung des Anspruchsniveaus mit Blick auf die Selbstständigkeit der Schülerinnen und Schüler und mit Blick auf das fachliche Niveau ermöglichen und gleichzeitig über einen gewissen Zeitraum hinweg einen bekannten Rahmen für ruhiges und kontinuierliches Arbeiten bieten. Die didaktischen Gefäße können höchst unterschiedlich aussehen. Das folgende Beispiel stammt aus dem Elsa-Brändström-Gymnasium Oberhausen (vgl. Abb. 16, vgl. Risse 2009).

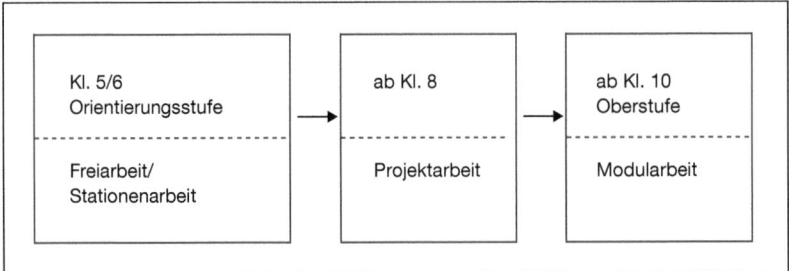

Abb. 16: Beispiel eines langfristig geplanten kumulativen Aufbaus offener Unterrichtsformen

Aufbauend auf den Vorarbeiten an Grundschulen ermöglicht Freiarbeit (sechs Stunden pro Woche fächerübergreifend) individualisiertes und materialgeleitetes, jedoch nicht nur auf Übung begrenztes Lernen. An das angebotene Material sind hohe Ansprüche formuliert. Im Rahmen von Stationenarbeit kann themenbezogen noch deutlicher gesteuert werden als in der Freiarbeit, Stationenarbeit kann daher auf diesen Klassenstufen Freiarbeit ergänzen. Die Projektarbeit, die dann ab Klasse 8 an Bedeutung zunimmt, ist themenbezogen und nicht klassenspezifisch organisiert. Ab Klasse 10 werden am Elsa-Brändström-Gymnasium Oberhausen Modularbeiten eingeführt. Sie sind thematisch den Fächern zugeordnet, werden selbstständig (mit festen Beratungsterminen) innerhalb eines Vierteljahres bearbeitet. Die Schulleiterin Erika Risse stellt fest: »Spätestens beim dritten Modul während des Schuljahres haben die Schülerinnen und Schüler gelernt, wie man selbstverantwortlich mit seinem Lernen umgeht« (Risse 2009, S. 15).

Dieses Beispiel macht deutlich, dass offener Unterricht und die damit verbundenen Zielsetzungen aktiv konzipiert und innerhalb der schulischen Organisation fest verankert werden müssen. Insbesondere an Sekundarschulen sind dabei Fächerparzellierung und kumulativer Aufbau der Fachinhalte zu berücksichtigen.

Die mittel- bis langfristige Planung kann sich unterhalb der konzeptionellen Makroebene auch auf die Mikroebene von Aufgaben beziehen (vgl. dazu auch Kapitel 5, Teilkapitel *Aufgabenkultur*): Die systematische Analyse und Auswahl sowie der gezielte und im Unterricht begleitete Einsatz von Aufgaben sind eine wesentliche Weiterentwicklungsmöglichkeit für offenen Unterricht. Um Aufgaben als Mikroeinheiten des Unterrichts einerseits in die Gesamtkonzeption einzugliedern, andererseits konkrete Angebote für einzelne Stunden bereitstellen zu können, bedarf es einer umsichtigen Vorbereitung. Beispielsweise kann es im Rahmen der fachlichen Planungen über das Schuljahr hinweg sehr wichtig sein, einen Minimalstandard zu definieren, diesen in verschiedenen Teilgebieten zu präzisieren und mit Aufgaben zu versehen.

Zusammenhang Unterrichtskonzeption – Aufgaben

Genau dieser Übergang zwischen Gesamtkonzeption und einzelnen Stunden ist im sogenannten »Aufgaben-Rad-Modell« von Astleitner (2009) konkretisiert (vgl. Abb. 17).

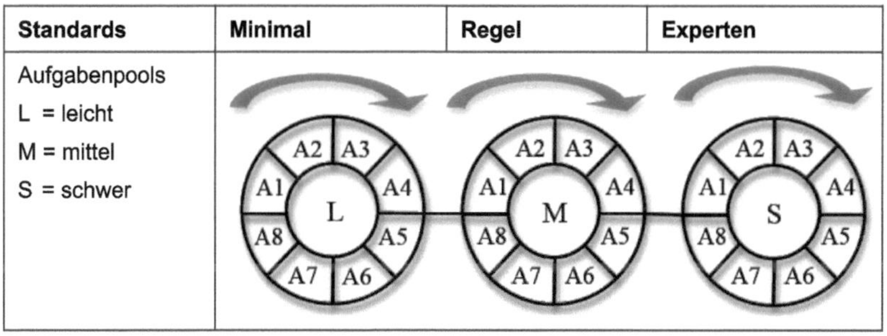

Standards	Minimal	Regel	Experten
Aufgabenpools L = leicht M = mittel S = schwer	L (A1–A8)	M (A1–A8)	S (A1–A8)

Abb. 17: Aufgaben-Rad-Modell (verändert nach Astleitner 2009, S. 5 ff.)

Dieses Modell berücksichtigt zahlreiche Merkmale und Prinzipien des Unterrichts, die in diesem Kapitel 4 und im folgenden Kapitel 5 ebenfalls thematisiert werden (z. B. Lerndiagnose, Lernbegleitung, kumulativer Aufbau, Variation der Aufgabenschwierigkeit, Lösungshilfen). Das Modell ist nicht spezifisch für offenen Unterricht, sondern zur inneren Differenzierung konzipiert, die Einteilung in unterschiedliche Standards sowie in Aufgabenschwierigkeiten fügt sich jedoch sehr gut in eine anspruchsvolle Lernumgebung im offenen Unterricht ein. Die Lernenden wählen hier Aufgaben und können je nach Erfolg zum nächsten Schwierigkeitsgrad übergehen. Für die Lehrkraft bedeutet eine derart dezidierte Aufgabenfokussierung einen hohen Aufwand bei der Bereitstellung geeigneter Aufgaben – anschließend kann jedoch gezielt mit Lernhilfen und individueller Unterstützung gearbeitet werden. Das abgebildete Aufgaben-Rad-Modell dürfte, inhaltlich gefüllt, insbesondere für die Planung von Unterrichtseinheiten und für fächerspezifische oder überfachliche Themenbereiche hilfreich sein – hiermit können frühzeitig Zielsetzung und Anspruchsniveau geklärt werden.

Kurzfristige Planung: Stundenbezogene Vorbereitung

Offener Unterricht benötigt wie beschrieben eine mittel- bis langfristige Planung, möglichst bezogen auf ein Lehrerteam und ein Schulprogramm. Gleichwohl ist innerhalb einzelner Stunden eine Öffnung möglich. Wir stellen im Folgenden sechs Perspektiven auf die Planung von geöffnetem und offenem Unterricht vor:

sechs Perspektiven auf Planung von offenem Unterricht

- Überlegungen zur Integration geöffneter Momente im Rahmen einer phasenbezogenen 45-Minuten-Planung
- Überlegungen zur Unterrichtsplanung, die früh, d. h. zu Beginn der breiteren Diskussion des offenen Unterrichts in Deutschland vorgestellt wurden (z. B. Ramseger 1985)
- die Aktualisierung der klassischen bildungstheoretischen Unterrichtsplanung von Wolfgang Klafki zugunsten von offenem Unterricht (Stübig/Stübig 2007)
- der unterschiedlich ausgerichtete Versuch, Befunde der neueren Unterrichtsforschung für die Planung zu nutzen (Tulodziecki/Herzig/Blömeke 2004; Kleinknecht 2010)
- Überlegungen zur Planung eines konsequenten Unterrichts, der sich von der materialgeleiteten Öffnung deutlich distanziert (Peschel 2005b)
- die Erstellung einer Mind-Map als Alternative für eine themenbezogene gemeinsame Planung einer Unterrichtseinheit, die sowohl Lehrerexpertise, Bildungsplanvorgaben als auch Schülerinteressen zu integrieren versucht.

traditionelle stundenbezogene Planung

Die stundenbezogene Vorbereitung von öffnenden Momenten bzw. eines geöffneten Unterrichts verläuft anders als die bekannte traditionelle und phasenbezogene Unterrichtsplanung, die in der Regel in einer Unterrichtsskizze nach folgendem Muster realisiert wird (vgl. Abb. 18).

Zeit	Phase	Unterrichtsverlauf Lehrer- und Schüleraktivitäten	Medien- und Sozialformen	Didaktischer Kommentar

Abb. 18: Tabellenförmige Unterrichtsskizze für eher lehrerzentrierten Unterricht

Selbstverständlich können im Rahmen eines solchen Ablaufschemas Hinweise für öffnende Momente und Phasen eingefügt werden, so

- kann für jede Phase überlegt werden, in welcher Weise die Schülerinnen und Schüler beteiligt werden können (z. B. Vorschläge zum weiteren Vorgehen).
- können Aufgaben daraufhin durchdacht werden, ob sie verschiedene Einstiegsmöglichkeiten, Lösungswege oder Ergebnisse ermöglichen.
- können Metaphasen zur Verständigung über den Unterricht bedacht werden.
- können Schülerinnen und Schüler bei der Lösungskontrolle beteiligt werden.
- kann Schülerinnen und Schülern Verantwortung übergeben werden (z. B. Unterstützung schwächerer Schülerinnen und Schüler).
- kann der Anspruch an Selbstständigkeit gesteigert werden (z. B. ausgeloste Kurzpräsentation am Ende der Gruppenarbeit).

Diese Überlegungen, so gewinnbringend sie praktisch gesehen für den alltäglichen Unterricht sein können, reichen nicht aus, um den Anspruch einer offenen Planung zu erfüllen. Dies verdeutlichte Ramseger (1985) bereits in Anlehnung an Brügelmann/Brügelmann (1973) und Rumpf (1973) – er plädierte für eine flexible Planung mit Leerstellen und Brüchen sowie für die personelle Einbindung der Betroffenen in die Planung. Für Ramseger sind Ausgangspunkte der Planung offenen Unterrichts die Lebensvoraussetzungen und der Lebenshintergrund der Schülerinnen und Schüler, und zudem die Transparenz der zugrunde liegenden Intentionen und Entscheidungen (Ramseger 1985). Dabei lehnt er Lernziele ab und plädiert für die Formulierung von Handlungszielen, anhand deren Unterrichtssituationen mit gesellschaftlich relevanten und für die Schüler bedeutsamen Problemen und Themenstellungen entworfen werden.

Die klassische Unterrichtsplanung nach Vorschlag des Bildungstheoretikers Wolfgang Klafki stellt in den Mittelpunkt der Überlegungen die Frage nach den Bildungsinhalten: Was können die jeweiligen Schülerinnen und Schüler an diesem Inhalt für ihr jetziges und zukünftiges Leben Bedeutsames lernen und wie können dabei gleichzeitig ihre Selbstbestimmungs-, Mitbestimmungs- und Solidaritätsfähigkeit gefördert und ihre Interessen und Perspektiven berücksichtigt werden (Klafki 1985)? Stübig und Stübig entwickeln die klassische Unterrichtsplanung nach Klafki weiter und versuchen, sie für offenen Unterricht zu nutzen. Sie konstatieren, dass auch nach der Erneuerung in den 1980er-Jahren Klafkis Perspektive bei der Unterrichtsplanung und -analyse dennoch die der planenden Lehrerin/des planenden Lehrers blieb, auch wenn er verstärkt versuchte, Elemente des offenen Unterrichts zu integrieren, und seine Unterrichtspla-

»klassische Unterrichtsplanung nach Klafki«

nung als »offenen Entwurf« verstand (Stübig/Stübig 2007). In vorliegenden Veröffentlichungen von Planungs- und Praxisbeispielen zum offenen Unterricht sehen sie dagegen ebenfalls Schwächen, indem diese zu einseitig die Methodenvielfalt in den Mittelpunkt rücken: »Die vielfältigen Anregungen für die Unterrichtspraxis sind ohne Zweifel hilfreich. Jedoch stoßen sie nur begrenzt zu der Forderung nach ›Selbst- und Mitbestimmung der Lernenden‹ und zum ›entdeckende[n] Lernen an problemhaltigen Aufgaben‹ vor. Die inhaltliche Dimension des offenen Unterrichts bleibt damit ungeklärt« (Stübig/Stübig 2007, S. 116). Hier sehen sie die Anschlussfähigkeit zu Klafkis Planungsvorschlag mit dessen inhaltlicher Schwerpunktsetzung: »Die Verantwortung für das Geschehen im Unterricht bleibt bei den Lehrern. Aber: Im Sinne der ›Selbst- und Mitbestimmung der Lernenden bei der Auswahl von Inhalten, Arbeitsmitteln und Methoden‹, wie sie weiter oben als erstes Merkmal offenen Unterrichts benannt wurde, geht es darum, dass Lehrerinnen und Lehrer ihren Prozess der Entscheidungen offenlegen, damit die Schüler die Implikationen der Lehrerentscheidungen nachvollziehen können. Es geht darum, dass Schüler über das Mittel der Transparenz in den Stand gesetzt werden, diese Entscheidungsprozesse schrittweise zu ihren zu machen« (Stübig/Stübig 2007, S. 118). Die beiden Autoren plädieren dafür, die Planung von Unterricht zu einer von Schüler/innen und Lehrer gemeinsam betriebenen Aufgabe zu machen, indem immer wieder »Unterricht über Unterricht« stattfindet, die Schüler/innen ihre Interessen und Sichtweisen formulieren, der Lehrer die Bedeutung der anvisierten Bildungsinhalte erläutert und im Anschluss über das Erreichte reflektiert wird (Stübig/Stübig 2007, S. 118). »Unter diesem Blickwinkel gewinnt die Unterrichtsplanung in Klafkis Konzeption, wenn man sie auf den offenen Unterricht hin ausrichtet, insofern eine neue Akzentuierung, als die Fragen der inhaltlichen Bestimmung der bildenden Unterrichtsgegen-stände und die Beteiligungsnotwendigkeit der Lernenden nun gleichzeitig zum Tragen kommen. Der offene Unterricht gewinnt über die Integration der Begründung der Inhalte eine konsistente Theorie und wird damit vor dem Vorwurf der inhaltlichen Beliebigkeit einerseits, dem Verdacht der bloßen Methodisierung andererseits bewahrt« (Stübig/Stübig 2007, S. 118).

Peschel stellt konträr zur klassischen Unterrichtsplanung Überlegungen und Fragestellungen an, mit denen sich eine Lehrkraft im offenen Unterricht auseinandersetzen kann (Peschel 2005b, S. 198–205). Er unterscheidet dabei zwischen lehrergeplantem Unterricht, materialorientiertem und offenem Unterricht und schlägt jeweils intentionale, didaktische, methodische Überlegungen und solche zur Nachbereitung des Unterrichts vor – insgesamt eine Fülle detaillierter Hinweise. Dabei wird nochmals die aus seiner Sicht zentrale Abgrenzung eines konsequenten offenen Unterrichts gegenüber Öffnungsversuchen und materialgelei-

Marginalien:
Planung als gemeinsame Aufgabe

Lehrergeplant, materialorientiert oder offen?

teten Arrangements deutlich. So betont er beispielsweise die hohe Bedeutung der Atmosphäre innerhalb der Klasse und wendet sich kontinuierlich den individuellen Bedürfnissen und Interessen der Kinder zu. Insofern richten sich seine Planungsüberlegungen an die Lehrperson und deren Pädagogik und Didaktik generell.

Die jüngere Unterrichtsforschung betont – im Gegensatz zur traditionellen Unterrichtsplanung – die hohe Bedeutung der schulischen Aufgabenkultur für die Wirksamkeit von Unterricht. Insofern stellt sich die Frage, wie bestimmte Charakteristika von Aufgaben im Rahmen der Unterrichtsplanung gewinnbringend genutzt werden können.

vernachlässigt: Bedeutung der Aufgaben für Planung

Kleinknecht (2010) versucht, die klassische didaktische Unterrichtsplanung und neuere Befunde der Unterrichtsforschung zu integrieren, und verweist in seiner Studie über die Aufgabenkultur auf die Bedeutung von Planungswissen bei den Lehrkräften: »Dies erfordert von den Lehrkräften sowohl konzeptionelle Vorstellungen von einem optimalen Lehr-Lernprozess-Aufbau (Artikulation) als auch ›mikrodidaktisches‹ Wissen zur Aufgabengestaltung und zum Interaktionshandeln in unterschiedlichen Phasen des Unterrichts. Hierbei erweisen sich allgemeindidaktische Annahmen zur Interdependenz von Zielen, Inhalten und Methoden insofern als relevant, als dass die Planung und Analyse von Aufgaben und vom Aufgabeneinsatz sich sowohl an der fachlichen Struktur des Inhalts als auch an den Lernprozessen der Schülerinnen und Schüler orientiert« (Kleinknecht 2010). Für die Vorbereitung von Unterricht schlägt er deshalb folgende Kriterien für eine lernprozessorientierte Planung vor:

Lernprozessorientierte Planung

- »Lernmodell: Welches grundsätzliche Lern- bzw. Basismodell wird verfolgt (z. B. Lernen durch Eigenerfahrung, Konzeptbildung, Problemlösen)?
- Lehr-Lern-Schritte: Werden vollständige Lernprozesse umgesetzt und wird eine lehr-lern-logische Schrittfolge innerhalb der Modelle beachtet (orientiert an Aebli: problemlösender Aufbau, Durcharbeiten, Üben, Anwenden)?« (Kleinknecht 2010)

Tulodziecki/Herzig/Blömeke (2004) vertreten ein Konzept des handlungs- und entwicklungsorientierten Unterrichts als Mischform zwischen einem Konzept der direkten Instruktion und einem des selbstgesteuerten Lernens. Auch sie versuchen Befunde der Unterrichtsforschung für die Planung zu nutzen. Sie schlagen folgendes Planungsvorgehen vor: Lernprozessanregende Aufgaben (Problem, Entscheidungshilfe, Gestaltungsaufgabe, Beurteilungsaufgabe) zum Thema als Ausgangspunkt, anschließend sollen Möglichkeiten zu Lernaktivitäten gegeben werden. Sie entwerfen folgenden Unterrichtsablauf, an dem sich die Planung entsprechend orientiert: 1. Aufgabenstellung, 2. Zielerreichung und Bedeutsam-

Handlungs- und entwicklungsorientierter Unterricht

keit, 3. Verständigung über das Vorgehen, 4. Erarbeitung von Grundlagen für die Aufgabenlösung, 5. Aufgabenlösung, 6. Vergleich und Zusammenfassung, 7. Anwendung und 8. Weiterführung und Bewertung (Tulodzikcki/Herzig/Blömeke 2004, S. 120). Sie unterscheiden dabei zwischen einer prozessbezogenen und einer komponentenbezogenen Planung, indem in jeweils unterschiedlicher Reihenfolge die Unterrichtsphasen und den Unterricht beeinflussende Komponenten (z. B. Schülervoraussetzungen, Ziele, Inhalte, Medien) als Ausgangspunkt betrachtet werden. Die Schülerinnen und Schüler werden aktiviert durch die Aufgabenstellung. Dieser Vorschlag ist daher für zeitgemäßen Unterricht generell hilfreich. Mit Blick auf offenen Unterricht bewegt sich der Vorschlag weitgehend im Bereich der methodischen und organisatorischen Öffnung.

Aktivierung mittels Aufgabenstellung

Um eine transparente Planung von Unterricht unter Beteiligung der Schülerinnen und Schüler zu ermöglichen, schlagen wir die Erarbeitung einer Mind-Map vor, die sich vor allem für eine themenbezogene Planung beispielsweise einer Unterrichtseinheit oder eines Projektes sowohl fachbezogen als auch fachübergreifend eignet. In der Vorbereitung beginnt die Lehrkraft zu einem Unterrichtsgegenstand eine solche Mind-Map zu erstellen, in der der Gegenstand in seiner fachlichen Struktur entfaltet wird sowie die dabei zu erwerbenden Kompetenzen, Fundamentum und Additum, verschiedene Niveaustufen und Möglichkeiten zur kognitiven Aktivierung (z. B. Problemstellung), denkbare Medien bereits aufgeführt werden. Dabei werden auch die verschiedenen Dimensionen und Stufen von Öffnung mitberücksichtigt (vgl. Abb. 19).

offene Planung über Mind-Map

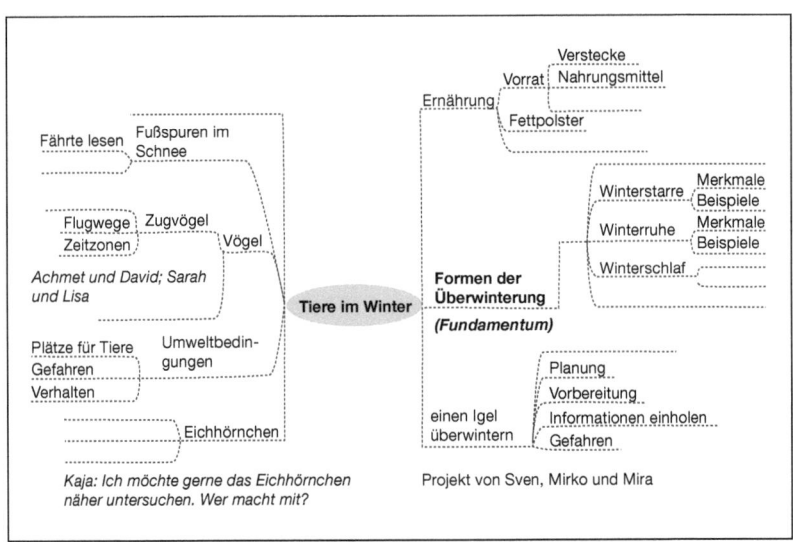

Abb. 19: Mind-Map als Beispiel für eine offene Planung eines Sachunterrichtsthemas gemeinsam von Lehrkraft und Schüler/innen

Diese Landkarte ist damit aber noch nicht fertig, sondern wird mit den Schülerinnen und Schülern besprochen und wird sichtbar im Klassenzimmer aufgehängt. Im weiteren Unterrichtsverlauf verändert sich die Landkarte: Neue Stränge kommen hinzu, andere werden abgeschnitten oder nicht weiterverfolgt. Das bedeutet, die Vorarbeit durch die Lehrkraft, in der sie ihr fachliches, didaktisches und pädagogisches Knowhow zunächst einbringt, wird zusammen mit den Schülerinnen und Schülern im Unterricht weiterentwickelt.

Veränderung und Weiterentwicklung der Mind-Map

Zusätzlich können derartige Mind-Maps von Schülerinnen und Schülern erstellt werden – mit Unterstützung durch die Lehrkraft. Hier werden die Voraussetzungen, der Lernstand, die individuellen Interessen und Zugänge der jeweiligen Schülerin/des jeweiligen Schülers vermerkt, sowie ihr/sein (geplantes) Vorgehen im Unterricht: Auf welchen Wegen möchte sie/er etwas lernen? Auch diese Mind-Map ergänzt sich im Verlauf des Unterrichtsprozesses durch das Kind selbst und durch die Lehrkraft, die z. B. ihre Beobachtungen, Anforderungen einträgt. Dazu gehört auch, inwieweit diese Schülerin/dieser Schüler selbstbestimmt oder selbstgesteuert arbeitet bzw. arbeiten kann und soll.

Demnach hat die Planung von offenem Unterricht folgende Bestandteile:

- Ausgangspunkt ist ein Thema aus dem Bildungsplan, ein für die Schüler/innen bedeutsames Phänomen, Problem oder Erfahrung oder eine Kernidee im Sinne von Ruf und Gallin (vgl. Kap. 2).
- Dem Vorstellen und der Besprechung mit den Schüler/innen folgt deren Einbringen von Interessen, Voraussetzungen und Ideen dazu.
- Die Planung erfolgt nicht nur durch Lehrer/innen, sondern auch durch Schüler/innen: sowohl gemeinsam in Austausch und Diskussion (Aushandeln) als auch individuell für bzw. durch die einzelnen Schüler/innen.
- Die Planung erfolgt nicht nur zu Beginn, sondern im Prozess über Metaphasen: Wo stehen wir, stehe ich, was habe ich gemacht, wo geht es weiter? Was brauche ich, was möchte ich? Wie gehe ich vor, was und wer hilft mir dabei?
- Die Aufgabe des Lehrers lautet: Inhalt erschließen bezüglich möglicher Teilthemen und deren Bildungsgehalt (Klafki), Kompetenzen, die dabei erreicht werden können und sollen auf verschiedenen Niveaustufen (Zone der nächsten Entwicklung), welche Themen von den Schülern erarbeitbar sind, inhaltliche Struktur des Themas, dann Anreichern durch Ideen und Interessen der Schüler.

Insgesamt wird deutlich, dass die (kurzfristige) Planung von offenem Unterricht nahezu vollständig von der mittel- bis langfristig konzipierten Grundstruktur abhängt: Wenn ein kumulativer Aufbau (vgl. Beispiel Risse 2009) vorhanden ist, stellt sich die Frage der Planung jeweils bezogen auf das didaktische Grundgefäß, d. h. beispielsweise bezogen auf

Zusammenhang kurzfristige Planung und Grundstruktur des Unterrichts

Fächer-parzellierung erfordert mittelfristige Planung

Freiarbeit, Projektarbeit, Modularbeit und auf die »restliche« eher lehrerzentrierten Unterrichtszeit, in der ebenfalls Öffnungsgrade disponiert werden können. Insbesondere in der Sekundarstufe, in der der Unterricht von verschiedenen Fächern und Fachlehrer/innen bestimmt ist, ist eine schulbezogene mittelfristige Planung notwendig. In Schulen mit Klassenlehrerprinzip, wie in der Grundschule, ist es eher möglich, dass eine Lehrerin unabhängiger vom gesamten Schulteam in ihrer Klasse sowohl kurz-, als auch mittel- und langfristig offenen Unterricht konzipiert und plant (vgl. Beispiel mit Wochenplanarbeit).

Zusammenfassung

Eine systematische und langfristige Konzeption des offenen Unterrichts wird durch die gängige Schulorganisation nicht unbedingt erleichtert. Fächerparzellierung, Zeitstrukturen, Traditionen erfordern eine aktive Veränderung, um offenen Unterricht innerhalb der Einzelschule zu implementieren. Offener Unterricht ist damit eng an den Schulentwicklungsstand einer Einzelschule oder an eine gemeinsame Konzeption in einem Team (z. B. Jahrgangsteams) gebunden. Erst im Rahmen stabiler Konzeptionen ist Lernen nachhaltig möglich.

Als zentrale Aspekte einer derartigen Gesamtkonzeption erachten wir:
- den systematischen und kumulativen Aufbau des offenen Unterrichts mit der Zielsetzung eines möglichst hohen Grades an Selbstbestimmung
- geeignete didaktische Organisationsformen, in denen Schülerinnen und Schüler in Ruhe und kontinuierlich arbeiten können
- eine abgestimmte kurzfristige (gegebenenfalls auf Stunden bezogen), mittelfristige (z. B. erweiterter »Stoffverteilungsplan«) und langfristige Planung (Steigerung des Anspruches über Schuljahre hinweg, Schulprogramm).

6. Konsequenzen 2: Didaktische Implikationen und Mikroprozesse des Unterrichts

Vorklärungen

In diesem Kapitel werden Erkenntnisse aus den Kapiteln zur Theorie und Erforschung von (offenem) Unterricht mit der detaillierten Gestaltung von offenem Unterricht zusammengeführt. Die Zusammenführung erfolgt nicht anhand von Merkmalen »guten« Unterrichts (z. B. Strukturierung, Klarheit). Leitend sind vielmehr Themenbereiche, die 1. nach unserer Einschätzung in der Diskussion zum offenen Unterricht seit den 1980er-Jahren vernachlässigt werden und zu denen 2. ausreichende empirische Befunde und/oder substanziell begründbare Handlungsvorschläge vorliegen, die sich aus der Theorie begründen lassen. Insofern ist hier keine systematische und auf »Vollständigkeit« ausgerichtete Begründung der Themenauswahl angestrebt. Zum Teil kommt es zu Überschneidungen zwischen den einzelnen Themenbereichen dieses Kapitels (z. B. Aufgabenkultur und Lernmaterialien). Wir legen Priorität darauf, die Teilthemen dieses Kapitels kompakt, aber möglichst systematisch abzuhandeln, um den Leserinnen und Lesern damit einen schnellen Zugriff zu ermöglichen.

Leitend sind …

vernachlässigte Themen und …

empirische Befunde

Lernvoraussetzungen und Vorwissen

Bedeutung der pädagogischen Diagnostik für offenen Unterricht

Pädagogische Diagnostik kann als das »Insgesamt von Erkenntnisbemühungen im Dienste aktueller pädagogischer Entscheidungen« (Klauer 1978, S. 5) bezeichnet werden. Diese pädagogischen Entscheidungen orientieren sich ganz vorrangig am Individuum. Pädagogische Diagnostik enthält damit explizit eine Förderorientierung. Sie hat keinen Selbstzweck, sie dient nicht bildungspolitischer Steuerung. Sie kann, muss jedoch nicht, zu Selektionszwecken (z. B. wenn sonderpädagogischer Betreuungsbedarf ermittelt wird) dienen. Dies steht hier jedoch nicht im Vordergrund. Der Zusammenhang von Diagnostik und Lernprozessen wird in Ingenkamps Definition noch deutlicher: »Pädagogische Diagnostik umfasst alle diagnostischen Tätigkeiten, durch die bei Lernenden und Lehrenden Voraussetzungen und Bedingungen planmäßiger Lehr- und Lernprozesse ermittelt, Lernprozesse analysiert und Lernergebnisse fest-

Pädagogische Diagnostik orientiert sich am Individuum

gestellt werden, um individuelles Lernen im dialogischen Prozess zu optimieren« (Ingenkamp 1989, S. 423).

Nach unserer Einschätzung ist der Bereich der Diagnostik für den offenen Unterricht fast völlig vernachlässigt worden. Es kommt daher nicht selten zu folgender Situation: Innerhalb des offenen Unterrichts wird zwar differenziert (z. B. über Aufgaben für stärkere und schwächere Schülerinnen und Schüler bei der Wochenplanarbeit), sehr häufig ist die Differenzierung jedoch sehr grob begründet – in dem Sinne, dass nicht genau bekannt ist, wo eigentlich die Probleme eines »schwächeren« Schülers, z. B. in der Mathematik, genau liegen. Zu vermuten ist, dass an Sekundarschulen häufig die Klassenarbeitsnote als Differenzierungsbegründung verwendet wird. Eine schlechte Note in einer Mathematikklassenarbeit klärt jedoch nicht, welche fachlichen oder persönlichen oder sonstigen Probleme ein Schüler hat, die möglicherweise zu der schlechten Note führten. Ein weiteres Problem entsteht dadurch, dass zwar differenzierende Aufgaben zur Verfügung gestellt werden, aber unklar bleibt, wie sich Lernende und optimal passende Aufgabe finden. Wenn Lernende die Aufgabe selbst wählen, stehen vor allem schwächere Schülerinnen und Schüler vor einem Problem: Sie müssen die Aufgaben ja zunächst in ihrer Komplexität einschätzen können, um für sich zu klären, ob dies die passende Aufgabe sein könnte.

Auf welcher diagnostischen Grundlage wird differenziert?

Wie finden passende Aufgabe und Schüler zueinander?

> Selbst im offenen Unterricht – der für sich beansprucht, differenzierend organisiert zu sein – löst sich das Problem der Passung zwischen Lernvoraussetzungen und optimalem Lernangebot nicht von alleine, sondern sollte konzeptionell geklärt werden: Kommt das Lernmaterial/Thema (aufgrund der Lehrervorgabe) zum Schüler oder kommt der Schüler zum Lernmaterial/Thema?

Die hohe Bedeutung einer Diagnose der Lernvoraussetzungen zeigt sich auch darin, dass ausreichendes Vorwissen eine der entscheidenden Bedingungen erfolgreichen Lernens darstellt. In der jüngeren Kognitionspsychologie wird die Relevanz des Vorwissens höher eingeschätzt als diejenige der Intelligenz: »Vorwissen schlägt Intelligenz« (Stern 2003). Insofern stellt die Diagnose der Lernvoraussetzungen und des Vorwissens einen wichtigen Schritt vor der Entwicklung der Lernangebote dar. Damit ergeben sich unter anderem gezielte Fördermöglichkeiten für schwächere Schülerinnen und Schüler.

»Vorwissen schlägt Intelligenz«

Insgesamt erscheint uns eine Kombination standardisierter Verfahren, die den Kriterien der Objektivität, Validität und Reliabilität entsprechen (Tests) sowie daraufhin abgestimmter alltagsnaher Verfahren (z. B. intelligente Konstruktion von Aufgaben oder systematische Beobachtung) sinnvoll (Kucharz 2007).

Diagnostisches Potenzial von Klassenarbeiten

Klassenarbeiten werden selten als diagnostische Möglichkeit genutzt. Vielmehr steht das Errechnen einer Note und damit die Rückmelde- und Selektionsfunktion der schulischen Leistungsbeurteilung im Vordergrund. Dabei können aufgrund ihres alltagsnahen Charakters gerade Klassenarbeiten und andere informelle Testverfahren ein erhebliches Potenzial entfalten, mit dessen Hilfe die Fähigkeiten der Schülerinnen und Schüler differenziert analysiert und anschließend gefördert werden können. Allerdings erfordert dies eine sorgfältige Konzeption der Klassenarbeiten:

- Die Aufgaben müssen in Breite und Tiefe ein Themengebiet abdecken.
- Werden die Aufgaben in ihrer Charakteristik bewusst ausgewählt (z. B. Grundwissen, Transfer, Vernetzung), dann können in einer Tabelle Stärken und Schwächen der einzelnen Schüler festgehalten werden.
- Aus dieser Tabelle können gezielt Bereiche herausgearbeitet und in ein individuelles Arbeitsprogramm oder einen Lernentwicklungsplan überführt werden. Die Lernenden können ihre Defizite allerdings nur dann beheben, wenn dafür gezielt didaktische Settings bereitgestellt werden.

sorgfältige Konzeption notwendig

Selbstverständlich ist der Austausch mit Kolleginnen und Kollegen hilfreich. Er erweitert nicht nur den eigenen Horizont, sondern erhöht auch die Wahrscheinlichkeit, dass subjektive Einflüsse nicht überhandnehmen.

Standardisierte Tests

Die Psychologie weist eine lange Tradition der Entwicklung von Tests auf. Es liegen ausgereifte Tests in nahezu unüberschaubarer Quantität vor. Beispielhaft seien zwei Testzentralen erwähnt:

- Testzentrale des Verlags Hogrefe Göttingen: www.testzentrale.de
- Testzentrale der Schweizer Psychologen AG: www.testzentrale.ch

Zu jedem Test liegt ein sogenannter Teststeckbrief vor, der eine schnelle Übersicht ermöglicht und folgende Stichworte enthält: Name des Tests, Autor/in, Material bzw. Art des Tests, Altersbereich, Anwendungsbereich, Ziel, Aufbau/Aufgaben, Durchführungsdauer, Auswertung, Gütekriterien, Normen, Interpretation.

Zu klären ist jeweils, ob ein Test eher für wissenschaftliche Zwecke und eher von geschultem Fachpersonal eingesetzt werden sollte oder ob er von Lehrkräften genutzt werden kann. Wir teilen die gelegentliche Skepsis vor diesen Tests nicht, solange sie begründet, sachgemäß, ethisch verantwortbar und gezielt eingesetzt werden und nicht überhandnehmen. Eine besondere Bedeutung hat dabei die Frage, ob es möglich ist, aus den Testergebnissen didaktische Konsequenzen zu entwickeln und didaktische Arrangements bereitzustellen, in denen die Schülerinnen und Schüler sich gezielt weiterentwickeln können. Wenn dies nicht möglich ist, dann sollten Aufwand und Nutzen für den Test geklärt sein und es ist eher vom Test abzuraten.

didaktische Konsequenzen

Für einzelne Teilleistungen und komplette Leistungsbereiche liegen inzwischen elaborierte und im Unterrichtsalltag gut verwendbare Tests vor, die häufig über Landesinstitute (z. B. Landesinstitut für Lehrerbildung und Schulentwicklung Hamburg) angeboten werden. Auch hier seien lediglich Beispiele aus dem Bereich Leseverständnis benannt.

Beispiele Lesetests

- Zur Diagnose allgemeinen Leseverständnisses bietet sich der »Hamburger Lesetest für 3. und 4. Klassen« an (HAMLET 3–4).
- Die »Hamburger Leseprobe Klasse 1–4« (HLP) verbindet standardisierte Aussagen zur Leseleistung mit einer qualitativen Analyse individueller Strategien und Fähigkeiten (Pangh 2003).

Für offenen Unterricht dürften Tests, die über die fachlichen Leistungen hinaus überfachliche Leistungen erfassen, besonders interessant sein. So stehen etwa für Arbeitsverhalten bzw. Lern- und Arbeitsverhalten verschiedene Tests zur Verfügung, z. B.:

Beispiel Lern- und Arbeitsverhalten

- Lern- und Arbeitsverhaltensinventar (LAVI) von Keller/Thiel (1998)

zentrale Vergleichsarbeiten

Auch zentrale Vergleichsarbeiten können diagnostisch genutzt werden. Begriffe und Konzeption sind dabei mit dem eigenen Unterricht in Einklang zu bringen. Mittlerweile werden in allen Bundesländern Vergleichsarbeiten konzipiert oder bereits zur Verfügung gestellt. Damit entsteht die Möglichkeit, die Leistungen der Schülerinnen und Schüler auch außerhalb des Klassenzimmers vergleichbar zu machen, etwa indem eine Klasse oder eine Schule mit dem Durchschnitt des Bundeslandes oder mit einer Schule mit vergleichbaren Ausgangsbedingungen (z. B. Einzugsgebiet) verglichen wird. Elaboriert ist beispielsweise die Konzeption VERA der Universität Landau (http://www.uni-landau.de/vera/). Besonders beachtenswert ist dabei nicht nur die Frage der Datenerhebung und Testkonzeption, sondern auch die Frage, wie mit den Ergebnissen umgegangen werden kann. Eine Übersicht über den derzeitigen Stand der Diskussionen verdeutlicht länderspezifische Ausprägungen bei gleichzeitig tendenziell einheitlicher Entwicklung in Richtung verstärkter externer Evaluation mit unterschiedlichen Verfahren (Bohl/Kiper 2009; Bestandsaufnahme in den Bundesländern vgl. Hovestadt 2009).

Beobachtung

Die pädagogische Diagnostik (z. B. Ingenkamp/Lissmann 2005; Kleber 1992) unterscheidet

- zwischen unsystematischer und systematischer Beobachtung.
- zwischen nicht teilnehmender und teilnehmender Beobachtung.
- zwischen Ereignisstichproben (z. B. einmalige Beobachtung wegen eines Streits) oder Zeitstichproben (z. B. regelmäßige Beobachtung des selbstständigen Arbeitens), und
- nach Art der Dokumentation (z. B. Punkte, Skalen, verbale Beschreibung).

Gerade im offenen Unterricht, wenn die Schülerinnen und Schüler selbstständig arbeiten, bietet sich eine (Verhaltens-)Beobachtung an. In diesen Phasen sind Lehrende eher entlastet und können Zeit und Ruhe zur Beobachtung aufbringen (zu Problemen der Beobachtung im offenen Unterricht vgl. Bohl 2009b). Lehrerinnen und Lehrer beobachten alltäglich im Unterricht – das ist hier jedoch nicht gemeint. Selbstverständlich ist es nicht nur sinnvoll, sondern geradezu grundlegend, permanent das Geschehen im Unterricht zu beobachten. Eine derartige unsystematische Beobachtung kann durchaus zu interessanten Erkenntnissen führen. Aus diagnostischer Sicht kann – je nach Erkenntnisinteresse – eine systematische Beobachtung jedoch wesentlich ergiebiger sein, weil sie eher Vergleichbarkeit gewährleistet, die Beobachtung fokussiert und das Verfahren transparent und kriterienbezogen ist. Eine systematische Beobachtung bietet damit eher die Möglichkeit, zu objektiven, validen und reliablen Erkenntnissen zu gelangen, und zwingt zudem zu einer differenzierten Betrachtung. **systematische Beobachtung**

Die systematische Beobachtung von Unterricht erfolgt anhand bestimmter Kriterien (Bohl 2009b, S. 92 ff.), z. B. Verwendung eines Beobachtungsbogens, Kriterienorientierung, Zeiteinteilung mit wiederholender Beobachtung. Im Kern ist die Art und Weise, wie die Beobachtungskriterien formuliert sind, vorentscheidend für eine praktikable Beobachtung und für generierbare Erkenntnisse. Wichtig ist hier der Begriff der Inferenz. Damit ist das Verfahren des Schlussfolgerns gemeint: **Inferenz**

- Hochinferente Beschreibungen und Urteile eröffnen viel Interpretationsspielraum. Wenn ein Lehrer einen Schüler beispielsweise in einer verbalen Beurteilung attestiert, er sei »teamfähig«, dann ist damit noch nicht klar, über welche Kompetenzen der Schüler im Detail verfügt und woran Teamfähigkeit gemessen wurde. Als zusammenfassende Bezeichnung (z. B. im Zeugnis) wird eine derartig abstrakte Formulierung häufig verwendet und dann auch als aussagekräftig verstanden. Diagnostisch betrachtet ist ein hochinferentes Urteil normativ aufgeladen und klärungsbedürftig.

- Niedriginferente Beschreibungen und Urteile sind im optimalen Fall eindeutig und überschneidungsfrei. Indikatoren, die niedriginferent formuliert sind, können unmittelbar und leicht beobachtet werden. Beispielsweise könnte ein Aspekt von Teamfähigkeit, der sich niedriginferent formulieren lässt, lauten »Der Schüler unterbricht nicht« – das lässt sich sehr gut und eindeutig beobachten, was den Beobachtungsprozess entlastet.

Begriffe operationalisieren

Die Kunst bei der Formulierung von Kriterien besteht nun darin, zentrale Begriffe und Kompetenzen, die beobachtet werden sollen (z. B. Teamfähigkeit), über mehrere niedriginferent formulierte Merkmale zu operationalisieren (z. B. »Der Schüler unterbricht nicht«, »Der Schüler geht auf Aussagen anderer ein«), die wiederum den Begriff Teamfähigkeit nahezu vollständig abdecken.

Verhaltens- statt Eigenschafts- Ratings

Tendenziell geht es darum, im Rahmen einer förderdiagnostisch verstandenen Beobachtung im offenen Unterricht eher niedriginferente und didaktisch zugängliche (d. h. potenziell über didaktische Arrangements erlernbare) Beobachtungskriterien zu verwenden: »In pädagogischen Handlungsfeldern sollten keine Eigenschafts-, sondern ausschließlich Situations-Verhaltens-Ratings vorgenommen werden« (Kleber 1992, S. 247). Die am Ende des Schuljahres im Zeugnis zusammengefassten Bewertungen (z. B. »Peter ist teamfähig.«) können dann das Ergebnis von zuvor erfassten systematischen Beobachtungen auf niedriginferentem Niveau sein. Dann kann deutlich gemacht werden, über welche Kriterien, Indikatoren und Situationen die Lehrperson zu der zusammenfassenden und hochinferenten Einschätzung kam.

Auf diesen grundlegenden und gleichwohl an dieser Stelle nur skizzenhaft beschriebenen Voraussetzungen können dann Beobachtungsbögen zu verschiedenen Kompetenzen und Zielsetzungen, die im offenen Unterricht relevant sind, entwickelt bzw. bereits vorhandene angepasst werden. Z. B. selbstständiges Lernen, Problemlösefähigkeit.

Didaktische und aufgabenbezogene Möglichkeiten der Diagnostik

Um zu erkunden, wo genau Stärken und Schwächen eines Lernenden liegen, ist es hilfreich, den Denkprozess bei der Lösung einer Aufgabe zugänglich zu machen. Wenn Lernende schriftlich argumentieren und begründen, wie sie vorgegangen sind, dann wird ersichtlich, wo die Probleme im Detail liegen. Damit befinden wir uns bei Mikroprozessen des Lernens. Dies sei an ausgewählten didaktischen Ansätzen verdeutlicht.

schriftliche Begründung offenbart Probleme

Der didaktische Ansatz des dialogischen Lernens der Schweizer Urs Ruf und Peter Gallin (z. B. Ruf/Keller/Winter 2009) eignet sich hervorragend dazu, Lern- und Denkprozesse von Schülerinnen und Schülern zugänglich zu machen. Dies lässt sich am Beispiel der Lösung einer Mathematikaufgabe von Astrid (Klasse 7) verdeutlichen (vgl. Abb. 20).

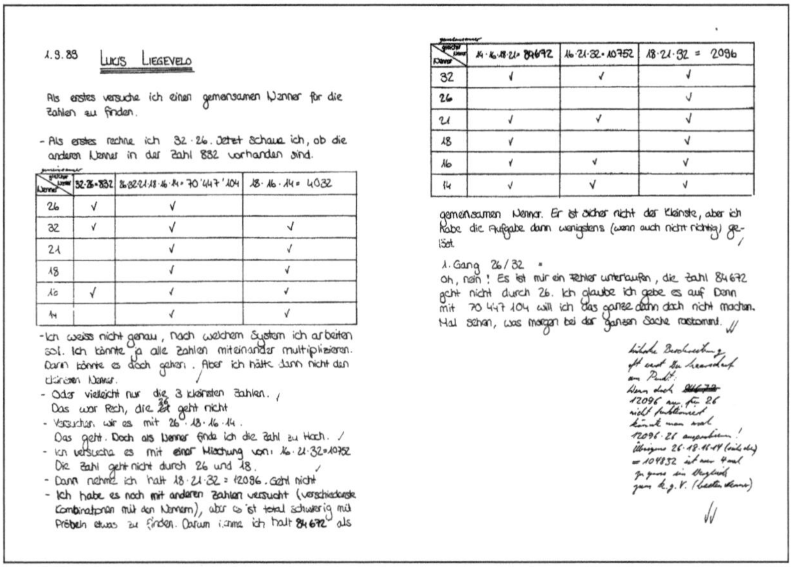
1.9.89 Lucis Liegevelo

Als erstes versuche ich einen gemeinsamen Nenner für die Zahlen zu finden.

- Als erstes rechne ich 32 · 26. Jetzt schaue ich, ob die anderen Nenner in der Zahl 832 vorhanden sind.

Nenner / gleicher Nenner	32 · 26 = 832	26 · 32 · 21 · 18 · 16 · 14 = 70'447'104	18 · 16 · 14 = 4032
26	✓	✓	
32	✓	✓	✓
21		✓	✓
18		✓	✓
16	✓	✓	✓
14		✓	✓

- Ich weiss nicht genau, nach welchem System ich arbeiten sol. Ich könnte ja alle Zahlen miteinander multiplizieren. Dann könnte es doch gehen. Aber ich hätte dann nicht den kleinsten Nenner.
- Oder vielleicht nur die 3 kleinsten Zahlen.
  Das war Pech, die 26 geht nicht
- Versuchen wir es mit 26 · 18 · 16 · 14.
  Das geht. Doch als Nenner finde ich die Zahl zu Hoch.
- Ich versuche es mit einer Mischung von: 16 · 21 · 32 = 10752
  Die Zahl geht nicht durch 26 und 18.
- Dann nehme ich halt 18 · 21 · 32 = 12096. Geht nicht
- Ich habe es noch mit anderen Zahlen versucht (verschiedenste Combinationen mit den Nennern), aber es ist total schwierig mit Pröbeln etwas zu finden. Darum nehme ich halt 84 672 als

Nenner / gemeinsamer Nenner	14 · 16 · 18 · 21 = 84672	16 · 21 · 32 = 10752	18 · 21 · 32 = 2096
32	✓	✓	✓
26			✓
21	✓	✓	✓
18	✓		✓
16	✓	✓	✓
14	✓	✓	✓

gemeinsamen Nenner. Er ist sicher nicht der Kleinste, aber ich habe die Aufgabe dann wenigstens (wenn auch nicht richtig) gelöst.

1. Gang 26 / 32
Oh, nein! Es ist mir ein Fehler unterlaufen, die Zahl 84672 geht nicht durch 26. Ich glaube ich gebe es auf. Denn mit 70 447 104 will ich das ganze dann doch nicht machen. Mal sehen, was morgen bei der ganzen Sache rauskommt.

Abb. 20: Lösungsbeschreibung der Schülerin Astrid, 7. Schuljahr (vgl. Ruf/Gallin 1998, S. 73)

Die Autoren analysieren die Lösungsbeschreibung von Astrid wie folgt: »Astrid … hat den Witz der Sache erfasst. Inspiriert von der Kernidee macht sie sich unverdrossen auf die Suche nach einem gemeinsamen Nenner; kommt aber nicht ans Ziel« (Ruf/Gallin 1998, S. 73). Über die Verschriftlichung wird sehr gut deutlich, an welchen Stellen im Lernprozess die Schülerin kein Problem hat und an welcher Stelle der Lösungsprozess nicht weiterkommt. Somit wird der Prozess auch für Mitschülerinnen und Mitschüler zugänglich und kann didaktisch weiter genutzt werden. Der didaktische Ansatz des dialogischen Lernens offenbart damit ein diagnostisches Potenzial, das kaum hoch genug eingeschätzt werden kann.

hohes diagnostisches Potenzial des dialogischen Lernens

Ein weiteres Beispiel aus der Mathematikdidaktik sei hier vorgestellt und diskutiert. In diesem Beispiel wird sehr schön deutlich, wie eine nor-

Wie kann eine Mathematikaufgabe diagnostisch genutzt werden?

male Mathematikaufgabe diagnostisch genutzt und weiterentwickelt werden kann (vgl. im Folgenden Sjuts 2007).

Der Lehrer stellt den Schülerinnen und Schülern folgende Aufgabe:

Ein Händler kauft eine Ware für 6 Euro, verkauft sie dann für 7 Euro, kauft sie danach für 8 Euro zurück und verkauft sie daraufhin für 9 Euro. Wie groß ist sein Gewinn?

Wie kann diese Aufgabe diagnostisch genutzt werden? Zunächst könnte im Sinne einer effektiven Kontrolle und Auswertung daraus eine Multiple-Choice-Aufgabe gemacht werden: »Kreuze an: ☐ 0 Euro, ☐ 1 Euro, ☐ 2 Euro, ☐ 3 Euro«. Sieht man von zufällig korrekten Antworten ab, können hier bereits Fehlleistungen diagnostiziert werden, indem Lösungen angeboten werden, die aus zu erwartenden häufigen Denk- oder Rechenfehlern resultieren. Um das diagnostische Potenzial der Aufgabe zu nutzen, müssen die Schülerinnen und Schüler ihren Lösungsweg schriftlich begründen – das Vorgehen ist also vergleichbar mit dem Ansatz von Ruf/Gallin. Johann Sjuts geht nun in vier Schritten vor:

1. Schritt

1. Schritt: Die falschen Ergebnisse werden genauer analysiert und es wird herausgearbeitet, welcher Fehler zugrunde liegt (vgl. die Lösungen 1 und 2 in Abb. 21 und Abb. 22).

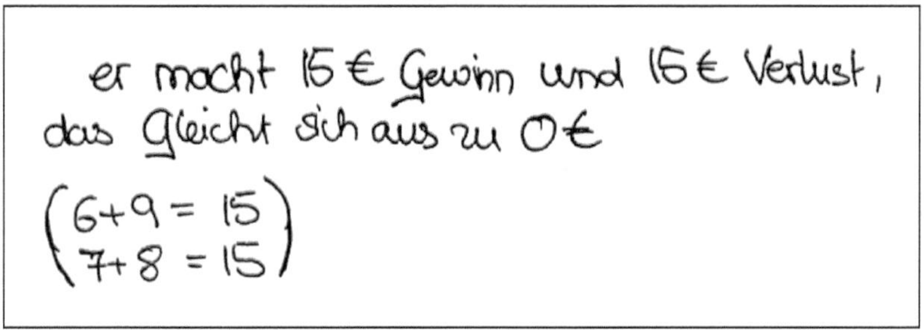

> er macht 15 € Gewinn und 15 € Verlust,
> das gleicht sich aus zu 0 €
> (6+9 = 15)
> (7+8 = 15)

Abb. 21: Lösung 1 mit falschem Ergebnis

Bei Lösung 1 werden »äußere« und »innere« Zahlen addiert. Die Begriffe »Verkauf« und »Kauf« werden nicht genau erfasst. Deutlich wird hier, dass das Auflisten der beiden Additionen ohne längere Beschreibung diagnostisch hilfreich ist, um den Fehler zu erkennen.

Bei dieser zweiten Lösung werden die insgesamt vier Vorgänge des Kaufens und Verkaufens auf drei reduziert (»1 Euro mehr, 1 Euro weniger, 1 Euro mehr«; vgl. Sjuts 2007, S. 36).

> 1€, weil er nach dem 1. Verkauf hat er 1€ Gewinn, ~~beim~~ nach dem 2. Kauf hat er 0€ und bekommt dann beim 1€ mehr, als der Preis, für den er es beim 2. Mal verkauft hat.

Abb. 22: Lösung 2 mit falschem Ergebnis

Bereits bei der Analyse dieser zwei Lösungen mit falschem Ergebnis werden die unterschiedlichen Problemlagen deutlich. Während im ersten Beispiel das Grundverständnis in weiten Teilen fehlt, ist im zweiten Beispiel der Ablauf schon genauer beschrieben, wenn auch lückenhaft. Hier müsste vor allem verdeutlicht werden, dass ein Vorgang unberücksichtigt bleibt.

2. Schritt: Die richtigen Lösungen werden genauer analysiert und es wird herausgearbeitet, welcher Lösungsweg beschrieben wurde (vgl. Lösung 3 und 4 in Abb. 23 und Abb. 24).

2. Schritt

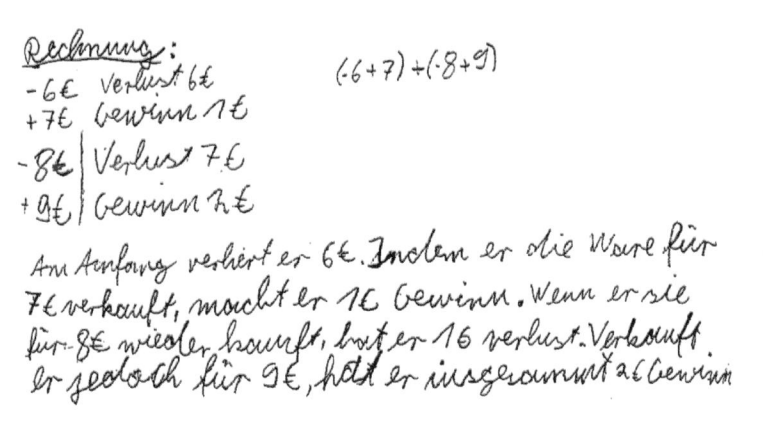

Abb. 23: Lösung 3 mit richtigem Ergebnis

Bei dieser Darstellung fällt auf, dass der Schüler sowohl Text als auch Tabelle und Terme beherrscht. Er kann zwischen diesen Darstellungsformen wechseln. Der Ausgangspunkt seiner Überlegungen war höchstwahrscheinlich die tabellarische Form, die er sehr strukturiert darstellt.

Im zweiten Beispiel ist das Ergebnis identisch, aber die Darstellungsform auf einen Term begrenzt:

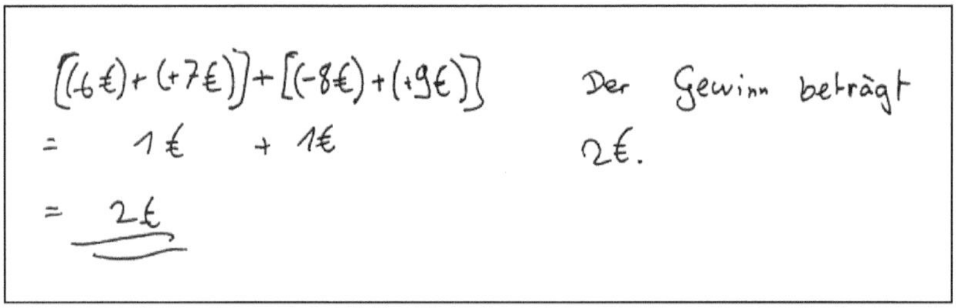

$$[(-6€)+(+7€)]+[(-8€)+(+9€)]$$
$$= 1€ + 1€$$
$$= 2€$$

Der Gewinn beträgt 2€.

Abb. 24: Lösung 4 mit richtigem Ergebnis

3. Schritt 3. Schritt: Vergleichen der vorgegebenen Kompetenzen bzw. Bildungsstandards mit den Schülerlösungen.

In diesem 3. Schritt erfolgt ein Rückbezug zu den angestrebten Kompetenzen, indem »das diagnostisch Bedeutsame« einer Aufgabe herausgearbeitet wird (Sjuts 2007, S. 44). Dies führt zu einer Matrix »Kompetenzen – Schülerlösungen« (Abb. 25, entnommen aus Sjuts 2007, S. 43, und präzisiert auf die vier genannten Beispiele.):

Merkmale/ Lösungen	Begriffsverständnis Gewinn/ Verlust	Übersetzung von Kaufen und Verkaufen	Formalisierung von Wissen	Sprachgebrauch	Nutzung von Multimodalität	Prädikativis oder Funktionales Denken	Metakognition
1	nicht erkennbar	falsch	falsch	wenig entwickelt	geringfügig	nicht erkennbar	nicht erkennbar
2	vage	falsch	nicht vorhanden	fehlerhaft	nicht	eher prädikativ	nicht erkennbar
3	richtig	richtig	richtig	entwickelt	ausgeprägt vorhanden	funktional	erkennbar
4	richtig	richtig	richtig	korrekt, knapp	nicht	eher prädikativ	erkennbar

Abb. 25: Zusammenführung von Schülerlösungen mit angestrebten Kompetenzen

4. Schritt 4. Schritt: Nun werden erneut Aufgaben formuliert, und zwar passend zu den in Abb. 25 genannten Merkmalen und gespeist aus den Anregungen der bereits vorliegenden Schülerlösungen. Nun kann gezielt (z.B. Planarbeit) eine Passung von Lernvoraussetzungen und Angebot vorgenommen werden.

Das Vorgehen von Sjuts verdeutlicht grundlegende Merkmale eines didaktisch und förderdiagnostisch ausgerichteten Umgangs mit schulischen Aufgaben (vgl. Abb. 26). Wir sehen in dem von Sjuts vorgeschlagenen Vorgehen Potenziale für alle Schulfächer. Grundlegend ist jedoch, dass Denkprozesse zugänglich und das heißt in der Regel verschriftlicht werden. Dann werden unterschiedliche Lösungen sichtbar und können förderdiagnostisch genutzt werden. Die Zusammenführung mit Kompetenzen in einer Matrix verbindet die Lösungen mit einer sachlichen Bezugsnorm und strukturiert sie nach fachlichen Gesichtspunkten.

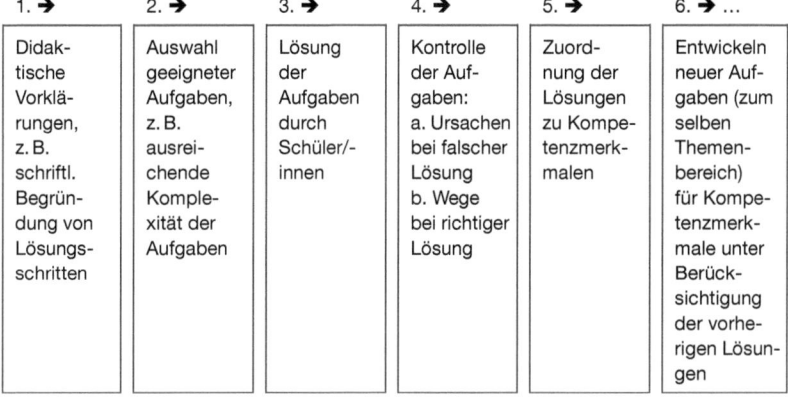

Abb. 26: Förderdiagnostische Nutzung von Aufgaben (allgemeindidaktische Perspektive)

Klassenführung

Die hohe Bedeutung der Klassenführung für jeglichen Unterricht ist empirisch belegt. Erfolgreiche Klassenführung erhöht die aktive Lernzeit und trägt damit entscheidend zum erfolgreichen Lernen bei. Daher ist der Begriff »Klassenführung« auch für offenen Unterricht von entscheidender Bedeutung. Die Tatsache, dass Klassenführung im offenen Unterricht eine andere Charakteristik besitzt als im lehrerzentrierten Unterricht, wird im Folgenden begründet und diskutiert. Allein aus dieser Perspektive heraus wird deutlich, dass Klassenführung im offenen Unterricht konzeptionell nicht ausschließlich auf die einzelne Lehrerin oder den einzelnen Lehrer zurückgeführt werden sollte, sondern im Rahmen einer Teamabsprache oder einer Schulkonzeption gemeinsam gestärkt werden kann, insbesondere über die gemeinsame Klärung von Regeln, Ritualen und räumlich-zeitlichen Strukturen sowie über eine abgestimmte Vorgehensweise beim Umgang mit Störungen. Dies alles kann im offenen Unterricht nicht von Stunde zu Stunde und individuell von einzelnen Lehrkräften unterschiedlich geregelt werden, sondern bedarf einer gemeinsamen Klärung.

Klassenführung ist auch für offenen Unterricht zentral

Der Begriff der Klassenführung selbst sei hier nur kurz skizziert (ausführlicher z. B. in Bohl 2010). Wesentliche Forschungsarbeiten leisteten der amerikanische Forscher Kounin bereits in den 1970er-Jahren und seine Kollegin Evertson (z. B. Evertson/Emmer/Worsham 2007). Im deutschsprachigen Raum gibt es unterschiedliche Konzeptionen und Merkmale (vgl. Abb. 27).

Kounin 2006	Evertson et al. 2002	Mayr 2007	Apel 2002
• Allgegenwärtigkeit und Überlappung • Reibungslosigkeit und Schwung • Gruppenmobilisierung und Rechenschaftspflicht • Valenz (Aufforderungscharakter) und intellektuelle Herausforderung • Abwechslung und Herausforderung bei der Stillarbeit	• Klassenraum vorbereiten • Regeln und Verfahrensweisen planen • Konsequenzen festlegen • sofortige und konsistente Unterbindung von unangemessenem Verhalten • Regeln und Prozeduren unterrichten • zu Beginn Aktivitäten zum Zusammengehörigkeitsgefühl entwickeln • Strategien für evtl. Probleme rechtzeitig planen • Überwachen des Schülerverhaltens • Vorbereiten des Unterrichts • Verantwortlichkeit des Schülers • Unterrichtliche Klarheit	• Unterrichtsgestaltung • Beziehungsförderung • Verhaltenskontrolle	• regulativ-disziplinierende Klassenführung • beziehungsorientierte-interaktive Klassenführung • kognitive und methodische Klassenführung als didaktische Klassenführung.

Abb. 27: Konzeptionen und Merkmale von Klassenführung nach verschiedenen Autoren

Der Begriff Klassenführung kann in einem engen, auf den Umgang mit Störungen eingegrenzten Sinne und in einem weiten, didaktische Maßnahmen einschließenden Sinne verstanden und konzipiert werden.

Der Zusammenhang zwischen Klassenführung und Schülerleistungen ist gut erforscht: »Die internationale Forschung zeigt, dass kein anderes Merkmal so eindeutig und konsistent mit dem Leistungsniveau und dem Leistungsfortschritt von Schulklassen verknüpft ist wie die Klassenführung« (Helmke 2003, S. 78). Nach Kunter et al. (2006) ist Klassenführung neben kognitivem Potenzial der Aufgabe und konstruktiver Unterstützung der zentrale Prädiktor mathematischer Kompetenz.

Angesichts dieser Befunde ist es für jeden Unterricht bedeutsam, die Klassenführung zu reflektieren und gegebenenfalls weiterzuentwickeln. Im Kontext des offenen Unterrichts wurde Klassenführung allerdings kaum thematisiert. Eine Ausnahme bildet der Artikel von Jürgens

Klassenführung als Prädiktor mathematischer Kompetenz

(2000b). Die Zurückhaltung könnte auf mehrere Gründe zurückzuführen sein:

- In der deutschen Diskussion wurde der Begriff »Klassenführung« lange gemieden, vermutlich aufgrund der negativ besetzten begrifflichen Konnotation mit »Führung«, was mit Gehorsam, Unterordnung oder Autorität assoziiert wurde.
- Gerade in konstruktivistischen und offenen didaktischen Ansätzen, in denen Unterricht auf der Grundlage von Eigeninitiative und von Konstruktionsprozessen der Lernenden definiert wird, besteht eine Skepsis gegenüber einer zu starken Lehrerperson als »Führer« oder »Manager« (vgl. v. Ackeren/Kühn 2010). Die Lehrerrolle wird vielmehr sehr zurückhaltend als Berater, Begleiter oder Moderator verstanden.
- Der Begriff »Klassenführung« wird vermutlich häufig, im Gegensatz zu einschlägigen Veröffentlichungen (z. B. Apel 2002; Evertson/Emmer/Worsham 2002), als eng auf Disziplinierung ausgerichtet verstanden. Nahezu sämtliche Autorinnen und Autoren, die sich damit systematisch befassen, sehen den Begriff sehr viel weiter, bis dahin, dass er auf die Gestaltung von erfolgreichem Unterricht generell (z. B. Helmke 2007; Evertson et al. 2007) ausgeweitet wird.

Gründe für Vernachlässigung der Klassenführung

Zusammenfassend muss konstatiert werden, dass die immense Bedeutung der Klassenführung für offenen Unterricht bisher kaum systematisch reflektiert wurde (vgl. zu diesem Themenbereich Bohl et al. 2010). Vermutlich bleibt daher eine Unsicherheit, wie mit Disziplinproblemen im offenen Unterricht umgegangen werden kann. Diese Unsicherheit liegt unter anderem in der Theorie des offenen Unterrichts begründet, in der einerseits die angesprochene veränderte Lehrerrolle und ein auf Vertrauen basierendes Menschenbild thematisiert, andererseits Disziplinprobleme kaum angesprochen werden, wodurch Letztere sozusagen mit dem Einstieg in die Öffnung zu verschwinden scheinen.

Die empirische Unterrichtsforschung macht jedoch deutlich, weshalb Klassenführung so bedeutsam ist. Weinert hat dies prägnant formuliert:

veränderte Lehrerrolle und Disziplinprobleme

»(...) die Schüler einer Klasse zu motivieren, sich möglichst lange und intensiv auf die erforderlichen Lernaktivitäten zu konzentrieren, als Voraussetzung dafür – den Unterricht möglichst störungsarm zu gestalten oder auftretende Störungen schnell und undramatisch beenden zu können. Die wichtigste Voraussetzung für wirkungsvolles und erfolgreiches Lernen ist das Ausmaß der aktiven Lernzeit, das heißt der Zeit, in der sich die einzelnen Schüler mit den zu lernenden Inhalten aktiv, engagiert und konstruktiv auseinander setzen. Je mehr Unterrichtszeit *für die Reduktion störender Aktivitäten verbraucht bzw. verschwendet wird, desto weniger aktive Lernzeit steht zur Verfügung. (...) Der Klassenführung kommt deshalb eine Schlüsselfunktion im Unterricht zu. Die Unterschiede zwischen verschiedenen Lehrern sind gerade bei dieser Kompetenz sehr groß«* (Weinert 1996, S. 24).

Umgang mit offensichtlichen und mit verdeckten Störungen

Eine effiziente Klassenführung verringert Störungen und erhöht die aktive Lernzeit, dies wiederum ist eine zentrale Voraussetzung für erfolgreiches Lernen. Für offenen Unterricht ist Klassenführung zunächst bei offensichtlichen Störungen relevant (z. B. Streit von zwei Schülerinnen, Herumtoben, zu hohe Lautstärke insgesamt). Das größere Problem dürften Störungen sein, die nicht offensichtlich sind, die jedoch die aktive Lernzeit verringern. Angesichts der Ausdifferenzierung der Lernsituation (z. B. verschiedene Orte, unterschiedliche Tätigkeiten, unterschiedliche Kooperationsformen, unterschiedliche Aufgabenbearbeitung) ist die Einschätzung einer Störungssituation schwieriger als etwa beim fragend-entwickelnden Unterrichtsgespräch oder in einer lehrerzentrierten Unterrichtsphase. Diese Einschätzung wird von den Befunden qualitativer Studien bestärkt. Lähnemann (2009) konnte nachweisen, dass Schülerinnen und Schüler Freiarbeit unter anderem deshalb schätzen, weil hier Arbeiten und Reden vereinbar sind (»Also, ich konnte arbeiten und quatschen gleichzeitig.«). Als für Jugendliche zentrale Möglichkeit der Peer-Kommunikation ist dies verständlich. Huf/Breidenstein (2009) beobachteten die Entwicklung einer »Eigenlogik« bei der Bewältigung der Wochenplanarbeit: Schülerinnen und Schüler suchten und fanden Wege, das Pensum der Planarbeit zu erfüllen, ohne sich fachlich intensiv mit den Aufgaben auseinanderzusetzen (vgl. auch Kap. 4). Mit dem Verweis auf diese beiden Studien sei angedeutet, dass die aktive Lernzeit im offenen Unterricht keinesfalls automatisch einsetzt. Ob die aktive Lernzeit im lehrerzentrierten Unterricht höher ist, sei hier nicht weiter thematisiert, bekanntermaßen gibt es auch hier genügend Ausweichmöglichkeiten. Und ob »quatschen« als sinnvoll oder als Störung verstanden oder toleriert wird, sei ebenfalls dahingestellt. Festzuhalten ist jedoch, dass damit vermutlich die aktive Lernzeit verringert wird – eine ungünstige Voraussetzung für erfolgreiches Lernen.

Zusammenhang von Klassenführung und offenem Unterricht

Der Zusammenhang von Klassenführung und offenem Unterricht muss aufgrund grundlegender struktureller und theoriebezogener Unterschiede genauer betrachtet werden:

- Während in einer Plenumsphase der Lehrer den Überblick bewahrt, die Fäden in der Hand hält und gegebenenfalls sofort ermahnt und einschreitet – notfalls auch laut und für alle ersichtlich –, kann diese Praxis nicht auf offenen Unterricht übertragen werden. Hier ist es in der Regel nicht erwünscht, dass ein Schüler oder der Lehrer zu laut spricht oder sich an alle wendet. Dies bedeutet, dass das aus lehrerzentrierten Phasen bekannte und berufsbiografisch stabilisierte individuelle Klassenführungsinstrumentarium (z. B. Raumregie, verbales oder nonverbales Ermahnen, Körpersprache) im offenen Unterricht nicht greift und gleichzeitig – angesichts der hohen Bedeutung von Klassenführung für die aktive Lernzeit – in geeigneter Weise ersetzt werden sollte.

- In konsequenten Ansätzen des offenen Unterrichts (z. B. Peschel 2005b) wird ein Teil der Klassenführung an die Schülerinnen und Schüler abgegeben (z. B. Ermahnen, wenn es zu laut ist, Schlichten von Konflikten, Klärung von Problemen im Klassenrat). Daher ist die Grauzone der Frage »Wann soll ich eingreifen?« nochmals ausgeweitet.
- Angesichts bildungstheoretischer Zielsetzungen des offenen Unterrichts kann es nicht darum gehen, Disziplinierung auf Kosten von Selbstständigkeit durchzusetzen. Die Schraube der Effektivierung über Klassenführung kann nicht derart eng gezogen werden wie im sonstigen Unterricht. Offener Unterricht lebt gerade vom Vertrauen in die selbstständige Arbeit der Schülerinnen und Schüler. So kann es mit Blick auf Kounins weithin anerkannte Allgegenwärtigkeit nicht »um das Knüpfen eines engmaschigen Kontrollnetzes, sondern um ein gutes Informiertsein des Lehrers …« (Jürgens 2000b, S. 53) gehen.
- Obschon dies leicht in eine Überforderung münden kann, beansprucht offener Unterricht einen dezidierten Blick auf die Einzigartigkeit der Kinder und Jugendlichen. Dazu zählen auch Kenntnisse der Stärken und Schwächen und gegebenenfalls persönlicher Schwierigkeiten. Grundlegende Lern-, Lebens- oder Erziehungsprobleme, die kontinuierliches Arbeiten im offenen Unterricht verhindern, sollten daher erkannt und professionell bearbeitet werden. Insofern ist jegliche Klassenführung immer im Kontext umfassender Ansprüche und Konzepte des offenen Unterrichts und des Verhältnisses Lehrer–Schüler zu sehen.

Auf der Grundlage dieser Vorklärungen seien nun fünf (nicht überschneidungsfreie) Möglichkeiten der Klassenführung im offenen Unterricht diskutiert.

Möglichkeiten der Klassenführung im offenen Unterricht

Kounins Merkmale der Klassenführung, auf offenen Unterricht übertragen

Die Merkmale von Kounin gelten weiterhin als zentral für eine erfolgreiche Klassenführung, sie können durchweg auf offenen Unterricht übertragen werden.

1. Allgegenwärtigkeit und Überlappung:	• eine Gruppe beraten, eine andere unruhige Gruppe beobachten • Überblick über Tätigkeiten der Lerngruppe bewahren • mit manchen Schülerinnen und Schülern Zwischenkontrollen vereinbaren • Allgegenwärtigkeit: punktuelle oder systematische Beobachtung • frühzeitiges Eingreifen bei Störungen
2. Reibungslosigkeit und Schwung	• Übergänge gestalten, z. B. Materialauswahl erleichtern, verständliche Anleitungen formulieren
3. Gruppen-mobilisierung und Rechenschaftspflicht	• Fokus auf die gesamte Lerngruppe bewahren, aber ruhig und eher individuell agieren
4. Valenz (Aufforderungscharakter) und intellektuelle Herausforderung	• Begeisterung und Arbeitsbereitschaft wecken und mit intellektueller Herausforderung verbinden, z. B. variables und anspruchsvolles Lernmaterial und strukturierte, herausfordernde Lernumgebung
5. Abwechslung und Herausforderung bei der Stillarbeit	

Abb. 28: Merkmale der Klassenführung (Kounin 2006)

Präventive Maßnahmen in den Vordergrund stellen

Die internationale Forschung verweist auf die hohe Bedeutung von präventiven Maßnahmen auf Störungen gegenüber reaktiven Maßnahmen (z. B. Brophy/Good 1986). Zu den präventiven Maßnahmen zählen (Müller/Felbrich/Blömeke 2008, S. 258 ff.)

Festlegung von Regeln

- insbesondere die Festlegung von (möglichst gemeinsam) erarbeiteten Verhaltensregeln (z. B. Ruhe, Raumnutzung) und Arbeitsregeln (z. B. selbstständige Korrekturen, Tischordnung, Aufsuchen von Beratung, Umgang mit Materialien) sowie – und das ist entscheidend – die akribische Überwachung in den ersten Wochen, bis daraus eine Routine entsteht;

Routinierte Abläufe

- die Routinisierung von Abläufen im Unterricht, etwa die Übergänge zwischen Plenumsphase und Gruppenarbeitsbeginn sowie zwischen anderen Phasen der Gruppenarbeit oder die Auswahl von Materialien und die Durchführung von Aufgaben bis zum Abschluss.

Obschon präventive Maßnahmen für jeden Unterricht wichtig sind, erlangen sie im Kontext offener Unterrichtsformen eine besondere Bedeutung. Hier sind reaktive Maßnahmen zwar ebenfalls wichtig, sie können jedoch nicht in der aus dem »normalen« Unterricht bekannten Weise eingebracht werden. Je klarer, verständlicher und verbindlicher daher vorab formulierte Regeln sind, desto eher können Störungen vermieden werden.

Organisatorische und inhaltliche Strukturiertheit über Aufgaben, Materialien und Lernumgebung

Die Lernumgebung im weitesten Sinne strukturiert das Geschehen im offenen Unterricht in weitaus höherem Maße als im lehrerzentrierten Unterricht, in welchem eher verbal gesteuert wird:

Lernumgebung und Aufgaben strukturieren das Lernen

- Eine klare räumliche Lernumgebung strukturiert das Lernen z. B. über Regale und Medien (vgl. Teilkapitel *Lernumgebung*).
- Aufgabentext und Aufgabenkontext können motivierend wirken und das Ausbrechen aus dem Lernprozess vermeiden, z. B. über Lernhilfen (vgl. die beiden Teilkapitel *Lernhilfen* und *Aufgabenkultur*).
- Beratungsstrukturen (z. B. Tutorien, Zuständigkeiten für bestimmte Aufgaben) und Hilfsmittel (z. B. Lösungen, Nachschlagewerke) unterstützen Lernprozesse und entlasten den Lehrer (vgl. das Teilkapitel *Lernberatung*).

Individuelles Beraten

Individuelle Zuwendung und Beratung können im offenen Unterricht eher realisiert werden (vgl. das Teilkapitel *Lernberatung*); dadurch können leistungsschwächere oder verhaltensauffällige Schülerinnen und Schüler zu bestimmten Zeiten in besonderer Weise unterstützt werden, z. B. über individuelle Förderpläne.

Klassenführung im offenen Unterricht als Teil der Schulentwicklung

Offener Unterricht kann seine Wirkung kaum entfalten, wenn er nur von einzelnen Lehrkräften realisiert wird. Kooperationen und Absprachen (z. B. Didaktik, Materialien, Lernumgebung, Ziele) sind dann kaum möglich, und Schülerinnen und Schüler erkennen offenen Unterricht nicht als verbindlichen Teil der Schulkonzeption an; der Stellenwert und die Akzeptanz werden dementsprechend vermindert. Ebenso ist es mit der Routinisierung von Regeln, Ritualen und Verhaltensweisen. Diese werden von den Lernenden eher akzeptiert, wenn sie von mehreren Lehrkräften einheitlich eingefordert werden. Insofern kann Klassenfüh-

Einheitliche Vorgehensweise

rung im offenen Unterricht ihre Wirkung eher entfalten, wenn Absprachen im Kollegium getroffen werden.

Lernumgebung und Lernmaterialien

Lernumgebung

Da in diesem Zusammenhang insbesondere durch die Lernpsychologie immer wieder der Begriff der Lernumgebung verwendet wird, soll darauf näher eingegangen werden.

Lernumgebung aus pädagogischer Sicht

Im pädagogischen Zusammenhang wird der Begriff der Lernumgebung im Rückgriff auf reformpädagogische Ansätze als eine räumliche Beschreibung des Lernorts verwendet. Insbesondere bei Maria Montessori finden sich Ausführungen zur Gestaltung einer »vorbereiteten Umgebung« als wesentlicher Bestandteil ihrer Pädagogik (Montessori 1930). Auch andere Pädagogen wie Freinet (1979) oder Rudolf Steiner (1961) machten sich Gedanken zur Gestaltung der Lernumgebung, also des Klassenraums, des Schulhauses und gegebenenfalls des Ortes um die Schule herum bzw. außerhalb der Schule. In der Reggio-Pädagogik wird dem »Raum als drittem Erzieher« ein wesentlicher Stellenwert beigemessen (Dreier 1999). Hartmut von Hentig entwarf die Bielefelder Laborschule als Lebens- und Erfahrungsraum (Hentig 1973). Das Gutachten der NRW-Bildungskommission »Schule der Zukunft« griff diesen Begriff auf und formulierte die Schule als Lebens- und Lernort (Bildungskommission NRW 1995). Hier geht die Bestimmung der Lernumgebung schon etwas über das rein Räumliche hinaus.

Lernumgebung aus pädagogisch-psychologischer Sicht

In der pädagogisch-psychologischen Literatur der letzten Jahre bekommt der Begriff der Lernumgebung eine weitere Konnotation. Lernumgebung meint nicht in erster Linie die räumliche Gestaltung, sondern ganz wesentlich die didaktische Aufbereitung des Lerngegenstands: die Aufgabenstellung, das Materialangebot und die Unterstützung, z.B. durch die Lehrperson. Dabei beinhaltet eine solche Lernumgebung sowohl eher instruktionale als auch eher konstruktivistische Anteile. Reimann-Rothmeier/Mandl bezeichnen ihre Auffassung von Lehren und Lernen als eine pragmatische, die ein Kompromiss zwischen eher kognitiver und konstruktivistischer Auffassung darstellen soll. Durch die Gestaltung problemorientierter Lernumgebungen könnten die Vorteile beider Ansätze genutzt und die Nachteile in Grenzen gehalten werden (Reimann-Rothmeier/Mandl 2001). Dafür entwickeln sie fünf Leitlinien zur Gestaltung problemorientierter Lernumgebungen. Ziel und Voraussetzung des Lernens sind Selbststeuerung und Kooperation. Ungeklärt sei aber die Frage, »wie viel Strukturiertheit einerseits und wie viel Offenheit andererseits zur Förderung erfolgreichen kooperativen Lernens erforderlich ist. Eine zu starke Strukturierung kann kreative und produktive Prozesse in der Gruppe behindern, zu wenig Vorgaben hingegen bergen die Gefahr in sich, dass es nicht zu kooperativen Prozessen und Ergebnissen kommt« (Reimann-Rothmeier/Mandl 2001, S. 55). Modelle für konstruktivistische Lernumgebungen sind der Anchored-Instruction-Ansatz, der Cognitive-Flexibility-Ansatz sowie der Cognitive Apprenticeship-Ansatz mit den Elementen Modelling (Vormachen) – Coaching (Unterstützung) – Scaffolding (Hilfestellungen) – Artikulation – Reflexion – Exploration (Collins/Brown/Newman 1989). Damit wird »Lernumgebung« in der Lernpsychologie zu einem didaktischen Begriff.

Kritisch äußern sich Straka und Macke zum pragmatischen Ansatz zur Gestaltung problemorientierter Lernumgebungen von Mandl/Gruber/Renkl, weil die Gruppe »dabei zum Teil sehr heterogene Anregungen aus verschiedenen, teilweise sehr unterschiedlichen Ansätzen aufgenommen« habe und der »Entwicklung ihrer eigenen Position [...] eine spezifische Sicht des Verhältnisses von Theorie und Praxis zugrunde« lege (Straka/Macke 2005, S. 145). Theorie und Praxis werden als zwei Ebenen unterschieden, und der Theorieebene werden zwei Positionen zugeordnet, nämlich die kognitivistisch gefärbte und die konstruktivistisch geprägte Auffassung. »Diese als ›puristisch‹ bewerteten Positionen zum Lehren und Lernen sind von den Autoren selbst konstruierte und auf Verallgemeinerungen beruhende Positionen, in die Begrifflichkeiten aus sehr heterogenen theoretischen Kontexten eingehen«, kritisieren Straka und Macke (2005, S. 145).

Auch in neueren fachdidaktischen Entwürfen findet sich der Begriff der Lernumgebung. In der Mathematikdidaktik wird der Begriff verwendet, um Möglichkeiten für natürliches Differenzieren aufzuzeigen (Wittmann 2004). Das Projekt »Lernumgebungen für Rechenschwache bis Hochbegabte« beschreibt Lernumgebungen folgendermaßen: »Zu den zentralen Themenkreisen der Grundschulmathematik haben wir versucht, Lernumgebungen zu planen und zu erproben, die eine Vielfalt von Aktivitäten auf verschiedenen Niveaus anbieten. Die Lernumgebungen sind so gestaltet, dass sie nach sorgfältiger Einführung durch die Lehrperson von den Kindern her differenzieren. Wittmann bezeichnet dies als ›natürliche Differenzierung‹. Die Aufgaben sollten für alle Kinder – auch für die langsamsten unter ihnen – einen Einstieg anbieten, sodann aber Bearbeitungsmöglichkeiten für alle Fähigkeitsstufen – auch für jene der Hochbegabten – öffnen« (Hengartner et al. 2006, S. 11). Hier wird der Begriff der Lernumgebung ähnlich didaktisch weit gefasst wie in der Pädagogischen Psychologie, aber mit eindeutigen Zuschreibungen: Es sind Lernangebote für Kinder, die ihnen die Möglichkeit zu selbstständigem

Lernumgebung aus fachdidaktischer Sicht

und differenziertem Arbeiten eröffnen. Ausgangspunkt sind gemeinsame Aufgaben, die eine Bearbeitung auf verschiedensten Niveaus auch über mehrere Jahrgänge hinweg ermöglichen (Hengartner et al. 2006).

Wir plädieren dafür, den Begriff »Lernumgebung« aufzugreifen und didaktisch zu füllen, indem es nicht nur um die räumliche Umgebung, sondern um das Aufgaben- oder methodische Angebot geht.

Definition Lernumgebung

> Unter Lernumgebung verstehen wir ein schlüssiges, klar strukturiertes Zusammenspiel von inhaltlichen Anforderungen, schülerorientierten Zielsetzungen und kognitiv aktivierenden Aufgaben- und Materialangeboten mit Möglichkeiten zur Erweiterung und Ergänzung durch die Schülerinnen und Schüler. Je größer die Mitgestaltungsmöglichkeiten der Schülerinnen und Schüler in den verschiedenen Bereichen sind und je mehr sie von ihnen genutzt werden, desto offener ist diese Lernumgebung.

Lernmaterialien

In einer Lernumgebung spielen die Lernmaterialien eine große Rolle. Inzwischen ist der didaktische Markt überschwemmt von Freiarbeitsmaterialien verschiedenster Art und aller Fachbereiche, sodass es unmöglich geworden ist, ihn zu überblicken.

Insgesamt ist festzustellen, dass der größte Teil der Lernmaterialien den Schülerinnen und Schülern deshalb selbstständiges Arbeiten ermöglicht, weil die Aufgabenstellungen sehr eng geführt sind und eher rezeptive Denkleistungen erfordern. Die ansprechende Aufmachung täuscht häufig darüber hinweg und macht den Kindern eine Zeit lang Spaß (z. B. Klammerkarten, Dominospiele). Solche Materialien dienen dem rein formalen Üben und sollten deshalb nur einen Teil der zur Verfügung gestellten Materialien ausmachen.

kognitive Aktivierung und (Selbst-) Differenzierung

> Wichtige Kriterien für Materialien sind, inwieweit sie kognitiv aktivierende und (selbst)differenzierende Bearbeitung ermöglichen und vorsehen. Sehr gut erfüllen dies wenig vorstrukturierte Lernmaterialien.

Peschel schlägt als wichtigstes Material »das weiße Blatt« (Peschel 2005b, S. 111 ff.) vor. Hengartner et al. verwenden in ihren Beispielen für selbstdifferenzierende und kognitiv anregende Mathematik-Lernumgebungen vor allem offene Materialien wie (Wende-)Plättchen, die Hundertertafel, Zahlenkarten oder weiße/karierte Blätter (Hengartner et al. 2006). Auch bei Ruf und Gallin ist für die Arbeit an Kernideen didaktisiertes Material nicht zwingend notwendig (Ruf/Gallin 2003).

Aufgabenkultur

Forschungsbefunde zum offenen Unterricht und zur Aufgabenkultur belegen eine Vernachlässigung der inhaltlichen Strukturierung (vgl. Kap. 3), die gleichzeitig insbesondere für schwächere Schülerinnen und Schüler wichtig ist. Darüber hinaus wird in einer jüngeren Studie von Kleinknecht (2010) tendenziell deutlich, dass in offenen Lernarrangements das kognitive Anspruchsniveau geringer ist als im eher lehrerzentrierten Unterricht bzw. Instruktionsunterricht.

Inhaltliche Strukturierung und kognitives Anspruchsniveau werden vorrangig über die Aufgabenkultur definiert. Im weitesten Sinne handelt es sich dabei um die Art und Weise, wie Lehrkräfte Aufgaben konzipieren und wie mit den Aufgaben im Unterricht umgegangen wird (Bohl/Kleinknecht 2009). Mit dem Begriff »Aufgabenkultur« sind zwei Dimensionen angesprochen (vgl. Abb. 29): **Dimensionen der Aufgabenkultur**

- Aufgabentext: Der Aufgabentext selbst beinhaltet mindestens drei wesentliche Entscheidungen und Vorüberlegungen. **Aufgabentext**
  - der fachliche Kern der Aufgabe: Was soll mit dieser Aufgabe mit Blick auf Bildungsstandards, Curriculum und kumulativem Aufbau des Unterrichts gelernt werden? Welches Anspruchsniveau, welche Niveaustufe soll abgebildet werden? Dieser Aspekt ist Teil der Unterrichtsvorbereitung, weil Aufgaben in der Regel vorab vom Lehrer ausgewählt werden.
  - »Einkleidung« der Aufgabe: Welche weiteren Informationen (über den fachlichen Kern hinaus) können eingefügt werden, sodass die Aufgabe motivierender, lebensweltbezogener, interessanter wird oder damit beispielsweise Differenzierung oder Vernetzung deutlich wird. Dieser Aspekt ist ebenfalls Teil der Unterrichtsvorbereitung.
  - Variation der Aufgaben: Wie kann die Gesamtheit der im Rahmen eines Themengebietes bzw. einer Unterrichtseinheit zu bearbeitenden Aufgaben variiert werden, sodass verschiedene Zielsetzungen (z. B. Transfer, flexibles Denken) erreicht werden können?
- Aufgabenkontext: Wie erläutert der Lehrer im Unterrichtsverlauf die Aufgabe? Wie führt er sie ein? Dieser Aspekt kann in der Unterrichtsvorbereitung bereits mitbedacht oder auch im Stundenverlauf spontan ergänzt werden. **Aufgabenkontext**

Die analytische und zeitliche Trennung in Aufgabentext und Aufgabenkontext erscheint sinnvoll, weil ein und derselbe Aufgabenkern in unterschiedlichen Kontexten angeboten werden kann. So kann eine Aufgabe im darstellend-entwickelnden Unterrichtsgespräch gemeinsam bearbei-

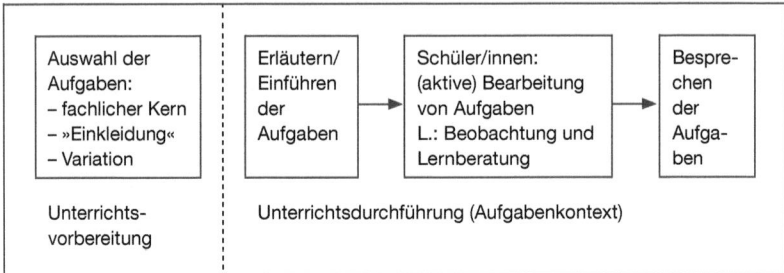

Abb. 29: Aufgabenkultur (vgl. Bohl/Kleinknecht 2009)

tet werden oder auch (etwa im Rahmen von Wochenplanarbeit) von den Schülerinnen und Schülern selbst bearbeitet werden. Im zweiten Fall der Wochenplanarbeit ist schärfer zu durchdenken, wie die Aufgabe formuliert und eingekleidet werden soll – hier kann der Lehrer Unklarheiten

inhaltliche Strukturierung einer Aufgabe

Ergänzende Informationen zum fachlichen Kern einer Aufgabe	Beispiel	Formulierungsmöglichkeit
Einordnung in das Themengebiet/Fach	Unterrichtseinheit, Bildungsstandards, Projektthemen	»Die Aufgabe ist ein Teilgebiet von ..., das wir in diesem Schuljahr in den ersten zwei Monaten bearbeiten ...«
Anwendungsbezug bzw. aktueller oder lebensnaher Kontext	Tageszeitung, Nachrichten, Erzählungen von Schülerinnen und Schülern, Erfahrungen	»In der Tageszeitung war am 08.08.2008 zu lesen ...«
Ziele	fachliche und überfachliche Ziele	»Bei dieser Aufgabe kannst du folgendes lernen ... «
Anspruchsniveau/ Schwierigkeitsgrad	Kompetenzstufe, Komplexitätsgrad	»Die folgenden drei Aufgaben sind auf unterschiedlichem Schwierigkeitsniveau angesiedelt. Aufgabe 1 erfordert ...«
Lernhilfen	Lösungsblatt, Lexika, Schulbuch, vorhandene Aufschriebe	»Falls du Schwierigkeiten hast, kannst du im Regal ...«
inhaltliche Querverbindungen/ Vernetzungen	Querverweise zu Themen mit ähnlichem Muster, zu andere Unterrichtseinheiten, aktuellen Ereignissen, zu anderen Aufgaben (z. B. bei Stationenlernen oder Wochenplanarbeit)	»Schaue dir die folgende Mindmap genau an, sie verdeutlicht die Zusammenhänge zu anderen Themen ...«

Abb. 30: »Einkleidung« einer Aufgabe: Hinweise zur inhaltlichen Strukturierung einer Aufgabe/eines Lernmaterials (vgl. Bohl 2009a)

nur begrenzt beseitigen; Klärungen erfolgen damit eher über die Aufgabe selbst, die Lernmaterialien und/oder die Lernumgebung (z. B. Regeln, Nachschlagewerke). So kann der Lehrer im darstellend-entwickelnden Unterrichtsgespräch die Aufgabe innerhalb der Unterrichtseinheit oder mit anderen Themen vernetzen, sodass den Schülerinnen und Schülern die Bedeutung des Themas deutlicher wird. In individualisierenden oder differenzierenden Settings muss dies vom Aufgabentext selbst übernommen werden. Abb. 30 verdeutlicht verschiedene Möglichkeiten der inhaltlichen Strukturierung einer Aufgabe, d. h. der »Einkleidung« des Aufgabenkerns.

Neben der inhaltlichen Strukturierung können Aufgaben intelligent variiert werden. In der Mathematikdidaktik liegen für die Variation von Aufgaben zahlreiche Vorschläge vor (Schupp 2002; Fuchs/Blum 2008). Die Variation ist jedoch in nahezu jedem Fach, wenn auch in unterschiedlicher Ausprägung, möglich. Abb. 31 verdeutlicht überfachliche Möglichkeiten der Variation. **Variation von Aufgaben**

Während die Variation von Aufgaben sich in der Regel auf Vorbereitung und Entwicklung einzelner Aufgaben innerhalb einer Unterrichtseinheit bezieht, kann im offenen Unterricht noch einen Schritt weiter gegangen werden: In welcher Weise können Schülerinnen und Schüler einen Themenbereich vollständig selbst bearbeiten? In theoretischer Hinsicht können hier verschiedene Bezüge hergestellt werden, etwa über die »psychologische Didaktik« von Aebli (insbesondere »Zwölf Grundformen des Lehrens«, Aebli 1983). Er weist auf die Bedeutung eines vollständigen Lernprozesses (PADUA) mit den Phasen »Aufbau«, »Durcharbeiten«, »Üben« bzw. »Wiederholen« und »Anwenden« hin. In der Berufspädagogik spielt die vollständige Handlungseinheit eine wichtige Rolle. Hier wird davon ausgegangen, dass Schülerinnen und Schüler im geschützten Raum der Schule Handlungsroutinen des Arbeitsfeldes vollständig durchführen und erproben können. Für die Bearbeitung vollständiger Themen im offenen Unterricht können von Aebli wichtige Hinweise entnommen werden, insbesondere die aktive und handlungsorientierte Erarbeitung eines Themas. **vollständige Handlungseinheit**

Riemer hat diese Idee für einen an Freinet orientierten Unterricht (vgl. Riemer 2009) übernommen und weiterentwickelt. Im Rahmen der von ihm konzipierten handlungsaktiven Lernumgebung können Schülerinnen und Schüler Themenbereiche in Forschungskisten und in freier Forschung bearbeiten. Riemer entwickelte dazu die Handlungsabfolge Situationsauffassung – Zielauffassung – Planung – Handlungsausführung – Handlungsbewertung: In Forschungskisten können mit strukturierter Unterstützung (Material, Protokollblatt) Themen handlungs-

Wie kann der Umgang mit Aufgaben verändert, variiert, geöffnet werden?	Beispiele
(Muster-)Lösung/ Beispielaufgaben vorgeben (vgl. Renkl 2009)	Strukturgleiche Lösung einer Aufgabe als Vorbild vorgeben.
Beispielaufgaben vorgeben und die Lösungsschritte schriftlich erklären (Mackensen-Friedrichs/Meißner 2007)	Eine vollständig gelöste Beispielaufgabe wird den Schülerinnen und Schülern vorgelegt. Jeder einzelne Schritt soll nun von ihnen schriftlich erläutert werden.
Fehler entdecken	Eine Aufgabe und die zugehörige Lösung vorgeben, die viele oder gezielt sehr wenige, aber grundlegende Fehler enthält.
Lösungen zu Aufgabe zuordnen	Mehrere Lösungen vorgeben, die passende wird der Aufgabe zugeordnet. Die Zuordnung muss schriftlich und sachlich begründet werden.
Aufgaben ändern	Einzelne Daten/Sachverhalte werden variiert – wie verändert sich die Lösung/Antwort?
Verschriftlichung des Lösungsweges	Der Lösungsweg muss schriftlich im Detail begründet werden. Ein Lernpartner kontrolliert ob die Lösung verständlich und richtig ist und gibt Hinweise zur Korrektur/Verbesserung.
Aufgaben weiterschreiben oder erfinden	Aufgaben zu einem spezifischen Thema werden von den Lernenden entwickelt. Möglich mit mehr oder mit weniger Stichwörtern oder Eingangsformulierungen als Vorgaben.
Fragen auf unterschiedlichem Schwierigkeitsniveau formulieren	Fragen zu einer vorgegebenen Aufgabe werden formuliert. Die Lernenden klären, bis zu welchem Schwierigkeitsniveau sie die Fragen noch selbst beantworten könnten.
Visualisieren	Ein Text wird in eine Grafik (oder umgekehrt) umgesetzt.
Aufgaben vergleichen und bewerten	Mehrere Aufgaben werden vorgegeben. Die Lernenden analysieren, vergleichen und bewerten die Aufgaben (z. B. Realitätsbezug, Schwierigkeit, Fehler, Komplexität).

Abb. 31: Variation von Aufgaben

orientiert bearbeitet werden. Beim freien Forschen stellen Schülerinnen und Schüler selbst einen Forschungsantrag und strukturieren (mit Unterstützung) ihr Thema – hier wird dann in hohem Maße selbstbestimmt gearbeitet.

Lernberatung

Verschiedene Formen des offenen Unterrichts oder selbstständigen Lernens sind unter anderem darauf ausgerichtet, Lehrkräften Freiräume zu ermöglichen, um gezielt beraten oder beobachten zu können. Gelingt dies, d. h. ist die Situation gegeben, dass die Klasse selbstständig arbeitet und die Lehrkraft von organisatorischen oder anderen Aufgaben entlastet ist, dann kann der Rahmen für eine Beratungssituation entstehen. Obschon hier der Begriff »Beratung« verwendet wird, handelt es sich um ein spezifisches Beratungssetting, das sich von therapeutischen oder sozialpädagogischen Beratungssettings in der Regel deutlich unterscheidet. Beispielsweise besteht Freiwilligkeit allenfalls eingeschränkt (zur Beratung in der Schule vgl. Schnebel 2007). Dies wird durch den Begriff »Lernberatung« kenntlich gemacht. Lernberatung erfüllt mindestens drei Funktionen (Bohl/Schnebel 2008, S. 240 f.):

Funktionen der Lernberatung

- Information über den aktuellen Lernstand bzw. Erläuterungen zu aktuellen Lernschwierigkeiten oder besonderen Fehlerquellen (z. B. Probleme im Bereich Grundrechenarten)
- Unterstützung für den weiteren Lernprozess (z. B. gemeinsam die nächsten Schritte entwickeln)
- Steuerung des weiteren Lernprozesses (z. B. Festlegen von Zwischenkontrollen, Festlegen eines Pensums)

Information

Unterstützung

Steuerung

Unter der Perspektive der Verringerung von Bildungsungleichheit und der Perspektive der individuellen Förderung ist mit der Bereitstellung einer Beratungssituation vordergründig bereits viel gewonnen. Allerdings: Was passiert nun, wenn die eigentlich sehr ideale Situation hergestellt ist und der Lehrer mit einzelnen Schüler/innen oder mit Schülergruppen zusammensitzt und sie gezielt fördern kann?

a) Wann sollte die Lehrkraft beraten?
   Eine Klärung der Beratungssituation ist notwendig. Die Lernenden sollten Klarheit darüber haben, in welcher Weise die Beratung geregelt ist. Als Grundsatz könnte gelten: Die Lernenden müssen in der Regel die Beratung selbst einfordern und dann die Problemlage differenziert erläutern sowie beschreiben, was sie bereits selbst zur Lösung unternommen haben (z. B. Lernhilfen heranziehen, Mitschülerinnen oder Mitschüler fragen). Die Lehrkraft schreitet nur in dringenden Fällen selbst ein (z. B. Streit in der Gruppe, offensichtlich länger andauernde Überforderung von Einzelnen oder Gruppen). Dies setzt entsprechend vorbereitete Lernmaterialien und Lernumgebungen sowie klare Arbeitsaufträge voraus. Die Lehrkraft ist dann in der Unterrichtssituation eher entlastet und die Lernenden übernehmen ernsthaft Verantwortung für ihren Lernprozess.
   Mit einer derartigen Klärung können Situationen vermieden werden, die im Rahmen von Gruppenarbeitsphasen oder individualisierten Lernphasen nicht unüblich sind (Haag 2010; Bräu 2006), z. B. dass die

Wann beraten?

Lehrkraft sofort nach Beginn der Arbeitsphase herumgeht und kontrolliert, Gruppen unterbricht (»Na, wie läuft's?«, »Habt ihr Fragen?«, »Kommt ihr voran?«, »Wie weit seid ihr?«) oder dass Schülerinnen und Schüler sehr früh nach der Lehrkraft rufen, ohne andere Lernhilfen genutzt oder sich ernsthaft mit den Aufgaben beschäftigt zu haben (»Frau Maier, wir verstehen die Aufgabe nicht.«).

Ist die Beratungssituation geklärt, dann eröffnet sich die Frage, wie Mikroprozesse der Beratung gestaltet werden.

Wie beraten?

b) Wie sollte die Lehrkraft beraten?

Stellen wir uns die folgenden drei Beratungssituationen vor. Beispiel 1: Ein Schüler aus einer Arbeitsgruppe meldet sich und bittet die Lehrerin an den Gruppentisch. Beispiel 2: Ein Lehrer hat eine Gruppenphase organisiert und sitzt selbst mit vier schwächeren Schülerinnen und Schülern in einer Gruppe, um diese gezielt zu fördern, die anderen Gruppen arbeiten selbstständig. Beispiel 3: Im Rahmen der Wochenplanarbeit kommt ein Schüler seit einiger Zeit nicht weiter, der Lehrer sieht dies und geht zu ihm hin.

In der Regel wird die Beratung mündlich stattfinden. Der Schüler wird eine kurze Frage stellen und der Lehrer wird versuchen, diese zu beantworten. Handelt es sich um die im Beispiel 2 genannte Beratungssituation (Lehrer arbeitet mit schwächeren Schülerinnen und Schülern in einer Gruppe), dann wird in der Regel ein Thema behandelt, das bereits im vorherigen (Instruktions-)Unterricht eingeführt oder erarbeitet wurde. In dieser Situation ist es hilfreich, mit anderen Mitteln als im vorherigen Instruktionsunterricht das Problem oder die Aufgabe zu klären. Wenn der Lehrer mit denselben Worten den Sachverhalt nochmals erklärt, ist wahrscheinlich, dass die Schülerinnen und Schüler dies nicht verstehen – sonst hätten sie ihn vermutlich bereits vorher verstanden. Wie kann also in einer solchen Beratungssituation variiert werden?

- Der hohe Redeanteil sollte nicht unbedingt beim Lehrer liegen. Die Schülerinnen und Schüler können zunächst ihr Problem schildern – häufig sind (etwa im Beispiel 2) die Problemlagen unterschiedlich, obschon es sich um schwächere Schülerinnen und Schüler handelt und alle dieselbe Aufgabe bearbeiten.
- Neben einer verbalen Erläuterung kann weiteres Lernmaterial verwendet werden, z. B. Kärtchen zur Begriffsklärung, handlungsorientiertes Material (z. B. Körper in Geometrie).
- Hilfreich ist eine fundierte allgemeindidaktische und fachdidaktische Expertise der Lehrerperson zur Variation von Aufgaben (vgl. Teilkapitel *Aufgabenkultur*). Dann kann ein Thema in unterschiedlichen Variationen behandelt werden. Dies ermöglicht unterschiedliche Zugangsweisen und erfordert flexibles Denken (z. B. eine fal-

sche Lösung zeigen und den Fehler finden, unterschiedliche Lösungsansätze bewerten, strukturgleiche Beispielaufgaben zeigen).

Durch diese Variationen kann eher vermieden werden, dass das individualisierende Gespräch in einen »Minifrontalunterricht« abgleitet und der Lehrer zu dominant wird.

Im Rahmen einer interpretativen Studie zur Lernberatung beim individualisierten Lernen verdeutlicht Bräu (2007) das Problem des angemessenen Balanceaktes zwischen der (leicht überfordernden) Zumutung der Selbstständigkeit einerseits und der (strukturierenden, letztlich jedoch sehr engen) kleinschrittigen Schematisierung von Aufgaben andererseits. Mit der Offenheit geht immer die Gefahr des Scheiterns einher, die Einengung und starke Strukturierung über individuelle Beratung liegen daher insbesondere bei schwachen Schülerinnen und Schülern nahe.

Aus der Forschung zum Lernen allgemein sowie zum Lernen als Problemlösen können Hinweise für die Lernberatung entnommen werden, die generell für die Bearbeitung von Aufgaben wichtig sind:

Hinweise zur Lernberatung

- Die Entwicklung und regelmäßige Förderung metakognitiver Strategien zur Steuerung und Kontrolle des eigenen Lernprozesses: Im Vordergrund steht daher bei der Beratung, Hinweise und Hilfen zum Prozess zu geben und nicht unmittelbar auf die richtige Lösung zu verweisen. **Metakognitive Strategien**
- Ein konstruktiver Umgang mit Fehlern: Im Vordergrund steht dann nicht die sofortige Richtigstellung eines Fehlers, sondern das Ergründen, Erkennen und Nutzen dahinterliegender fachlicher Probleme, die dann entsprechend bearbeitet werden können (Oser/Hascher/Spychinger 1999). **Umgang mit Fehlern**
- Die »Einkleidung« der Aufgabe, d. h. die Frage, wie ein fachliches Problem in einer Aufgabe mit weiteren Zusatzinformationen formuliert werden kann. Die Zusatzinformationen dienen beispielsweise der Differenzierung, der Lebensnähe, der Einordnung oder Interessensweckung und eröffnen Möglichkeiten des »Andockens« für die Lernenden (vgl. Teilkapitel *Aufgabenkultur*). **Aufgabe**
- Die immense Bedeutung des Vorwissens (vgl. Kap. 4) für erfolgreiche Lernprozesse macht deutlich, dass es hilfreich sein kann, zunächst das vorhandene oder notwendige Vorwissen zu klären, bevor eine Aufgabe gelöst werden kann. **Vorwissen**

Insgesamt liegen zahlreiche Vorschläge zur Optimierung der Lernberatung vor, deren Bedeutung größtenteils über empirische Befunde bestätigt ist – dies entlastet die Lehrperson jedoch nicht davon, in jeder Situation bzw. für jeden Schüler zu klären, welche Reaktion hilfreich sein kann.

Schüler helfen Schülern

Möglichkeiten

Wenn Schülerinnen und Schüler im offenen oder geöffneten Unterricht weitgehend selbstständig arbeiten, sind sie – in unterschiedlichem Ausmaß – auf Unterstützung angewiesen. Wenn sie eine Aufgabe alleine nicht lösen können, benötigen sie Unterstützung. Da dies regelmäßig vorkommt, ist es in geöffnetem Unterricht notwendig, ein Helfersystem einzurichten. In welcher Weise, wann und woher können die Lernenden Hilfe bekommen bzw. erbitten? Dabei kann die Hilfe grundsätzlich auf drei verschiedene Arten gegeben werden:

1. Lehrer hilft Einzelschüler oder Schülergruppe.
2. Schüler helfen sich selbst, indem sie Material zur Lösung des Problems heranziehen (z. B. Lexika, aber insbesondere Lernhilfen wie strukturgleiche Aufgaben oder gestufte Lernhilfen).
3. Schülerinnen und Schüler helfen sich gegenseitig, z. B. helfen leistungsstärkere Schüler leistungsschwächeren.

Die Art und Weise der Unterstützung, die die Lehrerin oder der Lehrer den Schülern gibt, wurde im Teilkapitel zur Lernberatung ausgeführt. Auf die zweite Art, in welcher Weise Schülerinnen und Schüler Unterstützung, beispielsweise durch Materialien, erhalten, wurde im Teilkapitel *Lernhilfen* näher eingegangen.

Die dritte Variante, Schülerinnen und Schüler helfen sich gegenseitig, ist Gegenstand dieses Teilkapitels. Dazu wird zunächst aus Unterrichtsbeobachtungen berichtet, die die Hilfeprozesse unter Schüler/innen erhoben haben, um dann Möglichkeiten, Grenzen und Voraussetzungen für gegenseitiges Helfen zu beleuchten sowie Konsequenzen für Einführung und Formen von Helfersystemen darzustellen.

Ergebnisse aus der JÜLiSA-Studie (Kucharz/Wagener 2009)

Interaktionen zwischen Kindern in jahrgangsgemischten Klassen

In jahrgangsgemischten Klassen wurden im Rahmen von Wochenplanarbeit die Interaktionen zwischen Kindern gleichen und unterschiedlichen Alters beobachtet und protokolliert. In der Auswertung ergab sich, dass sich über zwei Drittel der Interaktionen direkt auf die Anforderungen des Unterrichts, insbesondere auf die gestellten Aufgaben, bezogen. Dabei tauschten sich die Kinder über die Aufgaben aus, die sie zu erledigen hatten: Sie verständigten sich über den Schwierigkeitsgrad der Aufgabe oder darüber, wie etwas zu erledigen sei. Im folgenden Beispiel geht es darum, dass ein Arbeitsbogen ins Heft geklebt werden soll:

> Mara (1. SBJ): »Was machst du denn da?«
> Kathi (1. SBJ): »Erst mal ins Heft kleben.«
> Mara: »Das mach ich auch.« (Kucharz/Wagener 2009, S. 51)

Daneben gab es viele Interaktionen, die sich auf das Arbeits- und Sozialverhalten bezogen und häufig als Ermahnung oder Aufforderung formuliert wurden. Im nachfolgenden Beispiel kritisiert ein jüngerer Schüler die Arbeitshaltung eines älteren, der sich der Kritik zufolge nicht genügend an der Gruppenarbeit beteiligt hat.

> Peter (1. SBJ) kommt zu Jakob (2. SBJ) an den Tisch.
> Peter: »Ich stelle das Poster allein vor, du hast gar nicht mitgeholfen, das finde ich ganz blöd. Wir haben nicht mehr viel Zeit.«
> Jakob geht mit Peter auf den Flur zum Üben (Kucharz/Wagener 2009, S. 53).

Waren die beiden zuvor genannten Kategorien nur im weiteren Sinne gegenseitiges Helfen, indem der Austausch oder die Ermahnung Orientierung gibt, so konnte etwa ein Fünftel aller Interaktionen direkt als gegenseitige Hilfestellung codiert werden. Hierbei wurde unterschieden zwischen Hilfe um ersuchen und Hilfe geben.

> Doreen (1. SBJ) zu Ayla (1. SBJ): »Sag mir, was da steht.« (HI suchen) (Kucharz/Wagener 2009, S. 69)

Beim Hilfegeben wurde die Qualität der Hilfe genauer untersucht. Es konnte zwischen direkter und indirekter Hilfe unterschieden werden: »[…] verstanden wir unter indirekten Hilfestellungen diejenigen, die für das Kind in der speziellen Unterrichtssituation insofern förderlich waren, als sie zur eigenständigen Weiterarbeit verhalfen. Davon unterschieden wir direkte Hilfestellungen, die eher darin bestanden, Lösungen vorzusagen oder vorgesagt zu bekommen, ohne dadurch zum selbstständigen Weiterarbeiten zu befähigen oder befähigt zu werden. Diese Art der Hilfestellung führte weniger dazu, sich mit der Anforderung einer Aufgabe aktiv auseinander zu setzen« (Kucharz/Wagener 2009, S. 69).

In folgender Situation, in der es um die Bearbeitung einer Sachaufgabe geht, liegt die Form direkter Hilfe vor:

> »Daniel (2. SBJ) zu Marvin: ›Ich versteh das nicht.‹
> Marvin (3. SBJ): ›Schau mal, 20 Gläser hat sie schon, 60 kauft sie dazu. Dann hat sie 80.‹
> Daniel: ›Aber ich weiß nicht, was ich hinschreiben soll.‹
> Marvin: ›Also wie heißt sie? Regine Refke hat 80 Gläser.‹« (Wagener 2007, S. 127)

Marvin hat hier Daniel zwar geholfen, die Mathematikaufgabe zu beenden, indem er ihm Rechnung und Antwortsatz vorsagte. Daniel äußerte zwar, dass er die Aufgabe nicht verstehe und auch nicht wisse, was er schreiben solle, Marvins Hilfe brachte ihn aber nicht dazu, sich näher mit der Aufgabe auseinanderzusetzen und sie zu verstehen. Im folgenden Beispiel geht es um indirekte Hilfe:

> Judit (VK): »Kannst du mir helfen? Die Aufgabe kann ich noch nicht.«
> Lara (1. SBJ): »Das kannst du ganz einfach mit deinen Stiften rechnen.«
> Sie zeigt Judit, wie sie rechnen soll. (HI geben/EW) (Kucharz/Wagener 2009, S. 71)

Indem Lara Judit dazu ermutigt, ihre Stifte als Hilfsmittel zu verwenden, und ihr zeigt, wie sie diese einsetzen kann, kann Judit eine Lernstrategie erwerben, die ihr auch für weitere Aufgaben hilfreich sein wird.

Folgend ein Beispiel, das einen erfolgreich verlaufenden Hilfeprozess zeigt und das anspruchsvolle Niveau der Hilfestellung deutlich macht:

> »Paul (3. SBJ): ›Kannst du mir helfen?‹
> Igor geht zu Paul, und sie unterhalten sich leise miteinander.
> Igor (4. SBJ): ›Die Hexe, das beste Essen.‹
> Igor und Paul lesen den zu bearbeitenden Text.
> Igor: ›Guck mal, das ist wieder ... du sollst die Frage aufschreiben mit wem, also wem kocht er das Essen?‹
> Paul: ›Also wem folgte der Hahn?‹
> Igor: ›Kannst du damit etwas anfangen?‹
> Paul fängt an zu schreiben. Igor guckt ihm über die Schulter.
> Igor: ›Mit viel Gold.‹
> Paul: »Ich weiß, wie viel Gold fiel ihm hinten heraus?«
> Igor liest Pauls Sätze bzw. dessen Fragen.
> Paul schreibt weiter an seinen Sätzen.« (Wagener 2007, S. 131)

Zunächst fragt Paul Igor, ob er ihm helfen kann. Igor kann, denn er hat gerade seinerseits eine Aufgabe beendet und wird dadurch in seinem Arbeitsprozess nicht gestört. Igor erklärt Paul die Aufgabe, und Paul vergewissert sich mit einer Rückfrage, ob er die Aufgabe verstanden hat. Paul beginnt zu schreiben, nachdem Igor ihn gefragt hat, ob er damit etwas anfangen kann. Beim Über-die-Schulter-Schauen vergewissert sich Igor, dass Paul nun selbstständig weiterarbeiten kann.

gegenseitiges Helfen ist kein Selbstläufer

Insgesamt zeigte die Studie, dass zwar einerseits die beobachteten Hilfesituationen überwiegend positiv verliefen, dass gegenseitiges Helfen andererseits jedoch kein Selbstläufer ist. Im Gegenteil war es notwendig, dass die Lehrerinnen immer wieder das Thema, wie man sich gut gegenseitig hilft, mit der Klasse oder mit einzelnen Schüler/innen besprachen.

Vorteile des gegenseitigen Helfens

In geöffneten Unterrichtssettings eine Kultur des gegenseitigen Helfens einzuführen ist sinnvoll, weil dadurch für jede Schülerin und jeden Schüler deutlich mehr Ansprechpartner zur Verfügung stehen und somit schnellere Hilfe möglich ist, weil nicht gewartet werden muss, bis die Lehrerin oder der Lehrer Zeit hat.

mehr Unterstützung

Für die Lehrerin und den Lehrer ist eine solche Regelung ebenfalls entlastend, weil sie bzw. er mehr freigestellt ist, die Schülerinnen und Schüler zu beobachten und solche Kinder zu unterstützen, die eine besondere Hilfe wirklich benötigen.

Entlastung

Den Schülerinnen und Schülern selbst, die Hilfe geben, hilft es, einen Sachverhalt besser zu durchdringen und tiefer zu verstehen, weil sie gezwungen sind, etwas zu erklären.

Verständnis

Nicht nur im kognitiven Bereich, sondern auch im sozialen Bereich kann das gegenseitige Helfen positive Effekte zeigen, weil man dabei lernt, aufeinander Rücksicht zu nehmen, sich auf den anderen einzulassen, ihn zu verstehen und sich füreinander verantwortlich zu zeigen (Bierhoff 1990).

Rücksichtnahme

Probleme beim gegenseitigen Helfen

In der Hilfesituation entsteht eine gewisse Asymmetrie zwischen dem, der helfen kann, und dem, dem geholfen werden muss (Krappmann/Oswald 1995). Das kann zu gegenseitigen Akzeptanzproblemen führen, sodass die Hilfe entweder verweigert oder nicht angenommen wird (Bennewitz/Breidenstein 2004).

Akzeptanz

In der Regel sind es in Jahrgangsklassen – im Gegensatz zu jahrgangsübergreifenden Lerngruppen – immer wieder die gleichen, nämlich die eher leistungsstarken Schülerinnen und Schüler, die anderen Hilfe geben, und immer die gleichen, denen geholfen werden muss. Das kann zu einer Verfestigung von Selbst- und Fremdeinschätzungen führen, wenn nicht immer wieder gezielt Situationen gesucht und eingesetzt werden, die entweder symmetrisch sind oder in denen der andere Schüler zum Helfer wird (vgl. als Beispiel die WELL-Methoden).

Verfestigung der Einschätzung

Leistungsstärkere Schülerinnen und Schüler können in ihrem eigenen Lernfortschritt gebremst werden, wenn sie nebenbei zu oft anderen Schüler/innen Unterstützung geben sollen.

Die Qualität der Hilfe kann sehr unterschiedlich sein, wie die Beispiele gezeigt haben. Nicht jeder Schüler ist von sich aus in der Lage, angemessen zu helfen und nicht nur vorzusagen oder den anderen mit der Hilfestellung zu entmündigen.

unterschiedliche Qualität

Gerade das obige Beispiel von Igor und Paul zeigt, welche hohe Anforderung eine sinnvolle Hilfestellung bedeutet. Damit der Hilfe suchende Schüler selbstständig weiterarbeiten kann, benötigt der Helfende sowohl inhalts- bzw. aufgabenbezogene Kompetenz als auch eine soziale, damit es ihm möglich ist, die Problemlage des Hilfesuchenden genau zu erfassen und adäquat darauf einzugehen. Dazu kommt die Bereitschaft, sich die Zeit zu nehmen, die eigene Aufgabe zu unterbrechen und sich auf den anderen einzulassen. Eine solche Kompetenz kann nicht einfach vorausgesetzt, sondern muss erarbeitet werden.

Einführung und Etablierung eines Helfersystems

Eingangs wurde davon gesprochen, im Unterricht eine Kultur des gegenseitigen Helfens zu etablieren. Gerade in geöffneten Lernsituationen, in denen die Schülerinnen und Schüler weitgehend selbstständig arbeiten, brauchen sie die Erlaubnis bzw. sogar die explizite Aufforderung, sich immer dann um Hilfe zu kümmern, wenn sie alleine nicht mehr weiterkommen. Nicht für alle Schülerinnen und Schüler ist das selbstverständlich, ebenso nicht für alle Lehrkräfte.

Verabredungen Es empfiehlt sich, das Helfen zum Thema zu machen, bestimmte Verabredungen innerhalb der Klasse zu treffen und immer wieder darüber

Dimensionen	Gemeinsam mit den Schülerinnen und Schülern zu klären:
Organisation von Hilfe	• An wen wendet man sich, wenn man Hilfe braucht? • Gibt es für jeden Schüler einen festen Ansprechpartner (Patensystem)? • Gibt es für bestimmte Themenbereiche oder Aufgaben Experte, die zu befragen sind? • Wer wird wann und wofür Experte? • Wählt jeder selbst aus, wen sie oder er fragen möchte? • Wann wird die Lehrkraft zur Hilfestellung herangezogen? • In welcher Form wird das deutlich gemacht (z. B. Verwendung eines Zeichens oder Symbols)?
Soziale Aspekte	• Wie spricht man jemand an, wenn man Hilfe braucht? • Kann jemand auch die Hilfe verweigern? Wann? • Wie macht man das? • Wann hilft man jemandem, ohne dass derjenige darum gebeten hat? Wann passt es, wann nicht?
Inhaltliche Anforderungen	Ziel der Hilfestellung: • Der Hilfesuchende kann anschließend selbstständig weiter arbeiten. Er hat die Aufgabe verstanden. Gemeinsamer Austausch über Erfahrungen: • Wann hilft etwas weiter? • Wann nützt vorsagen, wann nicht? • Wie kann man etwas gut erklären? • Wie hast du selbst etwas gut verstanden? • Welche Hilfsmittel kann man einsetzen? Regelmäßige Metakommunikation: • Wie hat jemand gut geholfen, • etwas gut erklärt oder • einen sinnvollen Hinweis gegeben?

Abb. 32: Übungsformen zum Helfen lernen

zu sprechen (Metakommunikation). Dabei sind sowohl die organisatorischen Rahmenbedingungen als auch die inhaltlichen und sozialen Anforderungen an das Helfen Gegenstand der gemeinsamen Klärung (Abb. 32).

Metakommunikation

Neben der gemeinsamen Erarbeitung und Verständigung über sinnvolles Helfen sowie gezielten Beobachtungen durch die Lehrkraft können bestimmte Formen des gegenseitigen Unterstützens auch immer wieder eingeübt werden. Dazu bieten sich z. B. die sogenannten WELL-Methoden, Formen des wechselseitigen Lehrens und Lernens, an (Wahl 2006; Huber 2004). In diesen speziellen kooperativen Lernformen werden die Schülerinnen und Schüler zu Expert/innen für einen Teil der Inhalte, die sie sich dann gegenseitig vermitteln. Am Ende gibt es noch eine Verarbeitungsphase zur subjektiven Auseinandersetzung. Dabei ist jeder sowohl Lernender als auch Lehrender, sowohl Experte als auch Novize, es gibt also eine gleichberechtigte Rollenverteilung (Wahl 2006). Gängige WELL-Methoden sind Gruppen- oder Partnerpuzzle, Lerntempoduett, Gruppenturnier und Gruppenrallye sowie Partner- und Gruppeninterview (Huber 2004).

Schüler als Experten

Lernhilfen

Das Thema Lernhilfen kann als Teilbereich der Aufgabenkultur angesehen werden. Wir erachten das Thema für den offenen Unterricht aus zwei Gründen als eine herausragende fachdidaktische und didaktische Entwicklungsmöglichkeit und widmen dem Thema daher ein eigenes Teilkapitel:

hohe Bedeutung

- Aufgaben, Lernmaterialien und Lernumgebung ersetzen in Teilen Anleitungen, Erläuterungen, Reflexionen, die im Instruktionsunterricht von der Lehrperson verbal übernommen werden. Das heißt, der Gestaltung von Materialien im weiteren Sinne kommt bei differenzierenden Lernarrangements hohe Bedeutung zu.
- Wie im Kap. 4 gezeigt wurde, belegt der Forschungsstand zwei Schwächen des offenen Unterrichts: die Förderung schwacher Schülerinnen und Schüler und die vergleichsweise geringe kognitive Aktivierung. Für beide könnten Lernhilfen hilfreich sein.

Das Konzept der Lernhilfen kann einen Beitrag dazu leisten allen Schülerinnen und Schülern einer Lerngruppe dabei zu helfen, ein hohes kognitives Anspruchsniveau zu erreichen. Das Konzept wurde für den naturwissenschaftlichen Unterricht entwickelt (vgl. z. B. Stäudel/Wodzinski

Erreichen eines hohen Anspruchsniveaus für alle

2010; Hänze/Schmidt-Weingand/Blum 2007) und die Wirksamkeit wurde in einem DFG-Projekt untersucht (http://www.physik.uni-kassel.de/?id=664). Über Lernhilfen (vgl. Hänze et al. 2007, S. 198)

- soll Vorwissen aktiviert und ein Anstoß zur Elaboration gegeben werden,
- sollen sachbezogene Informationen und
- Hilfen zur Problemstrukturierung gegeben werden.

Dabei kann die schriftlich verbalisierte Hilfe in einer typischen Abfolge formuliert werden (Abb. 33):

1	Paraphrasierung	»Erklärt Euch gegenseitig die Aufgabe noch einmal in eigenen Worten!«
2	Fokussierung auf Ausgangszustand	»Schaut Euch die Informationen auf dem Aufgabentext an!«
3	Elaboration	»Überlegt Euch, welche Eigenschaften am einfachsten zu bestimmen sind!«
4	Aktivierung von Vorwissen	»Erinnert Euch: Wie lautet die Formel, mit der man aus der Masse und dem Volumen die Dichte bestimmen kann?«
5	Informationsinput	»Die Formel für die Dichte lautet: Dichte = Masse/Volumen.«
6	Visualisierung	»Fertigt eine Skizze des Problems an!«
7	Verifizierung	»Schreibt die einzelnen Schritte noch einmal nacheinander auf.«

Abb. 33: Typische Abfolge von Lernhilfen (vgl. Hänze/Schmidt/Weingand/Blum 2007, S. 199)

Gefahr des Scheiterns verringern

Lernhilfen können für nahezu alle Schulfächer und für alle Altersstufen (sofern die notwendige Lesekompetenz vorhanden ist) formuliert werden. Mithilfe von Lernhilfen kann die Aufgabenkomplexität erhöht und gleichzeitig die Gefahr des Scheiterns verringert werden. Damit leisten sie einen wichtigen Beitrag zur Differenzierung und Individualisierung – sowohl leistungsschwache als auch leistungsstarke Schülerinnen und Schüler können davon profitieren. Dies stärkt das Selbstkonzept und erhöht die Lernmotivation.

Bei der Planung müssen mögliche Schwierigkeiten von der Lehrperson erkannt und in Lernhilfen übersetzt werden. Die Lernenden entscheiden dann im Laufe der Aufgabenbearbeitung selbst, wann sie welche Lernhilfe nutzen möchten. Gegenüber der bekannten selbstständigen Lösungskontrolle im Rahmen des offenen Unterrichts liegt der Vorteil auf der Hand: Die Lösungskontrolle am Ende des Lernprozesses kann erst genutzt werden, wenn die Aufgabe abgeschlossen wird, was wiederum voraussetzt, dass die Aufgabe überhaupt bewältigt wurde. Wenn die Schülerinnen und Schüler in einem früheren Stadium der Aufgabenbearbeitung nicht weiterkommen, dann kann die abschließende Lösungskontrolle keine Hilfe leisten – die Wahrscheinlichkeit, dass diese Lernenden dann frustriert sind und den Lernprozess abbrechen, ist hoch. Möglicherweise liegt in dieser Problematik ein Grund für das vergleichsweise geringe kognitive Anspruchsniveau im offenen Unterricht: Um das Ausbrechen aus dem Lernprozess zu vermeiden, werden Aufgaben kleinschrittig zergliedert oder relativ anspruchslose Aufgaben formuliert.

Lösungskontrolle am Ende ist problematisch

Leistungsbewertung

Vorklärungen

In den 1970er- und 1980er-Jahren war die Leistungsbewertung im offenen Unterricht mit einem hohen gesellschaftskritischen Impetus belegt. »Schüler sollten aus ihren Projekterfahrungen Forderungen nach einer anderen Lernpraxis und einer anderen Beurteilungspraxis ableiten« (Bastian 1980). Die Kritik richtete sich insbesondere gegen die Zensurengebung, die in reformpädagogischer Tradition seit Jahrzehnten kritisiert wird. Als Alternativen gelten vorrangig Berichtszeugnisse, verbale Beurteilungen und Entwicklungsberichte sowie eine verstärkte Selbstbewertung. Inzwischen hat sich die Perspektive verändert. Verschiedene Formen eines geöffneten oder offenen Unterrichts werden genutzt, um fachliche und überfachliche Kompetenzen zu entwickeln, häufig angelehnt an einen erweiterten Lernbegriff mit fachlichen, sozialen, methodischen und persönlichen Kompetenzen. In allen Bundesländern werden inzwischen in unterschiedlichsten Varianten Kompetenzen bewertet, deren Vermittlung ohne geöffnete Lernarrangements kaum möglich ist. So werden in Baden-Württemberg Projektprüfungen (Hauptschulen) und Kompetenzprüfungen (Realschulen) durchgeführt. Thüringen hat eine Zeugnisbeilage zur Kompetenzeinschätzung entwickelt – um nur zwei Beispiele zu nennen. Leistungsbewertung im geöffneten Unterricht ist damit nahezu alltäglich geworden.

Gesellschafts- und Schulkritik

erweiterter Lernbegriff

Kompetenzprüfung

Bei der Bewertung im offenen Unterricht sollten grundlegende Ansprüche an die schulische Leistungsbewertung nicht vernachlässigt werden. Da die Bewertung sich in der Regel auf komplexe Leistungen bezieht ist der Anspruch an eine professionelle Bewertung gegenüber der traditionellen Bewertung erhöht. Zu den Grundlagen zählen insbesondere (vgl. Bohl 2009b, Kap. 5 und 6):

- Sofern möglich: Berücksichtigung der testtheoretischen Gütekriterien Objektivität, Validität und Reliabilität.

- Klärung, ob eine individuelle, eine soziale oder kriteriale Bezugsnorm zugrunde liegt. Erstrebenswert könnte die Kombination einer individuellen und einer kriterialen Bezugsnorm sein.
- Reflexion und Vermeidung typischer Fehlerquellen wie logischer Fehler, Reihungsfehler, Tendenz zur Mitte, Milde- oder Strengefehler oder Haloeffekt.
- Kriterienbezogene Leistungsbewertung mit überschaubaren Bewertungsbögen und Kriterien bzw. Indikatoren, die auf mittlerem bzw. niedrigem Inferenzniveau formuliert sind.

Die vielfältigsten Möglichkeiten der Bewertung können über die Einteilung der Leistungen in Prozess, Produkt und Präsentation didaktisch strukturiert werden (Abb. 34).

	Prozess	Produkt	Präsentation
Beispiele	• Arbeitsphase einer Gruppe im Projektunterricht • Individuelles Lernen in der Freiarbeit oder Wochenplanarbeit • Lösung von Aufgaben in Partnerarbeit (z. B. Wochenplanarbeit)	• Lösung einer schriftlichen Aufgabe in der Freiarbeit • Schriftliche Dokumentation einer Projektarbeit • Lernplakat	• Gruppenpräsentation am Ende eines Projektes • Einzelreferat über ein begrenztes fachliches Thema • Vorstellung einer Jahresarbeit, die von einer Zweiergruppe bearbeitet wurde

Abb. 34: Prozess, Produkt, Präsentation als didaktisch begründete Einteilung der zu bewertenden Leistungen

Diese Einteilung ist hilfreich für Planung, Durchführung und Analyse/Bewertung von offenem Unterricht. Sie ermöglicht unterschiedliche Zugänge, d. h. Bewertung von überschaubaren Leistungen (z. B. nur Präsentationsbewertung am Ende eines Projektes) oder auch von komplexen Leistungen (z. B. Bewertung von Prozess, Produkt und Präsentation am Ende eines Projektes).

Im nächsten Schritt lässt sich nun klären, in welcher Weise Bewertungen möglich sind (Abb. 35).

Grundsätzlich können alle Leistungen als Selbstbewertung (Schüler-/innen bewerten sich selbst), Mitbewertung (Schüler/innen bewerten sich gegenseitig) und Fremdbewertung (Lehrer/in bewertet Schülerleistung) durchgeführt werden.

Diese Bewertungsmöglichkeiten können nun in Bewertungsbögen überführt und mit Kriterien und Indikatoren belegt werden. Wesentlich

	Prozess	Produkt	Präsentation
Beobachtung	• Systematische Beobachtung in stabilen Lernsettings (z. B. Freiarbeit) • Punktuelle Beobachtung in dynamischen Lernsettings (z. B. Projekt)	–	• Systematische Beobachtung einer Präsentation
Kontrolle einer schriftlichen Leistung oder eines materiellen Arbeitsergebnisses	• Korrektur eines individuellen Arbeitsprozessberichtes	• Korrektur (z. B. eines Lernplakates, einer schriftlichen Leistung, einer Aufgabenlösung)	–

Abb. 35: Bewertungsmöglichkeiten für Prozess, Produkt oder Präsentation

dabei ist die Frage, wie Kriterien entwickelt und formuliert werden können. Dies sei erläutert, bevor anschließend ein Bewertungsbogen (Bewertung eines Prozessberichts) vorgestellt wird.

Bedeutung und Entwicklung von Kriterien

Die enge Anbindung der Bewertung(sbögen) an Kriterien ist aus mehreren Gründen sinnvoll: **Begründung**

- Kriterien ermöglichen ein zielgerichtetes Vorgehen, weil sie eine Verbindung zwischen Curriculum oder Bildungsstandards und der konkreten Lern- bzw. Leistungssituation herstellen.
- Kriterien ermöglichen ein zielgerichtetes Vorgehen, weil sie den Lernenden verdeutlichen, was geleistet werden soll. Es ist daher sinnvoll und beabsichtigt, dass sich die Lernenden (z. B. bei der Vorbereitung einer Präsentation) gezielt auf diese Kriterien hin vorbereiten (z. B. durch Einüben).
- Kriterien können vorab mit den Lernenden entwickelt und geklärt werden. Die Leistungserwartung wird transparent.
- Kriterien und konkretisierende Indikatoren erleichtern die Bewertung für die Lehrperson, weil sie an vorab durchdachte Erwartungen gekoppelt werden und den Fokus auf überschaubare Erwartungen richten (für Schüler/innen in der Vorbereitung; für Lehrkräfte bei der Bewertung).

Kriterien sollten nicht ausschließlich aus normativen Erwartungen (z. B. »Ich finde wichtig, dass meine Schüler teamfähig sind«) oder curricula-

Erlernbarkeit der Leistungserwartung

ren Vorgaben gespeist werden, sondern sollten im Sinne einer didaktischen und pädagogischen Handlungseinheit (Bohl 2009b) im Unterricht vor- und nachbereitet werden. Insbesondere sollten die Leistungserwartungen, die in Kriterien formuliert sind, im vorherigen Unterricht in konkreten didaktischen Arrangements für die Schülerinnen und Schüler erlernbar sein. Vor der Bewertung sollten alle Lernenden die Chance haben, diese Leistungserwartung einzuüben und zu erlernen. Diese normative Setzung hat für die gesamte Bewertungskonzeption weitreichende Folgen:

- Die Bewertung wird überschaubar, weil nur Kriterien einbezogen werden, die im vorherigen Unterricht eingebunden sind. Bewertungsbögen werden in ihrer Komplexität reduziert, aber in ihrer Zielorientierung erhöht.
- Der Bewertungsvorgang selbst wird die Lehrperson entlasten, weil nur wenige (aber gut bekannte) Kriterien in den Blick kommen. Dies ist etwa bei der anspruchsvollen Beobachtung von Prozessen und Präsentationen höchst hilfreich.
- Die Bewertung wird an die didaktische Kompetenz der Lehrperson gekoppelt: Bewertet werden letztlich nur Leistungen, die von der Lehrperson entwickelt werden können. Das heißt, dass je nach didaktischer Kompetenz die Kriterien zwischen Klassen bzw. ihren Lehrkräften variieren können.

Kriterien und Indikatoren

Die Entwicklung von Bewertungskriterien hängt eng mit dem Begriff der Inferenz zusammen, der bereits im Kontext einer systematischen Beobachtung (vgl. Teilkapitel *Lernvoraussetzungen und Vorwissen*) erörtert wurde. Sinnvoll ist die Formulierung von Kriterien, die jeweils mit Indikatoren belegt werden. Indikatoren sind konkret beobachtbar und protokollierbar. Jede Kompetenz wird in der Regel in mehrere Indikatoren unterteilt. Dies sei an einem Beispiel näher erläutert.

Beispiel eines Bewertungsbogens: Bewertung eines Prozessberichtes

Die Bewertung von Prozessen ist höchst anspruchsvoll und wesentlich komplexer als die Bewertung eines Produktes oder einer Präsentation. Prozesse können grundsätzlich (vgl. Abb. 35) über Beobachtung oder über die Korrektur einer Prozessbeschreibung (z. B. eines Prozessberichtes) bewertet werden. Der folgende Bogen zeigt beispielhaft, wie ein Prozessbericht (z. B. über die Arbeit in einem Projekt) bewertet werden kann (vgl. Abb. 35; Bohl/Dieck/Papenfuss 2009).

Name		Klasse	Fach	Datum	Thema:	
Bereiche/ Kriterien (Indikatoren)		Bewertung				Pkte err.
		3 Pkte	2 Pkte	1 Pkte	0 Pkte	
Vorgehensweise						
1	Beschreibung der Vorgehensweise während des gesamten Prozesses (Ausgangslage, Einstiegssituation, Phasen, Arbeitsaufteilung, Abschluss)	vollständig und aussagekräftig	größtenteils vollständig und aussagekräftig	teilweise vollständig und aussagekräftig	unvollständig und kaum aussagekräftig	
2	Reflexion/Analyse und Begründung der Vorgehensweise dazu (Was ist gelungen? Wo gab es Probleme (z. B. hinsichtlich Ziele, Material, Kooperation)? Wie sahen Lösungen aus? Was wurde entdeckt/ herausgefunden?)	vollständig und aussagekräftig	größtenteils vollständig und aussagekräftig	teilweise vollständig und aussagekräftig	unvollständig und kaum aussagekräftig	
3	Bewertung des Prozesses (Was ist qualitativ gelungen? Was ist qualitativ weniger gelungen? Wie ist der Prozess insgesamt einzuschätzen? Wie ist das Produkt insgesamt einzuschätzen?)	differenziert und aussagekräftig	größtenteils differenziert und aussagekräftig	teilweise differenziert und aussagekräftig	undifferenziert und kaum aussagekräftig	
Textqualität						
4	Textqualität (Verständlichkeit, Fachbegriffe)	verständlich	größtenteils verständlich	teilweise verständlich	kaum verständlich	
Wahlkriterien						
5	...					
	erreichte Pkte:					

Abb. 35: Bewertungsbogen Prozessbericht

Beschreiben – Der Bewertungsbogen unterscheidet deutlich zwischen Beschreiben,
Analysieren – Analysieren und Bewerten als drei unterschiedlich anspruchsvollen Leis-
Bewerten tungen. Die kriterienbezogene Bewertung zielt auf die qualitative Einschätzung des Prozesses oder Produktes. Die Punktevergabe kann selbstverständlich variieren, ebenso können Indikatoren verändert und weitere Kriterien hinzugefügt werden.

Die Indikatoren geben nicht nur dem Lehrer für die Bewertung Hinweise, sondern bieten den Schülerinnen und Schülern Orientierung für ihren Prozessbericht. Die Kriterien können auch kompetenzbezogen formuliert werden (z. B. »Der Schüler ist in der Lage, die Vorgehensweise in einem Projekt zu beschreiben/zu analysieren/zu bewerten«).

Weitere Entwicklungsmöglichkeiten bei der Leistungsbewertung im offenen Unterricht

Die Fülle weiterer Bewertungsformen kann hier nur angedeutet werden (ausführlicher vgl. Bohl 2009b).

Selbst- • Selbstbewertung: Schülerinnen und Schüler können in unterschied-
bewertung lichsten Formen an der Bewertung beteiligt werden, z. B. indem sie einzelne Kriterien bei einer Präsentation beobachten und dazu eine kritisch-konstruktive Einschätzung geben.

Portfolio • Portfolio: Portfolio kann sowohl als Unterrichtsverfahren als auch als Bewertungsmöglichkeit eingesetzt werden. Inzwischen liegen vielfältige Erfahrungsberichte, Reflexionen und auch einige wissenschaftliche Studien zur Portfolioarbeit vor (Wiedenhorn/Engel 2008; Schwarz/ Volkwein/Winter 2008; Häcker 2007; Brunner/Häcker/Winter 2006).

Bewertung • Bewertung offener Aufgaben: Offene Aufgaben mit unterschiedlichen
offener Einstiegsmöglichkeiten, Lösungswegen oder Lösungsergebnissen
Aufgaben können sowohl im lehrerzentrierten Unterricht als auch in schülerorientierten Phasen eingesetzt werden. Die Bewertung von offenen Aufgaben bereitet häufig Probleme, weil aufgrund der unterschiedlichen Lösungen eine vereinheitlichende Korrektur erschwert wird. Die Bewertung ist über gemeinsame Kriterien möglich (vgl. Abb. 36). Offene Aufgaben werden insbesondere in der Mathematikdidaktik und in naturwissenschaftlichen Fächern diskutiert.
Abb. 36 verdeutlicht beispielhaft Kriterien zur Bewertung unterschiedlicher Lösungen bei einer offenen Aufgabe. Die Bewertung offener Auf-gaben wird erleichtert, transparent und gerechter, wenn die Lernenden angehalten sind, ihre Lösungswege zu beschreiben.

	Bewertungskriterien offene Aufgabe	Pkte max	Pkte err.
1	Arbeitsanweisungen befolgt	3	
2	Vorgehen nachvollziehbar beschrieben	4	
3	Vorgehen fachlich korrekt	4	
4	Fachsprache verwendet	3	
5	Besondere Leistungen oder kreative Lösungen	3	

Abb. 36: Kriterien zur Bewertung einer offenen Aufgabe (vgl. für Mathematik: Perlich 2006)

- Flexibler Einsatz von Klassenarbeiten oder Tests: In offenen Settings können Lernkontrollen flexibel eingesetzt werden. Es gibt keine schulrechtliche Grundlage dafür, dass alle Arbeiten zum gleichen Zeitpunkt und am gleichen Ort und in identischer Fassung geschrieben werden müssen. So bietet es sich insbesondere bei der Kontrolle und Bewertung von Grundkenntnissen an, Tests flexibel einzusetzen – dann, wenn die einzelnen Lernenden so weit sind, dass sie die Grundkenntnisse erworben haben (vgl. Braun 2001).

Variation Klassenarbeit

Zusammenfassung

In diesem Kapitel wurden Vorschläge zur Weiterentwicklung des offenen Unterrichts auf der Ebene der Mikroprozesse und unter Berücksichtigung didaktischer Implikationen erarbeitet. Den Vorschlägen gingen Befunde der empirischen Unterrichtsforschung voraus. Folgende Themenbereiche kristallisieren sich dabei heraus:

- Klärung der Lernvoraussetzungen und des Vorwissens: Vorwissen ist entscheidend für erfolgreiche Aufgabenbearbeitung – gerade im differenzierenden Unterricht. Verschiedene diagnostische Verfahren ermöglichen eine Feststellung der Lernvoraussetzungen.
- Klassenführung: Effiziente Klassenführung erhöht die aktive Lernzeit, die wiederum Voraussetzung für intensives fachliches Arbeiten und das Erreichen von Tiefenstrukturen darstellt. Der Charakter der Klassenführung verändert sich im offenen Unterricht, ohne dass die Bedeutung verloren ginge.
- Lernumgebung: Im Begriff Lernumgebung vereinen sich eine reformpädagogische Tradition, die die räumliche Umgebung fokussiert, sowie eine lernpsychologische und didaktische Perspektive, die

Instruktion und Aufgaben hervorhebt. Mit Blick auf offenen Unterricht zeigen sich in der Lernumgebung ein schlüssiges, klar strukturiertes Zusammenspiel von inhaltlichen Anforderungen, schülerorientierten Zielsetzungen und kognitiv aktivierenden Aufgaben- und Materialangeboten sowie Mitgestaltungsmöglichkeiten der Schülerinnen und Schüler.

- Aufgabenkultur: In den 1980er- und 1990er-Jahren wurden die bekannten Konzepte des offenen Unterrichts entwickelt (z. B. Freiarbeit), dabei lag der Fokus lange auf der organisatorischen Makroebene. Die Gestaltung anspruchsvoller Aufgaben, die insbesondere kognitiv anregend wirken, wurde lange vernachlässigt.
- Lernberatung: Wenn Schülerinnen und Schüler selbstständig arbeiten, entstehen Freiräume für gezielte Beratung. Beratung erfordert eine konzeptionelle Klärung und einen prozessbezogenen Fokus im Gespräch.
- Schüler helfen Schülern: Gegenseitiges Helfen kann für die Lernenden selbst fruchtbar sein – sowohl für diejenigen, die Hilfe benötigen, als auch für diejenigen, die Hilfe geben können. Allerdings muss ein Helfersystem eingeführt und entwickelt werden.
- Lernhilfen: Sie geben, im Gegensatz zur gängigen Lösungskontrolle, nicht das Endergebnis vor, sondern bieten Hinweise für Zwischenschritte. So können komplexere Aufgaben auch von schwächeren Lernenden gelöst werden.
- Leistungsbewertung: Die vielfältigen Möglichkeiten einer auf offenen Unterricht und differenzierte Lernsettings abgestimmten Leistungsbewertung breiten sich zwar aus, sind jedoch noch nicht ausgeschöpft. So bieten sich zahlreiche Möglichkeiten, Prozesse, Produkte und Präsentationen im offenen Unterricht zu bewerten oder traditionelle Formen der Bewertung differenziert einzusetzen.

7. Zusammenfassung und Perspektiven

Zusammenfassung

Die Verbreitung offenen Unterrichts stagniert seit einigen Jahren. An vielen Grundschulen oder Sekundarschulen sowie Reform- oder Versuchsschulen ist Unterricht mit verschiedenen Öffnungsdimensionen zwar alltäglich geworden. Offener Unterricht wird jedoch nicht flächendeckend realisiert. An Sekundarschulen zeigt sich am häufigsten (gleichwohl an eher wenigen Schulen) ein Modell mit einem Stundenpool aus mehreren Fächern. Über die Woche verteilt werden dann etwa zweimal zwei Stunden oder dreimal zwei Stunden für Freiarbeit oder Wochenplanarbeit oder ähnliche Konzepte offenen Unterrichts eingesetzt. In diesen Modellen werden offener Unterricht bzw. erhöhte Freiheitsgrade vorrangig für Vertiefung und Übung genutzt, insbesondere mit Blick auf methodische und organisatorische Öffnung. An Grundschulen finden sich häufiger Formen geöffneten Unterrichts, sowohl in einzelnen Phasen mit Stationen- und Werkstattarbeit oder längerfristig angelegt mit Freiarbeit und Wochenplanunterricht. In den meisten Fällen dienen diese Formen dem selbstständigen Arbeiten der Kinder, die Aufgaben haben hier überwiegend Übungs- und Vertiefungsfunktion.

Verbreitung offener Unterricht

Im Bereich der unterrichtsbezogenen Theoriebildung wurden in der vergangenen Dekade mehrere Ansätze entwickelt. Obschon es sich dabei um keine umfassenden didaktischen Theorien handelt, können sie gleichwohl mit offenem Unterricht verbunden bzw. von ihm abgegrenzt werden. Es zeigt sich, dass dabei durchaus inspirierendes Potenzial in neueren benachbarten Ansätzen enthalten ist, beispielsweise

neue Theorieansätze

- die hohe Bedeutung diagnostischer Verfahren im Ansatz des adaptiven Lernens,
- die in vielfacher Hinsicht legitimierende Basis von Ansätzen, die sich auf Erkenntnisse der Hirnforschung und der Kognitionsforschung beziehen,
- der ertragreiche, im Mikrobereich vergleichsweise hochdifferenzierte Ansatz des dialogischen Lernens, der sowohl diagnostische, als auch didaktische und aufgabenbezogene Weiterentwicklungsmöglichkeiten für offenen Unterricht bietet.

Bildungs-theoretische Fundierung

Gegenüber diesen und weiteren hier diskutierten Theorieansätzen zeigt sich jedoch, dass erst eine bildungstheoretische Fundierung die theoriebezogene Abgrenzung des offenen Unterrichts zu anderen benachbarten Ansätzen ermöglicht. Diese Abgrenzung vollzieht sich entlang dem Begriff »Selbstbestimmung« und dem konsequenten Ausmaß an Freiheitsgraden in inhaltlicher und politisch-partizipativer Hinsicht.

Gemäßigter oder radikaler Ansatz?

Inwiefern der offene Unterricht konsequent, d. h. mit Öffnung in methodischer, organisatorischer, inhaltlicher und politisch-partizipativer Hinsicht umgesetzt wird, darüber kann nur spekuliert werden. Hier scheint es an einzelnen Schulen zwar durchaus Modelle höchst unterschiedlicher Art zu geben, die etwa in unterschiedlicher Weise reformpädagogisch inspiriert sind. Systematische Dokumentationen, Evaluationen oder wissenschaftliche Studien liegen nur selten vor. Wir haben uns daher recht häufig auf eines der sehr wenigen systematisch erforschten Unterrichtsmodelle von Falko Peschel bezogen. Diese Studie zeigt, dass radikal angelegter offener Unterricht zu bemerkenswerten (auch fachlichen) Leistungen führen kann.

Forschungslage

Die Forschungslage zur Wirksamkeit von offenem Unterricht ist und bleibt lückenhaft und insbesondere auch uneinheitlich. Gleichwohl können einige Ergebnisse festgehalten werden, die durchaus eine Tendenz bei der Einschätzung der Wirkung des offenen Unterrichts erlauben. Über die vielfach publizierte Tendenz, dass offener Unterricht eher überfachliche und nicht kognitive Ziele (z. B. Interesse) und direkte Instruktion eher fachliche Leistungen stärkt, hinaus zeigen sich einige Befunde, die sich auf die didaktische Gestaltung beziehen:

- Während offener Unterricht in organisatorischer Hinsicht gut strukturiert ist (z. B. Raum, Zeit), wurde die inhaltliche Strukturierung vernachlässigt (z. B. aufgabenbezogene Strukturierung nach Schwierigkeitsgraden).
- Leistungsschwächere bzw. konzentrationsschwächere bzw. ungewissheitsorientierte Schülerinnen und Schüler haben mehr Schwierigkeiten, mit gewährten Freiheitsgraden umzugehen, d. h. sie gezielt zu nutzen, als leistungsstärkere Schülerinnen und Schüler.
- Im Detail zeigen sich (vermutlich) nicht intendierte Folgen von Konzepten wie Wochenplanarbeit: Die Schülerinnen und Schüler scheinen Experten für Selbstmanagement zu werden (z. B. rechtzeitiges Erfüllen der Pensen), dabei jedoch den inhaltlichen Tiefgang zu vernachlässigen.

Insgesamt zeigt sich insbesondere im Bereich didaktischer und fachdidaktischer Mikroprozesse des Unterrichts ein Entwicklungspotenzial. Dies fügt sich durchaus in grundlegende Befunde zur Wirksamkeit von Unterricht, in denen Klassenführung, kognitive Aktivierung und konstruktive Unterstützung zentrale Merkmale sind (für Mathematikunterricht vgl. z. B. Kunter et al. 2006). Zudem können Merkmale guten Unterrichts (z. B. Helmke 2009) genutzt werden, um Konzepte kritisch zu beleuchten und gegebenenfalls weiterzuentwickeln. Dementsprechend ist zu fragen, inwiefern diese Merkmale für Konzepte offenen Unterrichts weiterentwickelt werden können. Im Bereich der Mikroprozesse und aus didaktischer Perspektive sehen wir daher in den folgenden Bereichen zentrale Entwicklungsmöglichkeiten:

Entwicklungsmöglichkeiten im Bereich Mikroprozesse

- Diagnose des Vorwissens und der Lernvoraussetzungen
- Klassenführung
- Lernmaterialien und Lernumgebung
- Aufgabenkultur
- Schüler helfen Schülern
- Lernhilfen
- Leistungsbewertung

Die »Kunst der Weiterentwicklung« liegt darin, das eine (Weiterentwicklung auf der Grundlage der Befunde der Unterrichtsforschung) zu tun, ohne das andere (hoher Anspruch an die Selbstorganisation bzw. Selbstbestimmung) sein zu lassen, und daher beides in einer jeweils vor Ort auszugestaltenden Konzeption über Unterrichtseinheiten und Schuljahre hinweg zu verbinden. Eine einseitige Ausrichtung an den genannten Entwicklungsmöglichkeiten auf Mikroebene birgt die Gefahr, bildungstheoretische Ziele, die letztlich offenen Unterricht erst legitimieren, zugunsten einer zügigen fachlichen Effizienz aufzugeben. Um dies zu vermeiden, ist im Rahmen einer Gesamtkonzeption der kumulative Aufbau der Öffnung zu klären und systematisch voranzubringen – erst dadurch kann im Laufe der Schuljahre das Ziel der Selbstbestimmung überhaupt anvisiert werden. Demzufolge verändert sich die Planung von Unterricht. In noch höherem Maße als im fächerparzellierten Unterricht sind für offenen Unterricht eine mittel- und langfristige Planung und Konzeption notwendig, die an Vereinbarungen innerhalb der Einzelschule (z. B. Schulprogramm) orientiert sind und die zu erreichenden Kompetenzen und Inhalte berücksichtigten. Im Rahmen dieser Planung kommt dem Ausmaß der gewährten Freiheitsgrade besondere Bedeutung zu.

Ausmaß der Freiheitsgrade

Entwicklungsperspektiven

In unseren Ausführungen wurde deutlich, dass offener Unterricht nicht gleichbedeutend ist mit »gutem« Unterricht. Allein der Öffnungsgrad von Unterricht sagt noch wenig über die Qualität des Lernens aus, wenn wichtige Merkmale wie beispielsweise kognitive Aktivierung oder Strukturierung nicht ausgeprägt sind.

Ziele

Unterricht zu öffnen kann das Ziel verfolgen, dass Schülerinnen und Schüler besser und nachhaltiger lernen, indem das Lernangebot auf ihre Voraussetzungen abgestimmt ist und sie selbstgesteuert und aktiv arbeiten können. Darüber hinaus kann er das Ziel verfolgen, Schülerinnen und Schüler dazu zu befähigen, dass sie für ihr Lernen selbst verantwortlich werden, indem sie nicht nur selbstgesteuert, sondern auch selbstbestimmt arbeiten. Wir haben in unserer Definition von offenem Unterricht erst die letzte Form als offenen Unterricht bezeichnet, Formen, die Schüler/innen in organisatorischer oder methodischer Hinsicht Wahlmöglichkeiten zugestehen, bezeichnen wir als geöffneten Unterricht, der überwiegend lehrerzentriert bzw. fremdbestimmt abläuft, auch wenn die Lehrperson im tatsächlichen Unterrichtsgeschehen eher in den Hintergrund tritt.

Szenarium der Weiterentwicklung

Für die Weiterentwicklung offenen Unterrichts sind drei Szenarien denkbar:

- Entwicklung eines hochdifferenzierten Unterrichts mit anspruchsvollen Aufgaben und Möglichkeiten für die Schülerinnen und Schüler, handlungsorientiert und aktiv zu lernen. Die Verantwortung und Aufgabe, einen solchen Unterricht so zu konzipieren, vorzubereiten und durchzuführen, obliegen fast ausschließlich der Lehrerin/dem Lehrer. Hier handelt es sich um einen guten lehrerzentrierten (Instruktions-) Unterricht.
- Entwicklung eines radikal offenen Unterrichts, in dem die Schülerinnen und Schüler die Verantwortung für ihr Lernen selbst übernehmen. Sie müssen entscheiden, womit sie sich in welcher Weise und wie ausführlich beschäftigen und was sie dabei lernen wollen. Sie entscheiden, welche Kompetenzen sie wann erwerben möchten. Die Lehrkraft unterstützt sie dabei, gibt Anregungen, Hilfestellungen und wichtige Hinweise, damit die einzelnen Schüler/innen diese Aufgabe bewältigen können.
- Entwicklung eines stufenweise immer mehr geöffneten Unterrichts. Zu Beginn stehen organisatorische und methodische Öffnungsformen im Vordergrund, die zunächst weitgehend von der Lehrerin oder dem Lehrer vorbereitet werden. Im weiteren Verlauf wird die Mitbestimmungsmöglichkeit der Schülerinnen und Schüler ausgeweitet und die Lehrkraft gibt immer mehr Verantwortung und Kontrolle an die Schülerinnen und Schüler ab. Das Ziel ist dann die Selbstbestimmung der Schülerinnen und Schüler.

Wichtig erscheint uns, dass die einzelne Lehrkraft sich darüber im Klaren ist, welchen Weg sie geht oder gehen möchte, was sie damit erreichen kann und was nicht. Bildungstheoretisch gesehen steht nur hinter einem offenen Unterricht die Intention der Selbstbestimmungsfähigkeit der Schülerinnen und Schüler.

Forschungsperspektiven

Die Erforschung des offenen Unterrichts ist noch immer defizitär (vgl. Kap. 4). Hilfreich wären folgende Forschungsarbeiten:

- Erforschung der Charakteristik und Wirksamkeit von radikalen und konsequenten Ansätzen des offenen Unterrichts. Ausgehend von der Studie von Peschel (2006a und b) lässt sich vermuten, dass in diesen Ansätzen mehr Potenzial steckt als angenommen – auch aus lerntheoretischer Sicht –, dieses Potenzial sich jedoch erst langfristig entfalten kann.
- Erforschung der Charakteristik und Wirksamkeit unterschiedlicher Settings von Freiarbeit, Wochenplanarbeit und Stationenarbeit (als den bekannten Ansätzen). Zu erhoffen wären Erkenntnisse über Auswirkungen eines konsequenten Classroom-Managements, eines anspruchsvollen kognitiven Angebots und einer lernprozessbezogenen Unterstützung.
- Ausgehend von den bekannten Merkmalen der Schulqualität (vgl. Teilkapitel *Schulebene* in Kap. 3) könnte der Einfluss einer konsequent getragenen Schulkonzeption auf die Charakteristik und Wirksamkeit des offenen Unterrichts untersucht werden.
- Langfristige und auf Outcome bezogene Studien könnten die eher vermutete als belegte Hoffnung eines nachhaltigeren Lernens im offenen Unterricht untersuchen.
- Mit Blick auf Studien zur Erforschung wirksamen »normalen« Unterrichts, etwa die sogenannten Optimalklassenstudien (z. B. Helmke 1988) könnte deutlicher als bisher herausgearbeitet werden, welche Charakteristik sich aus allgemeindidaktischer und fachdidaktischer Perspektive in Optimalklassen »verbirgt« (z. B. Offenheit, Lernumgebung).

Insgesamt erachten wir das Zusammenspiel von konsequenter Offenheit und hohen fachlichen Leistungen als zu wenig erforscht. Dass der offene Unterricht im Bereich überfachlicher Leistungen vorteilhaft sein kann, genügt für einen zeitgemäßen und anspruchsvollen Unterricht noch nicht und offenbart gleichzeitig noch Entwicklungspotenziale.

Offenheit und fachliche Leistungen

Literatur

Ackeren, I. v./Kühn, S. (2010): Zwischen Anspruch und Realität. Die Diskussion um Klassenführung und schülerorientierten Unterricht in Kanada und Finnland. In: Bohl, T./Kansteiner-Schänzlin, K./Kleinknecht, M./Kohler, B./Nold, A. (Hrsg.): Classroom-Management und Selbstbestimmung. Bad Heilbrunn: Klinkhardt.

Aebli, H. (1983): Zwölf Grundformen des Lehrens. Stuttgart: Klett-Cotta.

Aebli, H. (1997): Grundlagen des Lehrens. Stuttgart: Klett-Cotta.

Apel, H. (2002): Herausforderung Schulklasse. Bad Heilbrunn: Klinkhardt.

Arnold, K.-H. (1999): Arbeitshilfen zur Gliederung, Formulierung und Gestaltung. In: Jürgens, E.: Zeugnisse ohne Noten. Ein Weg zur differenzierten Leistungserziehung. Braunschweig: Westermann, S. 100–109.

Arnold, K.-H./Jürgens, E. (2001): Schülerbeurteilung ohne Zensuren. Neuwied: Luchterhand.

Arnold, K.-H./Vollstädt, W. (2001): Arbeits- und Sozialverhalten in der Schule. Möglichkeiten und Grenzen ihrer Beurteilung durch »Kopfnoten«. In: Die Deutsche Schule 93, H. 2, S. 199–209.

Artelt, C./Demmrich, A./Baumert, J. (2001): Selbstreguliertes Lernen. In: Deutsches PISA-Konsortium (Hrsg.): PISA 2000. Basiskompetenzen von Schülerinnen und Schülern im internationalen Vergleich. Opladen: Leske + Budrich, S. 271–299.

Astleitner, H. (2009): Eine Didaktik-Theorie zur Inneren Differenzierung in Schulbüchern: Das Aufgaben-Rad-Modell (Forschungsbericht). Fachbereich Erziehungswissenschaft, Universität Salzburg.

Avenarius, H./Ditton, H./Dobert, H./Klemm, K./Klieme, E./Rürup, M./Tenorth, H.-E./Weishaupt, H./Weiß, M. (2003): Bildungsbericht für Deutschland. Erste Befunde. Opladen: Leske + Budrich.

Bannach, M. (2002): Selbstbestimmtes Lernen. Baltmannsweiler: Schneider Verlag Hohengehren.

Bastian, J. (1980): Sollen Projekte zensiert werden oder nicht? Lehrer diskutieren. In: Westermanns Pädagogische Beiträge 32, H. 3, S. 116–119.

Bastian, J./Gudjons, H. (Hrsg.) (^{3}1991): Das Projektbuch. Theorie – Praxis – Erfahrungen. Hamburg: Bergmann und Helbig.

Baumann, M. (2008): Macht Hirnforschung Schule? Schön wär's. In: Gehirn & Geist, H. 3, S. 67.

Baumert, J./Roeder, P. M./Gruehn, S./Heyn, S./Köller, O./Rimmele R./Schnabel, K./Seipp, B. (1996): Bildungsverläufe und psychosoziale Entwicklung im Jugendalter (BIJU). In: Treumann, K.-P./Neubauer, G./Müller, R./Abel, J. (Hrsg.): Methoden und Anwendungen empirischer pädagogischer Forschung. Münster/New York: Waxmann, S. 170–180.

Beck, E./Brühwiler, C./Müller, P. (2007): Adaptive Lehrkompetenz als Voraussetzung für individualisiertes Lernen in der Schule. In: Lemmermöhle, D./Rothgangel, M./Bögeholz, S./Hasselhorn, M./Watermann, R.: Professionell lehren – erfolgreich lernen. Münster u. a.: Waxmann, S. 197–210.

Beck, E./Guldimann, T./Zutavern, M. (1991): Eigenständig lernende Schülerinnen und Schüler. Bericht über ein empirisches Forschungsprojekt. In: Zeitschrift für Pädagogik 37, H. 5, S. 735–768.

Becker, N. (2006): Die neurowissenschaftliche Herausforderung der Pädagogik. Bad Heilbrunn: Klinkhardt.

Benner, D. (1989): Auf dem Weg zur Öffnung von Unterricht und Schule. Theoretische Grundlagen zur Weiterentwicklung der Schulpädagogik. In: Die Grundschulzeitschrift, H. 27, S. 46–55.

Benner, D./Ramseger, J. (1985): Zwischen Ziffern, Zensur und pädagogischem Entwicklungsbericht: Zeugnisse ohne Noten in der Grundschule. In: Zeitschrift für Pädagogik 31, H. 2, S. 151–174.

Bennewitz, H./Breidenstein, G. (2004): Wenn Schülerinnen und Schüler einander helfen. In: Pädagogik 7–8/2004, S. 26–30.

Bierhoff, H. W. (1990): Prosoziales Verhalten in der Schule. In: Rost, D. H. (Hrsg.): Handwörterbuch Pädagogische Psychologie. Weinheim: Beltz, S. 410–414.

Bildungskommission NRW (1995): Zukunft der Bildung – Schule der Zukunft. Neuwied: Luchterhand.

Blumberg, E./Möller, K./Hardy, I. (2004): Erreichen motivationaler und selbstbezogener Zielsetzungen in einem schülerorientierten naturwissenschaftsbezogenen Sachunterricht – Bestehen Unterschiede in Abhängigkeit von der Leistungsstärke? In: Bos, W./Lankes, E.-M./Plaßmeier, N./Schwippert, K. (Hrsg.): Heterogenität. Eine Herausforderung an die empirische Bildungsforschung. Münster: Waxmann, S. 41–55.

Boer, H. de (2007): Abkehr vom normativen Leistungsanspruch und individueller Lernbegleitung. In: Boer, H. de/Burk, K./Heinzel, F. (Hrsg.): Lehren und Lernen in jahrgangsgemischten Klassen. Frankfurt a. M.: Arbeitskreis Grundschule – Grundschulverband, S. 76–87.

Bohl, T. (2001): Wie verbreitet sind offene Unterrichtsmethoden? In: Pädagogische Rundschau 55, H. 3, S. 271–288.

Bohl, T. (2003): Aktuelle Regelungen zur Leistungsbeurteilung und zu Zeugnissen an deutschen Sekundarschulen. In: Zeitschrift für Pädagogik 49, H. 4, S. 550–566.

Bohl, T. (2004): Empirische Unterrichtsforschung und Allgemeine Didaktik. Ein prekäres Spannungsverhältnis und Konsequenzen im Kontext der PISA-Studie. In: Die Deutsche Schule 96, H. 4, S. 414–425.

Bohl, T. (2005): Leistungsbeurteilung in der Reformpädagogik. Weinheim/Basel: Beltz.

Bohl, T. (2007): Stagnation oder Weiterentwicklung? Offener Unterricht zwischen reformpädagogischer Tradition und empirischer Bildungsforschung. In: Schulmagazin 5–10 75, H. 2, S. 5–8.

Bohl, T. (2009a): Offenen Unterricht weiterentwickeln. Mikroprozesse des Lernens berücksichtigen und Gesamtkonzeption optimieren. In: Pädagogik 62, H. 4, S. 6–10.

Bohl, T. (^{4}2009b): Prüfen und Bewerten im offenen Unterricht. Weinheim/Basel: Beltz.

Bohl, T. (2010): Forschung für den Unterricht: Zwischen selbstbestimmtem Lernen und Classroom-Management. In: Bohl, T./Kansteiner-Schänzlin, K./Kleinknecht, M./Kohler, B./Nold, A. (Hrsg.): Selbstbestimmung und Classroom-Management – Empirische Befunde und Entwicklungsstrategien zum guten Unterricht. Bad Heilbrunn: Klinkhardt.

Bohl, T./Dieck, M./Papenfuss, A. (2009): Prozessberichte. Gelenkstelle zwischen prozessorientiertem Lernen und Bewerten. In: Pädagogik 61, H. 6, S. 30–33.

Bohl, T./Kansteiner-Schänzlin, K./Kleinknecht, M./Kohler, B./Nold, A. (2010): Selbstbestimmung und Classroom-Management – Empirische Befunde und Entwicklungsstrategien zum guten Unterricht. Bad Heilbrunn: Klinkhardt.

Bohl, T./Kiper, H. (Hrsg.) (2009): Lernen aus Evaluationsergebnissen. Verbesserungen planen und implementieren. Bad Heilbrunn: Klinkhardt.

Bohl. T./Kleinknecht, M. (2009): Aufgabenkultur. In: Blömeke, S./Bohl, T./Haag, L./Lang-Wojtasik, G./Sacher, W. (Hrsg.): Handbuch Schule. Bad Heilbrunn: Klinkhardt/UTB, S. 331–334.

Bohl, T./Schnebel, B. (2008): Rückmeldung und Beratung. In: Jürgens, E./Standop, J. (Hrsg.): Taschenbuch Grundschule. Band 3: Grundlegung von Bildung. Baltmannsweiler: Schneider Verlag Hohengehren, S. 238–245.

Bräu, K. (2006): Gesprächsanalytische Untersuchung der Lehrer-Schüler-Kommunikation bei der Betreuung individualisierten Lernens. In: Rahm, S./Mammes, I./Schratz, M. (Hrsg.): Schulpädagogische Forschung. Band 1: Unterrichtsforschung, Perspektiven innovativer Ansätze. Innsbruck/Wien/Bozen: StudienVerlag, S. 15–26.

Bräu, K. (2007): Die Betreuung der Schüler im individualisierenden Unterricht (Beispiel Sekundarstufe). In: Rabenstein, K./Reh, S. (Hrsg.): Kooperatives und selbstständiges Lernen von Schülern. Beiträge empirisch-rekonstruktiver Unterrichtsforschung zur Qualitätsentwicklung von Unterricht. Wiesbaden: VS Verlag für Sozialwissenschaften, S.173–196.

Braun, A. K./Meier, M. (2006): Wie Gehirne laufen lernen, oder: »Früh übt sich, wer ein Meister werden will«. In: Herrmann, U. (Hrsg.): Neurodidaktik. Grundlagen und Vorschläge für gehirngerechtes Lehren und Lernen. Weinheim/Basel: Beltz, S. 97–110.

Braun, C. (2001): Leistungsbeurteilung im Rahmen der Stationen- und Wochenplanarbeit. In: Grunder, H.-U./Bohl, T. (Hrsg.): Neue Formen der Leistungsbeurteilung in den Sekundarstufen I und II. Baltmannsweiler: Schneider Verlag Hohengehren.

Bremer, H./Bittlingmayer, U. (2008): Die Ideologie des selbstgesteuerten Lernens und die »sozialen Spiele« in Bildungseinrichtungen. In: Patzner, G./Rittberger, M./Sertl, M. (Hrsg.): Offen und frei? Beiträge zur Diskussion Offener Lernformen. Schulheft H. 130, Innsbruck: Studienverlag, S. 30–51.

Bromme, R. (1992): Der Lehrer als Experte. Zur Psychologie des professionellen Wissens. Bern/Göttingen/Toronto: Huber.

Brophy, J. E./Good, T. L. (^{3}1986): Teacher Behavior and Student Achievement. In: Wittrock, M. C. (Hrsg.): Handbook of Research on Teaching. London: Macmillan. S. 328–375.

Brügelmann, H. (1996): Öffnung des Unterrichts – Befunde und Probleme der empirischen Forschung. Bericht No. 10a. Projekt OASE »Offene Arbeits- und Sozialformen entwickeln«. Fachbereich 2 der Universität-Gesamthochschule Siegen. September 1996.

Brügelmann, H. (1997a): Wie viele Lehrerinnen und Lehrer öffnen ihren Unterricht wirklich? In: Die Grundschulzeitschrift. 11. Jg./H. 105, S. 62/63.

Brügelmann, H. (1997b): ›Öffnung des Unterrichts‹ aus der Sicht von LehrerInnen. Bericht No. 3a (Informelle Zwischenfassung). Projekt OASE »Offene Arbeits- und Sozialformen entwickeln«. Fachbereich 2 der Universität-Gesamthochschule Siegen. September 1997.

Brügelmann, H. (1998): Öffnung des Unterrichts. Befunde und Probleme der empirischen Forschung. In: Brügelmann, H./Fölling-Albers, M./Richer, S. (Hrsg.): Jahrbuch Grundschule 1998. Seelze-Velber: Friedrich Verlag, S. 8–42.

Brügelmann, H. (2005): Schule verstehen und gestalten. Regensburg: Libelle.
Brügelmann H./Brügelmann, K. (1973): Offene Curricula – ein leeres Versprechen? Die Grundschule Nr. 3, S. 165–167.
Brunner, I./Häcker, T./Winter, F. (Hrsg.) (2006): Handbuch Portfolioarbeit. Konzepte und Erfahrungen aus Schule und Lehrerbildung. Seelze-Velber: Kallmeyer.
Bundesministerium für Bildung und Forschung (BMBF) (Hrsg.) (2003): Zur Entwicklung nationaler Bildungsstandards. Eine Expertise. Bonn.
Clancey, W. (1992): »Situated« means coordinating without deliberation. Paper presented at the McDonnell Foundation Conference »The Science of Cognition«. Santa Fé.
Collins, A./Brown, J. S./Newman, S. E. (1989): Cognitive apprenticeship: Teaching the crafts of reading, writing and mathematics. In: Resnick, L. B. (Hrsg.): Knowing, Learning and instruction: essays in honour of Robert Glaser. Hillsdale, NJ: Lawrence Erlbaum Associates, S. 453–494.
Czerwanski, A./Solzbacher, C./Vollstädt, W. (Hrsg.) (2002): Förderung von Lernkompetenz in der Schule. Bd. 1. Gütersloh: Verlag Bertelsmannstiftung.
Czerwanski, A./Solzbacher, C./Vollstädt, W. (Hrsg.) (2004): Förderung von Lernkompetenz in der Schule. Bd. 2. Gütersloh: Verlag Bertelsmannstiftung.
Deci, E. L./Ryan, R. M. (1993): Die Selbstbestimmungstheorie der Motivation und ihre Bedeutung für die Pädagogik. In: Zeitschrift für Pädagogik 39, H. 2, S. 223–238.
Dreier, A. (^{2}1999): Was tut der Wind, wenn er nicht weht? Begegnung mit der Kleinkindpädagogik in Reggio Emilia. Berlin: Fipp Verlag.
Dubs, R. (1995): Konstruktivismus: Einige Überlegungen aus der Sicht der Unterrichtsgestaltung. In: Zeitschrift für Pädagogik 41, H. 6, S. 889–903.
Einsiedler, W. (1990): Die neuen Lern- und Lehrformen des Grundschullehrplanes. In: Olechowski, R./Wolf, W. (Hrsg.): Die kindgemäße Schule. Wien: Verlag Jugend und Volk, S. 224–236.
Einsiedler, W. (1997): Unterrichtsqualität und Leistungsentwicklung. Literaturüberblick. In: Weinert, F. E./Helmke, A. (Hrsg.): Entwicklung im Grundschulalter. Weinheim: Psychologie Verlags Union, S. 225–240.
Einsiedler, W. (2000): Von Erziehungs- und Unterrichtsstilen zur Unterrichtsqualität. In: Schweer, M. K. W. (Hrsg.): Pädagogisch-psychologische Aspekte des Lehrens und Lernens in der Schule. Opladen: Leske + Budrich, S. 109–128.
Elbing, E./Buschmann, S. (1985): Schülerbeurteilung mittels Wortzeugnissen. Eine empirische Analyse. München: Institut für Empirische Pädagogik und Pädagogische Psychologie.
Evertson, C. M./Emmer, E. T./Worsham, M. E. (^{7}2007): Classroom Management for Elementary Teachers. Boston: Allyn & Bacon.
Fend, H. (1981): Theorie der Schule. München: Urban und Schwarzenberg.
Fend, H. (1996): Schulkultur und Schulqualität. In: Leschinsky, A. (Hrsg.): Die Institutionalisierung von Lehren und Lernen. Beiträge zu einer Theorie der Schule. Zeitschrift für Pädagogik. 34. Beiheft. Weinheim/Basel: Beltz, S. 85–97.
Fend, H. (1998): Qualität im Bildungswesen. Schulforschung zu Systembedingungen, Schulprofilen und Lehrerleistung. München: Juventa.
Freinet, C. (^{2}1979): Die moderne französische Schule. Hrsg. von Hans Jörg. Paderborn: Franz Schöningh.
Friedrich, G. (2005): Allgemeine Didaktik und Neurodidaktik. Eine Untersuchung zur Bedeutung von Theorien und Konzepten des Lernens, besonders neurobiologischer, für die allgemeindidaktische Theoriebildung. Frankfurt a. M.: Peter Lang.

Friedrich, G. (2006): »Neurodidaktik« – Eine neue Didaktik? Zwei Praxisberichte aus methodisch-didaktischem Neuland. In: Herrmann, U. (Hrsg.): Neurodidaktik. Grundlagen und Vorschläge für gehirngerechtes Lehren und Lernen. Weinheim/Basel: Beltz, S. 215–228.

Fuchs, K. J./Blum, W. (2008): Selbständiges Lernen im Mathematikunterricht mit »beziehungsreichen« Aufgaben. In: Thonhauser, J. (Hrsg.): Aufgaben als Katalysatoren von Lernprozessen. Münster/New York/München/Berlin: Waxmann, S. 135–148.

Gerstenmaier, J./Mandl, H. (1995): Wissenserwerb unter konstruktivistischer Perspektive. In: Zeitschrift für Pädagogik 41, H. 6, S. 867–888.

Gioconia, R./Hedges, L. (1982): Identifying Features of Effective Open Education. In: Review of Educational Research 52, H. 4, S. 579–602.

Glasersfeld, E. v. (^{4}1998): Konstruktion von Wirklichkeit und des Begriffs der Objektivität. In: Gumin, H./Meier, H. (Hrsg.): Einführung in den Konstruktivismus. München: Piper Verlag, S. 9–39.

Greeno, J. G. (1989): A perspective of thinking. In: American Psychologist 41, S. 134–141.

Gruehn, S. (2000): Unterricht und schulisches Lernen. Schüler als Quellen der Unterrichtsbeschreibung. Münster: Waxmann.

Grunder, H.-U./Bohl, T. (2001): Neue Formen der Leistungsbeurteilung in den Sekundarstufen I und II. Baltmannsweiler: Schneider Verlag Hohengehren.

Gruschka, A. (2008): Bildungstheoretische Reflexionen zum Offenen Unterricht. In: Patzner, G./Rittberger, M./Sertl, M.: Offen und frei? Beiträge zur Diskussion Offener Lernformen. Schulheft 130, Innsbruck: Studienverlag, S. 9–29.

Haag, L. (2010): Zu viel oder zu wenig Freiraum? Befunde zum guten Gruppenunterricht. In: Bohl, T./Kansteiner-Schänzlin, K./Kleinknecht, M./Kohler, B./Nold, A. (Hrsg.): Classroom-Management und Selbstbestimmung. Bad Heilbrunn: Klinkhardt.

Haarmann, D. (1988): Was hießt hier »offen«? Über die Mehrdeutigkeit etablierter Unterrichtskonzepte. In: Grundschule 21, H. 6, S. 37–41.

Häcker, T. (2002): Der Portfolioansatz – die Wiederentdeckung des Lernsubjekts? In: Die Deutsche Schule 94, H. 2, S. 204–217.

Häcker, T. (^{2}2007): Portfolio – ein Entwicklungsinstrument für selbstbestimmtes Lernen. Baltmannsweiler: Schneider Verlag Hohengehren.

Hage, K./Bischoff, H./Dichanz, H./Eubel, K.-D./Oehlschläger, H.-J./Schwittmann, D. (1985): Das Methoden-Repertoire von Lehrern. Eine Untersuchung zum Schulalltag der Sekundarstufe I. Opladen: Leske + Budrich.

Hallitzky, M. (2002): Strukturen der Offenheit als Qualitätskriterien nachhaltigen Lernens. Bad Heilbrunn: Klinkhardt.

Hanke, P. (2005): Öffnung des Unterrichts in der Grundschule. Lehr-Lernkulturen und orthographische Lernprozesse im Grundschulbereich. Münster: Waxmann.

Hänze, M./Schmidt-Weingand, F./Blum, S. (2007): Mit gestuften Lernhilfen im naturwissenschaftlichen Unterricht selbstständig lernen und arbeiten. In: Rabenstein, K./Reh, S. (Hrsg.): Kooperatives und selbstständiges Arbeiten von Schülern. Zur Qualitätsentwicklung von Unterricht. Wiesbaden: VS Verlag für Sozialwissenschaften, S. 197–208.

Hardy, I./Jonen, A./Möller, K./Stern, E. (2006): Effects of instructional support within constructivist learning environments for elementary school students' understanding of »floating and sinking«. In: The Journal of educational psychology 98, H. 2, S. 307–326.

Hardy, I./Stadelhofer, B. (2006): Concept Maps wirkungsvoll als Strukturierungshilfen einsetzen. Welche Rolle spielt die Selbstkonstruktion? In: Zeitschrift für Pädagogische Psychologie 20, H. 3, S. 175–187.

Hartinger, A. (2005): Verschiedene Formen der Öffnung von Unterricht und ihre Auswirkung auf das Selbstbestimmungsempfinden von Grundschulkindern. In: Zeitschrift für Pädagogik 51, H. 3, S. 397–419.

Hartinger, A. (2006): Interesse durch Öffnung des Unterrichts – wodurch? In: Unterrichtswissenschaft 34, H. 3, S. 272–288.

Hartinger, A./Hawelka, B. (2005): Öffnung und Strukturierung von Unterricht. Widerspruch oder Ergänzung? In: Die Deutsche Schule 97, H. 3, S. 329–341.

Hascher, T./Wehr, S. (2005): Offener Geografie-Unterricht. Wirkungen und Probleme aus der Sicht von Lehrpersonen. Projektbericht. Forschungsstelle für Schulpädagogik und Fachdidaktik der Universität Bern/Sekundarlehramt.

Hasselhorn, M. (1992): Metakognition und Lernen. In: Nold, G. (Hrsg.): Lernbedingungen und Lernstrategien. Tübingen: Narr, S. 35–63.

Hattie, J. (2003): Teachers Make a Difference: What is the research evidence? Australian Council for Educational Research Annual Conference on: Building Teacher Quality. www.leadspace.govt.nz/leadership/pdf/john_hattie.pdf (Abruf am 08.12.2008).

Heid, H. (1996): Was ist offen im offenen Unterricht? In: Zeitschrift für Pädagogik 34. Beiheft: Die Institutionalisierung von Lehren und Lernen. Beiträge zu einer Theorie der Schule. S. 159–172.

Helmke, A. (1988): Leistungssteigerung und Ausgleich von Leistungsunterschieden in Schulklassen: unvereinbare Ziele?. In: Zeitschrift für Entwicklungspsychologie und Pädagogische Psychologie 20, H. 1, S. 45–76.

Helmke, A. (2003): Unterrichtsqualität. Erfassen – Bewerten – Verbessern. Seelze-Velber: Kallmeyer.

Helmke, A. (2006a): Unterrichtsforschung. In: Arnold, K./Sandfuchs, U./Wiechmann, J. (Hrsg.): Handbuch Unterricht. Bad Heilbrunn: Klinkhardt, S. 56–64.

Helmke, A. (2006b): Was wissen wir über guten Unterricht? In: Pädagogik 58, H. 2, S. 42–45.

Helmke, A. (2007): Aktive Lernzeit optimieren. Was wissen wir über effiziente Klassenführung? In: Pädagogik 59, H. 5, S. 44–48.

Helmke, A. (2009): Unterrichtsqualität und Lehrerprofessionalität. Diagnose, Evaluation und Verbesserung des Unterrichts. Seelze-Velber: Klett/Kallmeyer.

Helmke, A./Hosenfeld, I./Schrader, F.-W. (2002): Unterricht, Mathematikleistung und Lernmotivation. In: Helmke, A./Jäger, R. S. (Hrsg.): Das Projekt MARKUS. Mathematik-Gesamterhebung Rheinland-Pfalz: Kompetenzen, Unterrichtsmerkmale, Schulkontext. Landau: Verlag Empirische Pädagogik, S. 413–480.

Helmke, A./Weinert, F. E. (1997a): Bedingungsfaktoren schulischer Leistungen. In: Weinert, F. E. (Hrsg.): Psychologie des Unterrichts und der Schule. Pädagogische Psychologie. Enzyklopädie der Psychologie. Vol. 3. Göttingen: Hogrefe, S. 71–176.

Helmke, A./Weinert, F. E. (1997b). Unterrichtsqualität und Leistungsentwicklung. In: Weinert, F. E./Helmke, A. (Hrsg.): Entwicklung im Grundschulalter. Weinheim: Psychologie Verlags Union, S. 241–252.

Hengartner, E./Hirt, U./Wälti, B./Primarschulteam Lupsingen (2006): Lernumgebungen für Rechenschwache bis Hochbegabte. Natürliche Differenzierung im Mathematikunterricht. Zug: Klett und Balmer.

Hentig, H. v. (1973): Schule als Erfahrung. In: Bauwelt 64, H. 2, S. 82.

Hentig, H. v. (1993): Die Schule neu denken. Eine Übung in praktischer Vernunft. München: Carl Hanser.

Herold, M. (2001): Leistungsbeurteilung im Rahmen des Konzepts »Selbstorganisiertes Lernen«. In: Grunder, H.-U./Bohl, T. (Hrsg.): Neue Formen der Leistungsbeurteilung in den Sekundarstufen I und II. Baltmannsweiler: Schneider Verlag Hohengehren, S. 241–254.

Herrmann, U. (2006b): Gehirnforschung und neurodidaktische Revision des schulisch organisierten Lehrens und Lernens. In: Hermann, U. (Hrsg.): Neurodidaktik. Grundlagen und Vorschläge für gehirngerechtes Lehren und Lernen. Weinheim und Basel: Beltz, S. 111–133.

Herrmann, U. (Hrsg.) (2006a): Neurodidaktik. Grundlagen und Vorschläge für gehirngerechtes Lehren und Lernen. Weinheim/Basel: Beltz.

Hofmann, K./Reichert, J./Ricken, G. (1998): Typisch offener Unterricht? Eine Rekonstruktion der Merkmalsordnung bei Lehrern. In: Zeitschrift für Pädagogische Psychologie 12, H. 4, S. 250–259.

Hovestadt, G. (2009): Externe Evaluation und datengestützte Schulentwicklung. Eine Bestandsaufnahme in den Bundesländern. In: Bohl, T./Kiper, H. (Hrsg.): Lernen aus Evaluationsergebnissen. Verbesserungen planen und implementieren. Bad Heilbrunn: Klinkhardt, S. 29–42.

Huber, A. A. (Hrsg.) (2004): Kooperatives Lernen – kein Problem! Effektive Methoden der Partner- und Gruppenarbeit. Leipzig: Klett.

Huber, G. L./Roth, J. H. W. (1999): Finden oder suchen? Lehren und Lernen in Zeiten der Ungewissheit. Schwangau: Ingeborg Huber.

Huf, C. (2002): »Aber das steht ja gar nicht auf dem Wochenplan«: Paradoxien des Lehrerhandelns bei der Arbeit mit dem Wochenplan. In: Heinzel, F./Prengel, A. (Hrsg.): Heterogenität, Integration und Differenzierung in der Primarstufe. Opladen: Leske + Budrich, S. 136–140.

Huf, C. (2006): Didaktische Arrangements aus der Perspektive von Schulanfängerinnen. Eine ethnographische Feldstudie über Alltagspraktiken, Deutungsmuster und Handlungsperspektiven von SchülerInnen der Eingangsstufe der Bielefelder Laborschule. Bad Heilbrunn: Klinkhardt.

Huf, C./Breidenstein, G. (2009): Schülerinnen und Schüler bei der Wochenplanarbeit. Beobachtungen zur Eigenlogik der »Planerfüllung«. In: Pädagogik 61, H. 4, S. 20–23.

Ingenkamp, K. (1989): Diagnostik in der Schule. Beiträge zu Schlüsselfragen der Schülerbeurteilung. Weinheim/Basel: Beltz.

Ingenkamp, K. (Hrsg.) (^{9}1995): Die Fragwürdigkeit der Zensurengebung. Weinheim und Basel: Beltz.

Ingenkamp, K./Lissmann, U. (^{5}2005): Lehrbuch der Pädagogischen Diagnostik. Weinheim/Basel: Beltz/UTB.

Jachmann, M. (2003): Noten oder Berichte? Die schulische Beurteilungspraxis aus der Sicht von Schülern, Lehrern und Eltern. Opladen: Leske + Budrich.

Jachmann, M./Tillmann, K. (2000): Sind Noten gerechter als Berichtszeugnisse? Wie Schüler, Lehrer und Eltern die schulische Beurteilungspraxis erleben. In: Pädagogik 52, H. 9, S. 36–43.

Jürgens, E. (Hrsg.) (1994): Erprobte Wochenplan- und Freiarbeits-Ideen in der Sekundarstufe I. Heinsbach: Agentur Dieck.

Jürgens, E. (^{2}1995): Die ›neue‹ Reformpädagogik und die Bewegung Offener Unterricht. Sankt Augustin: Academia.

Jürgens, E. (1997): Offener Unterricht im Spiegel empirischer Forschung. In: Pädagogische Rundschau 51, H. 6, S. 677–697.

Jürgens, E. (1998a): Das Wortgutachten in der Grundschule. Eine empirische Untersuchung zur Praxis der Verbalbeurteilung. Oldenburger Vor-Drucke 380. Oldenburg: Zentrum für pädagogische Berufspraxis.

Jürgens, E. (1998b): Didaktische Grundkonzepte in der Freiarbeitspraxis der Grundschule und der Sekundarstufe I. Oldenburg: Oldenburger Vor-Drucke des Zentrum für pädagogische Berufspraxis, H. 381/1998.
Jürgens, E. (2000a): Mut zur Öffnung von Unterricht und Nachdenken über Freiarbeit und Wochenplanarbeit. In: Jürgens, E. (Hrsg.): Von der Praxis lernen – für die Praxis lernen. Baltmannsweiler: Schneider, S. 1–14.
Jürgens, E. (2000b): Klassenführungstechniken im Offenen Unterricht? Pädagogisch-didaktische Konsequenzen für die Lehrerrolle in offenen Lernsituationen. In: Schulmagazin 5–10 61, H. 4, S.51–54.
Jürgens, E. (2006): Offener Unterricht. In: Arnold, K.-H./Wiechmann, J./Sandfuchs, U. (Hrsg.): Handbuch Unterricht. Bad Heilbrunn: Klinkhardt, S. 280–284.
Jürgens, E./Sacher, W. (2000): Leistungserziehung und Leistungsbeurteilung. Neuwied: Luchterhand.
Kammermeyer, G./Kohlert, C. (2002): Selbstständiges Arbeiten beim Lernen an Stationen. Erlangen/Nürnberg: Institut für Grundschulforschung.
Kanfer, F. H./Reinecker, H./Schmelzer, D. (2000): Selbstmanagement-Therapie. Ein Lehrbuch für die klinische Praxis. Berlin: Springer.
Kasper, H. (1990): Offener Unterricht. Modewort oder Besinnung auf schulische Lernkultur? In: Kaspar, H. (Hrsg.): Laßt die Kinder lernen. Offene Lernsituationen. Braunschweig: Westermann, S. 5.
Keller, G./Thiel, R.-D. (1998): Lern- und Arbeitsverhaltensinventar. Test zum Lern- und Arbeitsverhalten für Schüler der Klassen 5–10. (www.testzentrale.de/?id=6278mod=detail.; Abruf am 12.11.09).
Klafki, W. (1985): Neue Studien zur Bildungstheorie und Didaktik. Beiträge zur kritisch- konstruktiven Didaktik. Weinheim und Basel: Beltz.
Klauer, K. J. (1978): Perspektiven Pädagogischer Diagnostik. In: Klauer, K. J. (Hrsg.): Handbuch Pädagogischer Diagnostik. Band 1. Düsseldorf 1978, S. 3–14.
Klauer, K. J./Lauth, G. W. (1997): Lernbehinderungen und Leistungsschwierigkeiten bei Schülern. In: Weinert, F. E. (Hrsg.): Enzyklopädie der Pychologie, Themenbereich D, Serie I: Pädagogische Psychologie, Psychologie des Unterrichts und der Schule. Göttingen: Hogrefe, S. 701–738.
Kleber, E. W. (1992): Diagnostik in pädagogischen Handlungsfeldern. Einführung in Bewertung, Beurteilung, Diagnose und Evaluation. Weinheim: Juventa.
Kleinknecht, M. (2010): Aufgabenkultur im Unterricht. Eine empirisch-didaktische Video- und Interviewstudie an Hauptschulen. Baltmannsweiler: Schneider Verlag Hohengehren.
Klieme, E./Eichler, W./Helmke, A./Lehmann, R. H./Nold, G./Rolff, H.-G./Schröder, K./Thomé, G./Willenberg, H. (2006): Unterricht und Kompetenzerwerb in Deutsch und Englisch. Zentrale Befunde der Studie Deutsch-Englisch-Schülerleistungen international (DESI). Frankfurt a. M.: Deutsches Institut für Internationale Pädagogische Forschung (DIPF). www2.dipf.de/desi/DESI_Zentrale_Befunde.pdf (Abruf 26.02.2009).
Klieme, E./Eichler, W./Helmke, A./Lehmann, R./Nold, G./Rolf, H. G./Schröder, K./Thome, G./Willenberg, H. (DESI-Konsortium 2006): Unterricht und Kompetenzerwerb in Deutsch und Englisch. Zentrale Befunde der Studie Deutsch-Englisch-Schülerleistungen International (DESI). Frankfurt: Deutsches Institut für Internationale Pädagogische Forschung (DIPF).
Klippert, H. (1994): Methoden-Training. Übungsbausteine für den Unterricht. Weinheim/Basel: Beltz.
Klippert, H. (2001): Eigenverantwortliches Arbeiten und Lernen. Bausteine für den Fachunterricht. Weinheim/Basel: Beltz.

Klippert, H. (¹⁴2004): Methoden-Training. Übungsbausteine für den Unterricht. Weinheim und Basel: Beltz.

Kolbe, F.-U. (2004): Verhältnis von Wissen und Handeln. In: Blömeke, S./Tulodziecki, P. R. G./Wildt, J. (Hrsg.): Handbuch Lehrerbildung. Kempten: Klinkhardt/Westermann, S. 206–232.

Kounin, J. S. (2006): Techniken der Klassenführung. Reprints. Erstauflage 1970. Münster: Waxmann.

Krappmann, L./Oswald, H. (1995): Alltag der Schulkinder. Beobachtungen und Analysen von Interaktionen und Sozialbeziehungen. Weinheim/Basel: Beltz.

Krieger, C. G. (?): Mut zur Freiarbeit. Baltmannsweiler: Schneider Verlag Hohengehren.

Kucharz, D. (2007): Lernstände im Offenen Unterricht feststellen und beurteilen. In: Unterrichtspraxis. Beilage zu Bildung & Wissenschaft 41, H. 2, S. 9–15.

Kucharz, D./Bohl, T./Eisnach, K./Fink, C./Müller, C. (2009): Evaluation einer Bildungslandschaft. Eine Studie zur Entwicklung und Akzeptanz der Bildungsoffensive Ulm. Baltmannsweiler: Schneider Verlag Hohengehren.

Kucharz, D./Eisnach, K. (2009): Bildungsbericht der Stadt Ravensburg 2009. Hrsg. von der Stadt Ravensburg, Amt für Schule, Jugend und Sport. Ravensburg: Ehrat.

Kucharz, D./Wagener, M. (³2009): Jahrgangsübergreifendes Lernen. Eine empirische Studie zu Lernen, Leistung und Interaktion von Kindern in der Schuleingangsphase. Baltmannsweiler: Schneider Verlag Hohengehren.

Kunter, M./Dubberke, T./Baumert, J./Blum, W./Brunner, M./Jordan, A. (2006): Mathematikunterricht in den PISA-Klassen 2004. Rahmenbedingungen, Formen und Lehr-Lernprozesse. In: Prenzel, M./Baumert, J./Blum, W./Lehmann, R./Leutner, D./Neubrand, M. (Hrsg.): PISA 2003. Untersuchungen zur Kompetenzentwicklung im Verlaufe eines Schuljahres. Münster: Waxmann, S. 161–194.

Lähnemann, C. (2009): Freiarbeit aus SchülerInnen-Perspektive. Wiesbaden: VS Verlag für Sozialwissenschaften.

Lind, G. (2007): Wozu eigentlich »offener Unterricht«? Begründungen und Legitimationen. In: Schulmagazin 75, H. 2, S. 9–12.

Lipowsky, F. (1999): Lernzeit und Konzentration. Grundschulkinder in offenen Lernsituationen. In: Die Deutsche Schule 91, H. 2, S. 232–245.

Lipowsky, F. (2002): Zur Qualität offener Lernsituationen im Spiegel empirischer Forschung – Auf die Mikroebene kommt es an. In: Drews, U. (Hrsg.): Freiarbeit in der Grundschule. Offener Unterricht in Theorie, Forschung und Praxis. Frankfurt: Grundschulverband, S. 126–159.

Lipowsky, F. (2006): Auf den Lehrer kommt es an. Empirische Evidenzen für Zusammenhänge zwischen Lehrerkompetenzen, Lehrerhandeln und dem Lernen der Schüler. In: Zeitschrift für Pädagogik 51. Beiheft, S. 47–70.

Lipowsky, F. (2007): Was wissen wir über guten Unterricht? In: Becker, S./Feindt, A./Meyer, H./Rothlend, M./Ständel, L./Terhart, E. (Hrsg.): Guter Unterricht. Seelze: Friedrich, S. 26–30.

Löwisch, D.-J. (2000): Kompetentes Handeln. Bausteine für eine lebensweltbezogene Bildung. Darmstadt: Wissenschaftliche Buchgesellschaft.

Lübke, S.-I. (1996): Schule ohne Noten. Lernberichte in der Praxis der Laborschule. Opladen: Leske + Budrich.

Mackensen-Friedrichs, I./Meißner, N. (2007): Erhöhung der Selbsterklärungsqualität beim Lernen mit biologischen Beispielaufgaben. In: Lemmermöhle, D./Rothgangel, M./Bögeholz, S./Hasselhorn, M./Watermann, R. (Hrsg.): Professionell lehren, erfolgreich lernen. Münster u. a.: Waxmann, S. 265–278.

Mackowiak, K. (2004): Vermittlung von Lernstrategien. In: Lauth, G. W./Brunstein, J. (Hrsg.): Interventionen bei Lernstörungen. Göttingen: Hogrefe, S. 145–158.
Mackowiak, K./Lauth, G./Spieß, R. (2008): Förderung von Lernprozessen. Stuttgart: Kohlhammer.
Mandl, H./Gruber, H./Renkl, A. (^{2}1997): Situiertes Lernen in multimedialen Lernumgebungen. In: Issing, L. J./Klimsa, P. (Hrsg.): Information und Lernen mit Multimedia und Internet. Weinheim/Basel: Beltz, S. 167–178.
Mayr, J. (2007). Führungskräfte im Klassenraum. Erfolgreiche Strategien der Klassenleitung erkennen und entwickeln. In: Becker, G./Feindt, A./Meyer, H./Rothland, M./Stäudel, L./Terhart, E. (Hrsg.): Guter Unterricht. Maßstäbe & Merkmale – Wege & Werkzeuge. Friedrich Jahresheft XXV, 8–11.
Mayring, P. (^{10}2008): Qualitative Inhaltsanalyse. Grundlagen und Techniken. Weinheim/Basel: Beltz.
Meyer, H. (2004): Was ist guter Unterricht? Berlin: Cornelsen.
Meyer, H./Klapper, A. (2006): Unterrichtsstandards für ein kompetenzorientiertes Lernen und Lehren. In: Hinz, R./Schumacher, B. (Hrsg.): Auf den Anfang kommt es an: Kompetenzen entwickeln – Kompetenzen stärken. Jahrbuch Grundschulforschung Bd. 10. Wiesbaden: VS VErlag für Sozialwissenschaften, S. 89–108.
Möller, K./Jonen, A./Hardy, I./Stern, E. (2002): Die Förderung von naturwissenschaftlichem Verständnis bei Grundschulkindern durch Strukturierung der Lernumgebung. In: Zeitschrift für Pädagogik 45. Beiheft, S. 176–191.
Montessori, M. (1930): Die Umgebung. In: Montessori, M. (^{7}1988): Grundlagen meiner Pädagogik. Heidelberg/Wiesbaden: Quelle + Meyer, S. 39–45.
Moser, U. (1997): Unterricht, Klassengrösse und Lernerfolg. In: Moser, U./Ramseier, E./Keller, C./Huber, M.: Schule auf dem Prüfstand. Chur/Zürich: Rüegger, S. 181–214.
Müller, C./Felbrich, A./Blömeke, S. (2008). Überzeugungen zum Lehren und Lernen von Mathematik. In: Blömeke, S./Kaiser, G./Lehmann, R. (Hrsg.): Professionelle Kompetenz angehender Lehrerinnen und Lehrer. Wissen, Überzeugungen und Lerngelegenheiten deutscher Mathematik-Studierender und -referandare – Erste Ergebnisse zur Wirksamkeit der Lehrerausbildung. Münster: Waxmann, S. 247–276.
Neuhaus-Siemon, E. (1996): Reformpädagogik und offener Unterricht. In: Grundschule 28, H. 6, S. 19–27.
Niggli, A./Kersten, B. (1999): Lehrerverhalten und Wochenplanunterricht. Wirkungen auf Mathematikleistungen und nicht-kognitive Merkmale von Lernenden. In: Bildungsforschung und Bildungspraxis 21, H. 3, S. 272–291.
Oevermann, U./Allert, T./Konau, E./Krambeck, J. (1979): Die Methodologie einer »objektiven Hermeneutik« und ihre allgemeine forschungslogische Bedeutung in den Sozialwissenschaften. In: Soeffner, H.-G. (Hrsg.): Interpretative Verfahren in den Sozial- und Textwissenschaften. Stuttgart: Metzler, S. 352–434.
Olechowski, R./Rieder, K. (1990): Motivieren ohne Noten. Wien/München: Jugend und Volk.
Oser, F./Hascher, T./Spychinger, M. (1999): Lernen aus Fehlern. Zur Psychologie des »negativen« Wissens. In: Althof, W. (Hrsg): Fehlerwelten. Vom Fehlermachen und Lernen aus Fehlern. Opladen: Leske + Budrich, S. 11–41.
Oser, F./Spychinger, M. (2005): Lernen ist schmerzhaft. Zur Theorie des negativen Wissens und zur Praxis der Fehlerkultur. Weinheim/Basel: Beltz.
Pangh, C. (2003): Diagnosekompetenz – den Blick für das Lernen schärfen. In: Bohl, T. (Hrsg): Lernende in der Hauptschule – ein Blick auf die Hauptschule nach PISA. Baltmannsweiler: Schneider Verlag Hohengehren, S. 91–112.

Pauli, C./Reusser, K./Waldis, M./Grob, U. (2003): »Erweiterte Lernformen« im Mathematikunterricht der Deutschschweiz. In: Unterrichtswissenschaft 31, H. 4, S. 291–320.

Perlich, A. (2006): Bewertung offener Aufgaben. In: PM 48, H. 10, S. 27–30.

Peschel, F. (^{2}2005): Ist das Unterricht? Unterricht ohne zu unterrichten. In: Voß, R. (Hrsg.): Unterricht aus konstruktivistischer Sicht. Die Welt in den Köpfen der Kinder. Weinheim/Basel: Beltz, S. 14–18.

Peschel, F. (2005a): Offener Unterricht. Idee, Realität, Perspektive und ein praxiserprobtes Konzept zur Diskussion. Teil I: Allgemeindidaktische Überlegungen. Baltmannsweiler: Schneider Verlag Hohengehren.

Peschel, F. (2005b): Offener Unterricht. Idee, Realität, Perspektive und ein praxiserprobtes Konzept zur Diskussion. Teil II: Fachdidaktische Überlegungen. Baltmannsweiler: Schneider Verlag Hohengehren.

Peschel, F. (2006a): Offener Unterricht. Idee, Realität, Perspektive und ein praxiserprobtes Konzept in der Evaluation. Teil I. Baltmannsweiler: Schneider Verlag Hohengehren.

Peschel, F. (2006b): Offener Unterricht – Idee, Realität, Perspektive und ein praxiserprobtes Konzept in der Evaluation. Teil II. Baltmannsweiler: Schneider Verlag Hohengehren.

Peterson, R. (1979): Direct Instruction Reconsidered. In: Peterson, P./Walberg, H. J. (Hrsg.): Research on Teaching. Berkeley, CA: McCutchan.

Poerschke, J. (1999): Anfangsunterricht und Lesefähigkeit. Münster: Waxmann.

Ramseger, J. (^{2}1985): Offener Unterricht in der Erprobung. München: Juventa.

Reich. K. (1998): Die Ordnung der Blicke. Perspektiven des interaktionistischen Konstruktivismus. Bd. 1 und Bd. 2. Neuwied: Luchterhand.

Reich, K. (^{5}2005): Systemisch-konstruktivistische Didaktik. Einführung in Grundlagen einer interaktionistisch-konstruktivistischen Pädagogik. Weinheim/Basel: Beltz.

Reich, K. (Hrsg.) (2007): Methodenpool. http://methodenpool.uni-koeln.de (Abruf am 11.09.2009).

Reich. K. (^{5}2008): Konstruktivistische Didaktik. Lehr- und Studienbuch mit Methodenpool. Weinheim/Basel: Beltz.

Reimann-Rothmeier, G./Mandl, H. (^{4}2001): Unterrichten und Lernumgebungen gestalten. In: Krapp, A./Weidemann, B. (Hrsg.): Pädagogische Psychologie. Weinheim/Basel: Beltz, S. 601–646.

Renkl, A. (2009): Gründe und Wege einer Synthese aus Strukturierung und Aktivierung: Das Konzept »Lernen aus Lösungsbeispielen«. In: Bohl, T./Kansteiner-Schänzlin, K./Kleinknecht, M./Kohler, B./Nold, A. (Hrsg.): Classroom-Management und Selbstbestimmung. Bad Heilbrunn: Klinkhardt.

Riedl, A. (2004): Grundlagen der Didaktik. Stuttgart: Steiner.

Riemer, M. (2009): Handlungsaktive Lernumgebung. Eine Studie zum Lernmaterial einer neuen Lernumgebung. In: Pädagogik 61, H. 4, S. 16–19.

Risse, E. (2009): Anspruchsniveau und Qualität im offenen Unterricht. Wie lassen sich Selbstständigkeit und fachliche Ansprüche am Gymnasium in einem Gesamtkonzept realisieren? In: Pädagogik 61, H. 4, S. 11–15.

Rogalla, M./Vogt, F. (2008): Förderung adaptiver Lehrkompetenz: eine Interventionsstudie. In: Unterrichtswissenschaft 36, H. 1, S. 17–36.

Rost, D. H. (2005): Interpretation und Bewertung pädagogisch-psychologischer Studien. Weinheim/Basel: Beltz/UTB.

Roth, G. (2006): Warum sind Lehren und Lernen so schwierig? In: Herrmann, U. (Hrsg.): Neurodidaktik. Grundlagen und Vorschläge für gehirngerechtes Lehren und Lernen. Weinheim/Basel: Beltz, S. 49–59.

Ruf, U./Gallin, P. (1998): Dialogisches Lernen in Sprache und Mathematik. Band 1: Austausch unter Ungleichen. Grundzüge einer interaktiven und fächerübergreifenden Didaktik. Seelze-Velber: Kallmeyer.
Ruf, U./Gallin, P. (²2003): Dialogisches Lernen in Sprache und Mathematik. Bd 1: Austausch unter Ungleichen. Seelze-Velber: Kallmeyer.
Ruf, U./Gallin, P. (²2003): Dialogisches Lernen in Sprache und Mathematik. Bd. 2: Spuren legen – Spuren lesen. Seelze-Velber: Kallmeyer.
Ruf, U./Keller, S./Winter, F. (Hrsg.) (2009): Besser lernen im Dialog. Seelze-Velber: Kallmeyer.
Rumpf, H. (1973): Divergierende Unterrichtsmuster in der Curriculumentwicklung. Zeitschrift für Pädagogik 3, S. 391–416.
Ryan, R. M./Deci, E. L. (2002): An overview of Self-Determination Theory: An organismic-dialectical perspective. In: Deci, E. L./Ryan, R. M. (Hrsg.): Handbook of Self-Determination Research. Rochester: University Press, S. 3–33.
Ryan, R. M./Sapp, A. (2005): Zum Einfluss testbasierter Reformen: High Stakes Testing. Motivation und Leistung aus der Sicht der Selbstbestimmungstheorie. In: Unterrichtswissenschaft 33, H. 2, S. 143–159.
Schaarschmidt, U. (Hrsg.) (2005): Halbtagsjobber? Psychische Gesundheit im Lehrberuf. Analyse eines veränderungsbedürftigen Zustandes. Weinheim und Basel: Beltz.
Scheerens, J. (2008): Review and Meta-Analyses of School and Teaching Effectiveness. Department of Educational Organization and Management University of Twente. Study for German Bundesministerium für Bildung und Forschung and the Dutch Ministry of Education. www.iqb.hu-berlin.de/lehre/dateien/rapportScherens.pdf (Abruf am 01.09.2009).
Scheerer, H./Schmied, D./Tarnai, C. (1985): Verbalbeurteilungen in der Grundschule. Arbeits- und Sozialverhalten in Grundschulzeugnissen in Nordrhein-Westfalen. In: Zeitschrift für Pädagogik 31, H. 2, S. 175–200.
Scheunpflug, A. (2007): Gene – Gehirne – Gesellschaft. Erkenntnisse der Biowissenschaften bildungstheoretisch kommentiert. In: Brumlik, M./Merkens, H. (Hrsg.): Bildung – Macht - Gesellschaft. Beiträge zum 20. Kongress der Deutschen Gesellschaft für Erziehungswissenschaft. Opladen: Barbara Budrich, S. 95–108.
Siebert, H. (³2005): Pädagogischer Konstruktivismus. Lernzentrierte Pädagogik in Schule und Erwachsenenbildung. Weinheim/Basel: Beltz.
Schleske, M. (2005): Die Projektprüfung und ihre Umsetzung. Eine empirische Studie an den Hauptschulen Baden-Württembergs. Baltmannsweiler: Schneider Verlag Hohengehren.
Schmidt, H. J. (1981): Grundschulzeugnisse unter der Lupe. In: Die Deutsche Schule 73, H. 7–8, S. 486–496.
Schnebel, S. (2007): Professionell beraten. Weinheim/Basel: Beltz.
Schupp, H. (2002): Thema mit Variationen. Aufgabenvariation im Mathematikunterricht. Hildesheim und Berlin: Verlag Franzbecker.
Schwarz, J./Volkwein, K./Winter, F. (Hrsg.) (2008): Portfolio im Unterricht. 13 Unterrichtseinheiten mit Portfolio. Seelze-Velber: Klett/Kallmeyer.
Seidel, T./Schwindt, K./Rimmele, R./Prenzel, M. (2008): Konstruktivistische Überzeugungen von Lehrpersonen. In: Zeitschrift für Erziehungswissenschaft 10, Sonderheft 9:»Perspektiven der Allgemeinen Didaktik«, S. 259–276.
Sennlaub, G. (1990): Auf die Reform sind wir stolz. In: Sennlaub, G. (Hrsg.): Mit Feuereifer dabei. Praxisberichte über freie Arbeit und Wochenplan. Heinsberg: Agentur Dieck, S. 9–18.
Shell Deutschland (Hrsg.) (2006): Jugend 2006. 15. Shell-Jugendstudie. Frankfurt a. M.: Fischer.

Siebert, H. (^{2}2005): Lehren als Lernbegleitung. In: Voß, R. (Hrsg.): Unterricht aus konstruktivistischer Sicht. Die Welt in den Köpfen der Kinder. Weinheim und Basel: Beltz, S. 224–233.

Siebert, H. (^{3}2005): Pädagogischer Konstruktivismus. Lernzentrierte Pädagogik in Schule und Erwachsenenbildung. Weinheim/Basel: Beltz.

Sjuts, J. (2007): Kompetenzdiagnostik im Lernprozess – auf theoriegeleitete Aufgabenstellung und -auswertung kommt es an. In: mathematica didacta 30, H. 2, S. 33–52.

Solzbacher, C. (2006): Förderung von Lernkompetenz in der Schule – Empirische Befunde als Beiträge zur Schul- und Unterrichtsentwicklung. In: Hinz, R./Schumacher, B. (Hrsg.): Auf den Anfang kommt es an: Kompetenzen entwickeln – Kompetenzen stärken. Jahrbuch Grundschulforschung Bd. 10. Wiesbaden: VS Verlag für Sozialwissenschaften, S. 15–32.

Staub, F. C./Stern, E. (2002). The nature of teachers' pedagogical content beliefs matters for students' achievement gains: Quasi-experimental evidence from elementary mathematics. In: Journal of Educational Psychology 94, H. 2, S. 344–355.

Stäudel, L./Franke-Braun, G./Schmidt-Weigand, F. (2007): Komplexität erhalten – auch in heterogenen Lerngruppen: Aufgaben mit gestuften Lernhilfen. In: Chemkon 14, H. 3, S. 115–119.

Stäudel, L./Wodzinski, R. (2010): Komplexität erhalten und gezielt unterstützen: Aufgaben mit gestuften Lernhilfen im naturwissenschaftlichen Unterricht. In: Bohl, T./Kansteiner-Schänzlin, K./Kleinknecht, M./Kohler, B./Nold, A. (Hrsg.): Classroom-Management und Selbstbestimmung. Bad Heilbrunn: Klinkhardt.

Stebler, R./Reusser, K. (2000): Progressive, classical or balanced – A look at mathematical learning environments in Swiss-German lower-secondary schools. In: Zentralblatt für Didaktik der Mathematik 32, H. 1, S. 1–10.

Steiner, R. (1961): Freie Schule und Dreigliederung. In: Aufsätze über die Dreigliederung des sozialen Organismus und zur Zeitenlage 1915–1921. Dornach: Verlag Freies Geistesleben.

Stern, E. (2003): Wissen schlägt Intelligenz. In: DIE ZEIT Nr. 27 vom 26.06.2003. www.zeit.de/2003/27/C-InterviewStern. (Abruf am 05.04.2009).

Stern, E. (2006): Wie viel Gehirn braucht die Schule? In: Herrmann, U. (Hrsg.): Neurodidaktik. Grundlagen und Vorschläge für gehirngerechtes Lehren und Lernen. Weinheim/Basel: Beltz. S. 79–86.

Straka, G./Macke, G. (32005): Lern-Lehr-Theoretische Didaktik. Münster: Waxmann.

Stübig, F./Stübig, H. (2007): Mit Klafki offenen Unterricht planen? In: Koch-Priewe, B./Stübig, F./Arnold, K. H. (Hrsg.): Das Potential der Allgemeinen Didaktik. Weinheim und Basel: Beltz, S. 108–120.

Tepner, O. (2008): Effektivität von Aufgaben im Chemieunterricht der Sekundarstufe I. Essen: Dissertation Universität Essen, unveröffentlichtes Manuskript.

Traub, S. (1997): Freiarbeit in der Realschule. Analyse eines Unterrichtsversuchs. Landau: Verlag Empirische Pädagogik.

Traub, S. (2000): Schrittweise zur erfolgreichen Freiarbeit. Ein Arbeitsbuch für Lehrende und Studierende. Bad Heilbrunn: Klinkhardt.

Tulodziecki, G./Herzig, B./Blömeke, S. (2004): Gestaltung von Unterricht. Eine Einführung in die Didaktik. Bad Heilbrunn: Klinkhardt.

Ulbricht, H. (1993): Wortgutachten auf dem Prüfstand. Münster/New York: Waxmann.

Vaupel, D. (^{2}1996): Das Wochenplanbuch für die Sekundarstufe. Schritte zum selbstständigen Lernen. Weinheim und Basel: Beltz.

Voß, R. (Hrsg.) (^{2}2005): Unterricht aus konstruktivistischer Sicht. Die Welt in den Köpfen der Kinder. Weinheim und Basel: Beltz.

Wagener, M. (2007): Gegenseitiges Helfen im altersgemischten Unterricht. In: De Boer, H. de/Burk, K./Heinzel, F. (Hrsg.): Lehren und Lernen in jahrgangsgemischten Klassen. Frankfurt: Arbeitskreis Grundschule – der Grundschulverband, S. 124–133.

Wahl, D. (^{2}2006): Lernumgebungen erfolgreich gestalten. Vom trägen Wissen zum kompetenten Handeln. Bad Heilbrunn: Klinkhardt.

Wallrabenstein, W. (^{2}1991): Offene Schule – offener Unterricht. Reinbek bei Hamburg: Rowohlt.

Wasmann-Frahm, A. (2008): Lernwirksamkeit von Projektunterricht. Eine empirische Studie zur Wirkung des Projektunterrichts in einer sechsten Jahrgangsstufe am Beispiel des Themenfeldes Boden. Baltmannsweiler: Schneider Verlag Hohengehren.

Weinert, F. E. (Hrsg.) (1996): Lerntheorien und Instruktionsmodelle. In: Psychologie des Lernens und der Instruktion. Enzyklopädie der Psychologie. Pädagogische Psychologie. Vol. 2. Göttingen: Hogrefe, S. 1–48.

Weinert, F. E. (1998): Vermittlung von Schlüsselqualifikationen. In: Matalik, S./Schade, D. (Hrsg.): Entwicklungen in Aus- und Weiterbildung. Baden-Baden: Nomos, S. 23–43.

Weinert, F. E. (2001): Vergleichende Leistungsmessung in Schulen – eine umstrittene Selbstverständlichkeit. In: Weinert, F. E. (Hrsg.): Leistungsmessungen in Schulen. Weinheim und Basel: Beltz, S. 17–31.

Weinert, F. E./Helmke, A. (1987): Schulleistungen – Leistungen der Schule oder des Kindes? In: Steffens, U./Bargel, T. (Hrsg.): Untersuchungen zur Qualität des Unterrichts. Beiträge aus dem Arbeitskreis »Qualität von Schule« H. 3. Wiesbaden und Konstanz: Hessisches Institut für Bildungsplanung und Schulentwicklung, S.17–31.

Weinert, F. E./Helmke, A. (1996): Der gute Lehrer: Person, Funktion oder Fiktion? In: Zeitschrift für Pädagogik Beiheft 34, S. 223–233.

Weinert, F. E./Helmke, A. (Hrsg.) (1997): Entwicklung im Grundschulalter. Weinheim/Basel: Beltz/PVU.

Wiedenhorn, T./Engel, A. (2008): Das Portfolio in der Unterrichtspraxis – Das Präsentations- und Veröffentlichungsportfolio, das Lernweg- und das Talent- und Bewerbungsportfolio. Weinheim/Basel: Beltz Verlag.

Winkel, R. (1993): Offener oder Beweglicher Unterricht. Zur Klärung einer Misslichkeit. In: Grundschule 25, H. 2, S. 12–14.

Winter, F. (2004): Leistungsbewertung. Baltmannsweiler: Schneider Verlag Hohengehren.

Wittmann, E. C. (2004): Design von Lernumgebungen zur mathematischen Frühförderung. In: Faust, G./Götz, M./Hacker, H./Rossbach, H.-G. (Hrsg.): Anschlussfähige Bildungsprozesse im Elementar- und Primarbereich. Bad Heilbrunn: Klinkhardt, S. 49–63.

Zehnpfennig, H./Zehnpfennig, H. (1992): Was ist Offener Unterricht? In: Landesinstitut für Schule und Weiterbildung (Hrsg.): Schulanfang. Ganzheitliche Förderung im Anfangsunterricht und im Schulkindergarten. Soest: Landesinstitut für Schule und Weiterbildung, S. 46–60.

Zimmer, J./Niggemeyer, E. (1986): Macht die Schule auf, lasst das Leben rein. Von der Schule zur Nachbarschaftsschule. Weinheim/Basel: Beltz.